번암집

한국고전번역원 한국문집번역총서

번암집 3
樊巖集

채제공 지음
蔡濟恭

양기정 옮김

일러두기

1. 이 책의 번역 대본은 한국고전번역원에서 간행한 한국문집총간 235~236집 《번암집(樊巖集)》으로 하였다. 번역 대본의 원문 텍스트와 원문 이미지는 한국고전종합DB(http://db.itkc.or.kr)에서 확인할 수 있다.
2. 내용이 간단한 역주는 간주(間註)로, 긴 역주는 각주(脚註)로 처리하였다.
3. 한자는 필요한 경우 이해를 돕기 위하여 넣었으며, 운문(韻文)은 원문을 병기하였다.
4. 맞춤법과 띄어쓰기는 한글 맞춤법과 표준어 규정을 따랐다.
5. 이 책에서 사용한 부호는 다음과 같다.

   ( ) : 번역문과 음이 같은 한자를 묶는다.

   〔 〕: 번역문과 뜻은 같으나 음이 다른 한자를 묶는다.

   " " : 대화 등의 인용문을 묶는다.

   ' ' : " " 안의 재인용 또는 강조 부분을 묶는다.

   「 」: ' ' 안의 재인용을 묶는다.

   『 』: 「 」 안의 재인용을 묶는다.

   《 》: 책명 및 각주의 전거(典據)를 묶는다.

   〈 〉: 책의 편명 및 운문·산문의 제목을 묶는다.

차례

번암집 제7권

시 詩

망미록 하 望美錄下

번암집 제8권

시 詩

재필록 載筆錄

번암집 제9권

시 詩

이주록 伊州錄

번암집

제6권

詩시

나는 신미년(1751, 영조27) 7월에 삼척(三陟)으로 귀양 갔다가 임신년(1752) 8월에 비로소 사면을 받았다. 앞서 기성랑(騎省郎)으로 내성(內省)에 재직할 때[1] 법을 지키면서 조금도 관용을 베풀지 않아 당로자(當路者)에게 미움이 쌓였다. 그때 마침 부호가의 자제(子弟)와 벌이던 산송(山訟)을 이용하여 당로자가 거짓을 날조하고, 이를 주상께 아뢰면서 나에게 죄를 주기를 매우 강하게 청하였다.[2] 주상께서 그의 청을 따르고 하교하시기를 "남쪽 변방은 지세(地勢)가 낮고 습하니, 채제공이 이 때문에 병을 얻게 될까 걱정이다. 관동(關東)의 삼척부를 배소(配所)로 삼으라." 하였다. 배소에 도착하여 죽서루(竹西樓)[3]와 가

1 기성랑(騎省郎)으로……때 : 기성랑은 병조(兵曹)의 낭관(郎官)을, 내성(內省)은 내병조(內兵曹)를 가리킨다. 번암은 1750년(영조26) 1월부터 6월경까지 병조 좌랑의 직책에 있었다.

2 부호가의……청하였다 : 1751년 번암이 부인 오씨(吳氏) 상을 당하여 장사를 지낼 때에 방씨(方氏) 성을 가진 중인(中人)과 산송(山訟)을 벌이게 되었는데, 3월에 집의(執義) 이훈(李塤)이 채제공을 논박하는 상소를 올려 처벌할 것을 청하였다.

3 죽서루(竹西樓) : 삼척도호부(三陟都護府) 읍성(邑城) 내에 있는 누각의 이름이다. 《신증동국여지승람(新增東國輿地勝覽)》에는 "객관(客館) 서쪽에 있다. 절벽이 천 길이고 기이한 바위가 총총 섰다. 그 위에 나는 듯한 누를 지었는데 죽서루라 한다. 아래로 오십천(五十川)을 내려다보고, 냇물이 휘돌아서 못을 이루었다. 물이 맑아서 햇빛이 밑바닥까지 통하여, 헤엄치는 물고기도 낱낱이 헤아릴 수 있으니, 영동(嶺東)의 절경이다."라고 하였다.

까운 민가를 골라 거주하였다. 삼척 수령인 옥호(玉壺) 정하언(鄭夏彦)[4]은 세속에 매이지 않는 선비였다. 날마다 나를 맞이하여 죽서루 위에서 노닐지 않으면, 오십천(五十川)[5]에 배를 띄우고 노닐었다. 술이 거나해지면 매번 운(韻)을 뽑았고, 운을 뽑아서는 항상 종이를 펼쳐 깨끗이 시를 베꼈으니, 그 시편(詩篇)이 찬란하게 시축(詩軸)을 이루었다. 그때가 내 평생에 가장 실의(失意)하였던 유배 길이었으나, 또한 평생에 가장 득의(得意)하였던 유람이 아니었다고 할 수 없다. 하지만 시는 뜻을 말하는 것이다. 초택(楚澤)[6]에서의 울적한 심사를 자연히 글에다 풀어내지 않을 수 없었으니, "저 하늘 끝에 있는 미인을 그리도다.〔望美人兮天一方〕"[7]라는 구절에서 더욱 가눌 수 없는 감회가 있었다. 마침내 그 시편을 '망미록(望美錄)'이라 이름하였다.

4 정하언(鄭夏彦) : 1702～1769. 자는 미중(美仲), 호는 지당(止堂)·옥호자(玉壺子), 본관은 영일(迎日)이다. 목사 정무(鄭堥)의 아들이다. 1735년(영조11) 문과에 합격하고, 정언, 의주 부윤(義州府尹), 삼척 부사(三陟府使), 승지, 대사간 등의 관직을 역임하였다. 《承政院日記》《文科榜目》

5 오십천(五十川) : 삼척의 죽서루 아래를 흐르는 하천이다. 《신증동국여지승람(新增東國輿地勝覽)》에 "물 근원이 우보현(牛甫峴)에서 나오며, 죽서루(竹西樓) 밑에 와서는 휘돌면서 못이 된다. 또 동쪽으로 흘러 삼척포(三陟浦)가 되어 바다에 들어간다. 부(府)에서 물의 근원까지 마흔일곱 번을 건너야 하므로 대충 헤아려서 '오십천'이라 일컫는다."라고 하였다.

6 초택(楚澤) : 초(楚)나라 굴원(屈原)이 참소를 받고 쫓겨나 노닐었던 곳으로, 여기에서는 번암이 유배된 삼척을 가리킨다.

7 저 하늘……그리도다 : 임금을 그리는 번암의 마음을 표현한 말이다. 소식(蘇軾)의 〈전적벽부(前赤壁賦)〉에 "아득한 나의 회포여, 하늘 저 끝에 있는 미인을 그리도다.〔渺渺兮余懷, 望美人兮天一方.〕"라고 한 데서 유래하였다.

양근 벼랑에서 소나기를 만나다

楊根遷遇驟雨

뜬구름 어둑어둑 나그네 옷에 스며들고	浮雲曖曖襲征袍
찬 바람은 쓸쓸히 반백 머리칼을 흩날리네	凉吹蕭蕭撼二毛
푸른 숲 문득 어두워져 강빛과 뒤섞이더니	碧樹乍冥江氣合
매미 울음 별안간 그치고 빗소리 호탕하다	鳴蟬忽噤雨聲豪
인생의 영예 오욕이 삼 년 사이에 뒤바뀌고	人生寵辱三年幻
옛 골짝에 이는 물결은 칠월이라 드높구나	古峽波濤七月高
내 마음 애오라지 길이 슬퍼하지 않고저	聊欲我心傷不永
쓸쓸한 주막 기대어 새 술 있나 물어보네	試憑孤店問新醪

내가 연전(年前)에 왕명을 받들고 사책(史冊)을 포쇄(曝曬)하러 가다가[8] 이 길을 지났으므로 다섯 번째 구절에서 언급하였다.

8 내가……가다가 : 번암이 1749년(영조25) 5월 예문관 검열(藝文館檢閱)로 재직하면서 사고(史庫)의 포쇄(曝曬)를 위해 오대산(五臺山)에 다녀왔던 일을 가리킨다. 포쇄는 서적을 점검하고 바람과 햇볕에 쐬어 말리는 일이다. 《樊巖集 卷2 榮恩錄》

양근의 객점에서 새벽에 일어나다

楊根店曉起

객점 나무 스산하고 이슬 기운 걷혔는데	店樹蒼凉露氣晴
양근 성곽 밖에선 큰 강물 소리 울리누나	楊根郭外大江鳴
산골짝 배회하는 달그림자에선 수심이 일고	愁生峽月徘徊影
이웃 닭 서너 번 우는 소리에 꿈이 끊어지네	夢斷隣鷄三數聲
성스러운 임금이 어찌 가의를 정말 멀리했으랴[9]	聖主豈眞疎賈誼
막다른 길 분간할 수 없어 군평[10]을 찾아가네	窮途不分訪君平
빈 처마 아래 홀로 앉아 북극성을 우러르매	虛簷獨坐瞻宸極
이 밤 외로운 신하의 애달픈 맘을 누가 알아주랴	誰念孤臣此夜情

9 성스러운……멀리했으랴 : 한나라 때의 문장가인 가의(賈誼)는 불과 스무 살의 어린 나이로 문제(文帝)의 깊은 신임을 얻어 태중대부(太中大夫)로 발탁되어 복색(服色), 제도(制度), 관명(官名) 등에 대해 대대적인 개혁을 주장하다가 주발(周勃)·관영(灌嬰) 등의 참소를 입고 장사왕(長沙王)의 태부(太傅)로 좌천되어 서른셋의 젊은 나이로 죽었다.《漢書 卷48 賈誼傳》 번암이 무고(誣告)를 입고 귀양 가는 자신의 처지를 참소를 입고 좌천되었던 가의에 비유한 구절이다.

10 군평(君平) : 전한(前漢)의 은사(隱士) 엄준(嚴遵)의 자이다. 촉(蜀) 땅에 은거하여 성도(成都)의 저잣거리에서 점치는 것을 생업으로 삼았는데, 하루에 100전(錢)만 벌면 가게 문을 닫고 발을 내리고서 저술을 일삼았다고 한다.《高士傳》

갈오치에서 자다

宿葛塢峙

돌부리 채는 길이라 나귀 발을 걱정하다	石囓愁驢足
마을 가는 길을 잃고 범 발자국 따라가네	村迷準虎蹤
흰 구름은 저 멀리 폭포로 통하거니	白雲通遠瀑
어둠 속 개 짖는 곳이 앞산에 있으렷다	暝吠應前峯
손님을 맞이하여 느지막이 밥을 짓고	延客作星飯
밤이라 관솔불 피워 길쌈을 하는도다	績麻燃夜松
그 누가 길 잃은 사람을 가여워하랴	誰憐失路者
만 가지 일 모두 다 농부가 부러워라	萬事羨爲農

산길을 가며 읊다

峽路行吟

계곡 길은 가을이라 그윽한 기약에 흡족한데	溪行秋事愜幽期
송옥은 당시 부질없이 스스로를 서글퍼했지[11]	宋玉當年枉自悲
나뭇잎 겹겹이 쌓여 어두운 산속 길을 잃고	積葉杳冥山逕失
높다란 덩굴 둘러치니 골짝 문인가 의심하네	高蘿回合洞門疑
숲 지나는 생선 장수 방울 소리 멀어져 가고	魚商度樾聞鈴遠
광주리 든 아낙 바위 타며 느긋이 도토리 줍네	筐女緣巖拾橡遲
가생에 견줘 내 처지가 낫다고 자부할 만하니	持比賈生堪自大
남쪽 변방이 어찌 영동의 기이한 경치만 하랴[12]	南荒爭似嶺東奇

11 송옥(宋玉)은……서글퍼했지 : 송옥은 전국 시대 초(楚)나라 사람으로, 굴원(屈原)의 뒤를 이어 초사(楚辭)의 대가로 일컬어진다. 그의 〈구변(九辯)〉 중 첫 번째 작품에 "슬프도다, 가을 기운이여. 소슬하구나, 초목이 떨어지고 쇠락함이여.〔悲哉! 秋之爲氣也. 蕭瑟兮, 草木搖落而變衰.〕"라고 하여 가을의 서글픈 정서를 표현하였다. 《文選 卷34》

12 가생(賈生)에……하랴 : 가생은 가의(賈誼)를 가리킨다. 가의가 장사왕(長沙王)의 태부(太傅)로 좌천되어 남쪽 변방으로 갔으므로 경치 좋은 영동(嶺東) 지방으로 귀양 가는 번암 자신의 처지가 가의보다 낫다고 말한 것이다. 36쪽 주9 참조.

횡성
橫城

모래톱 바라보매 새벽 구름은 흩어지고	沙洲一望曉雲舒
붉은 여뀌꽃 만발한데 기러기 처음 내려앉네	紅蓼花深客鴈初
옛 골짝 가을 소리에 양쪽 살쩍은 희어지고	古峽秋聲雙鬢化
서늘한 성곽 갠 하늘빛에 두 강은 텅 비었다	凉城霽色二江虛
조각배 위에 남관의 말[13]을 고이 실었으니	孤舟好載藍關馬
성세에 초택의 물고기 될까 어이 근심하랴[14]	聖世寧愁楚澤魚
소로는 술 취해 욕하는 것 꺼리지 아니하고	蘇老不曾嫌醉罵
손수 상인 불러 앉히고 친근하게 어울렸네[15]	手招商旅坐相於

13 남관(藍關)의 말 : 한유(韓愈)의 〈좌천되어 가는 도중에 남관에 이르러 질손 상에게 주다〔左遷至南關示姪孫湘〕〉라는 시에 "구름이 진령에 비껴 있으니 집은 어디쯤 있는고, 눈이 남관을 싸고 있으니 말이 나아가지 않는구나.〔雲橫秦嶺家何在? 雪擁藍關馬不前.〕"라고 한 구절에서 온 말이다.《韓昌黎集 卷10》 남관은 진(秦)나라의 남전관(藍田關)을 가리키는데, 섬서성(陝西省) 남전현(藍田縣) 동남쪽에 있었다. 번암 역시 귀양 온 처지이므로 이 말을 인용한 것이다.

14 성세(聖世)에……근심하랴 : 전국 시대 초(楚)나라의 충신 굴원(屈原)이 소인(小人)들의 참소로 쫓겨나 〈이소(離騷)〉와 같은 글을 지어 우국충정을 토로하고, 끝내 멱라수(汨羅水)에 투신하여 자결하였던 고사에서 온 말이다. 초택(楚澤)은 초나라에 있던 큰 호수를 의미하는데, 여기서는 굴원이 몸을 던진 멱라수를 가리킨다.

15 소로(蘇老)는……어울렸네 : 소로는 송나라 문인 동파(東坡) 소식(蘇軾, 1036~1101)을 가리킨다. 소식이 1079년 호주 지주(湖州知州)로 있다가 오대시안(烏臺詩案)으로 처벌을 받아 1080년 황주(黃州)로 유배되었다. 당시에 친구 이지의(李之儀)에게 주는 편지에서 유배지에서의 삶을 토로하기를 "죄를 얻은 이래로 깊이 들어앉아 지내고

상안흥에서 자다

宿上安興

해 저무는데 나그네는 멀리 가려는 마음 있어	日落征夫猶遠心
쓸쓸히 말을 몰아 가로지른 봉우리를 넘어간다	蕭蕭驅馬度橫岑
바람 소리 물소리 울리는 골짝엔 나무꾼 다 돌아갔고	風泉衆壑樵歸盡
비 젖은 숲속 깊은 곳에선 개 짖는 소리 들려온다	雨氣中林犬吠深
부유한 집에서는 비로소 귀맥[16]을 찧어 먹고	屋富始能舂鬼麥
맑은 산에서는 때때로 인삼을 캐어 온다	山淸時得採人蔘
서글픈 난 한가로운 세계가 부러워라	含悽羨爾優閒界
길 가기 어려움은 예나 지금이나 다름없구나	行路難行無古今

있습니다. 조각배에 짚신을 신고 산수 사이를 방랑하며 나무꾼, 어부들과 뒤섞이다 보면 왕왕 술 취한 사람들에게 욕지거리를 당하기도 합니다. 하지만 그럴 때면 문득 남들이 나를 알지 못하게 되는 것이 점점 기쁩니다."라고 하였다. 또한 유배 생활을 하면서 주점(酒店)의 주인 반병(潘丙), 약장수 곽구(郭遘), 유민(遊民) 고경도(古耕道) 등과 같은 하층 백성들과 가깝게 지냈다고 한다. 《東坡全集 卷73 答李端叔書》《왕수이자오, 소동파평전, 조규백 역, 돌베개, 2013》

16 귀맥(鬼麥) : 보리의 일종이다. 《세종실록》 24년(1442) 1월 5일 조에 "귀맥이라는 것이 보리 같으면서 알이 작고 바람과 추위에 견디는 성질이 있으며, 또 메마른 땅에도 잘되며 황무(黃霧)에도 손상됨이 없습니다. 3월에 파종하면 6월에는 수확합니다. 강원도의 진부(珍富), 대화(大和)와 함길도(咸吉道)의 갑산(甲山) 등지의 백성들이 이것을 잘 기른다고 합니다."라는 말이 나온다.

백복령[17]가

百複嶺歌

옛날에 듣건대 백복령이 昔聞百複嶺
웅장하여 천하의 장관이라더니 盤礴天下壯
이제 와서 처음 보니 今來始見之
놀라워 참으로 형언하기 어렵구나 吁駭誠難狀
마침 우리 행차가 가을 황혼 때를 만나니 我行況値秋日曛
바람 불어와 나뭇잎은 어지러이 울어 대고 天風吹葉啼紛紛
위는 하늘을 오르는 듯하고 아래는 구덩이 같다는 것만 알 뿐 但覺上如攀天下如坎
어둠 속에서 단풍인지 소나무인지 전혀 분간할 수 없네 暝裏楓松殊不分
옷깃 앞으로 쌓인 기운이 아득히 가로질렀는데 襟前積氣橫漠漠
응당 이것이 가없이 일렁이는 동쪽 바다렷다 應是東海漲無垠
마부가 채찍질하면서 감히 소리 못 지름은 僕夫鞭馬不敢叱
큰 소리를 호랑이가 들을까 봐 두려운 거라 高聲或恐猛虎聞
산비탈을 오르내리며 밤은 얼마나 깊었느뇨 登頓嶺坂夜何其
우리 일행 이번 행차에 천신만고 다 겪누나 一行備嘗千苦辛
언뜻 깜빡이는 마을 등불을 기뻐서 바라보곤 喜見村燈乍明滅

17 백복령(百複嶺) : 강원도 정선군 임계면, 강릉시 옥계면, 동해시 사이에 있는 고개이다. 백복령(白茯嶺)이라고도 쓴다.

문 두드리고 주인 불러 애걸을 해 보건만	叩門喚主頗哀乞
주인은 굳게 문 닫고서 응대를 아니 하고	主人不膺門掩牢
짐짓 등불을 불어 끄니 인기척도 끊어졌네	吹燈故故人聲絶
간곡히 말했어라 우리 일행 도적이 아니요	苦道此行非盜賊
골방이라도 빌려 잠시 쉬어 가고 싶소	願借廢房暫休歇
천만번 간곡한 하소연에 문을 열어 주었는데	千訴萬懇始開門
짙은 이슬 맞은지라 두건 버선 흠뻑 다 젖었네	重露濕盡巾與韈
이때는 궁벽한 고을에 가을걷이 미처 못 해	是時窮村未新穫
쌀 한 톨을 사려 해도 살 수 있는 방도 없네	欲買粒米無其術
처량히 허기져 앉아 동트기를 기다리다	悄然飢坐達天曙
지친 노복을 보자 하니 행색이 참담하다	罷僕相看色慘怛
사람은 안 먹어도 그런대로 괜찮지만	人不食尙可
굶주리는 말에다 어찌 몸을 맡기리오	馬飢何以致吾身
저 장자후를 탓할 것도 없어라[18]	不須怨彼章子厚
세상만사가 모두 천명이요 사람 힘이 아니로다	萬事皆天不是人

18 장자후(章子厚)를……없어라 : 장자후는 송나라 때의 문신 장돈(章惇)으로, 자가 자후이다. 사마광(司馬光), 여문저(呂文著), 문언박(文彦博), 소식(蘇軾), 정이(程頤), 황정견(黃庭堅) 등 왕안석(王安石)의 신법(新法)을 반대하는 사람들을 채경(蔡京), 채변(蔡卞)과 함께 몰아냈다. 번암이 자신을 무함하여 귀양하게 만든 사람을 장돈에 비유한 말이다.

척주 사군 정공 미중 하언 과 오십천에 배를 띄우고 운자를 부르면서 함께 시를 짓다

同陟州使君鄭公美仲 夏彦 泛舟五十川 呼韻同賦

말 타고 넘은 첩첩 관문은 가을에 들었는데	鞍馬重關入素秋
꿈속 혼은 저 멀리 오성의 누대에 맺혔어라[19]	夢魂遙結五城樓
다행히도 지주께서 특별한 환대를 베푸시어	幸蒙地主偏傾盖
맑은 날 문득 기다렸다 매양 배에 오르누나	乍待天晴輒上舟
갈대 언덕 강 밝으니 조는 해오라기 물에 비치고	荻岸江明眠鷺寫
수초 바람에 옷 날리니 미인이 시름겨워라	蘋風衣颺美人愁
세상에 몇 번이나 나무꾼 도끼가 썩었던고[20]	世間幾許樵柯爛
종일토록 바둑 소리가 먼 모래톱까지 울리누나	盡日鳴碁響遠洲

두 번째 其二

깊은 대숲 맑은 거문고 소리는 가을에 걸맞은데	幽篁琴嘯淡宜秋
구름은 쓸쓸하게 그림 누각을 뒤덮누나	雲葉蒼凉罨畫樓

19 꿈속……맺혔어라 : 도성을 그리워하는 마음을 표현한 것이다. 오성(五城)은 도성을 가리킨다.

20 세상에……썩었던고 : 진(晉)나라 왕질(王質)이 석실산(石室山)으로 나무하러 갔다가 몇 명의 동자(童子)가 바둑을 두며 노래하는 것을 구경하였는데, 얼마 뒤에 왜 안 가느냐는 동자의 말을 듣고 일어서려 하니 도끼자루가 모두 썩어 있었고, 산을 내려와 보니 아는 사람들이 모두 죽고 없었다는 고사에서 온 말이다. 《述異記 卷上》

단조[21]에는 아직도 남석[22]의 불씨 남아 있고 丹竈尙留南石火
흰 갈매기는 사군의 나룻배와 함께 짝하였네 白鷗同伴使君舟
우리 도는 세 번 쫓겨남[23]도 가벼이 여길 뿐이니 祇應吾道輕三黜
굳이 사수시[24]를 새로 지어 읊을 것도 없어라 未必新詩詠四愁
웃으며 관아 주방을 대숲으로 옮기라 하였더니 笑勅官廚移竹裏
점심 짓는 연기가 날아올라 모래톱에 떨어지네 午煙搖颺落沙洲

21 단조(丹竈) : 신선이 단약(丹藥)을 굽는 화덕이다. 여기서는 죽서루(竹西樓) 경내에 남아 있는 용문(龍門) 바위와 성혈(性穴) 암각을 가리키는 것으로 보인다.

22 남석(南石) : 신라 시대 삼일포(三日浦)에 와서 사흘을 놀았다는 영랑(永郎), 술랑(述郎), 남석랑(南石郎), 안상랑(安祥郎) 등 네 신선 가운데 남석랑을 가리킨다. 삼일포에 있는 석벽(石壁)에는 '영랑도남석행(永郎徒南石行)'이라는 여섯 글자가 새겨져 있다고 한다.

23 세 번 쫓겨남 : 춘추 시대 노(魯)나라의 유하혜(柳下惠)가 사사(士師)가 되었다가 세 번이나 쫓겨나자, 사람들이 나라를 떠나지 않는 이유를 물었는데, 이에 대해서 유하혜가 "도를 곧게 지키면서 벼슬을 한다면, 어디를 간들 세 번쯤 쫓겨나지 않겠는가.〔直道而事人, 焉往而不三黜?〕"라고 한 데서 온 말이다.《論語 微子》

24 사수시(四愁詩) : 후한(後漢) 때의 문인 장형(張衡)이 하간왕(河間王)의 재상으로 있으면서 시국을 몹시 근심하여 지은 4장(章)으로 된 시인데, 이후로는 우수(憂愁)와 번민(煩悶)을 토로하는 시를 가리키게 되었다.

응벽헌[25]에서 옥호[26]에게 부치다

凝碧軒簡玉壺

해 뜨면 견여 타고 시간 맞춰 매양 오니	朝日肩輿每趁期
살짝 취한 사군 뒤로 기녀들이 따르누나	使君微醉綺羅隨
공무 한가하여 세 가지 일과 아니 폐하고	官閒不廢三籌課
시 짓고도 여유로워 바둑 한 판 두는구려	詩罷還饒一局棋
갈대 언덕 사람 소리에 가을 저자 파하는데	荻岸人聲秋市散
그림 난간 비친 강빛에 석양은 더디 지네	畫欄江色夕陽遲
능파대[27]가 정녕 봉래산과 비슷하지 아니한가	淩波定似蓬萊未
배 띄워 바다 노닐 제 응당 품평해 보리라	題品應須泛海時

25 응벽헌(凝碧軒) : 죽서루(竹西樓) 북쪽에 있던 건물의 이름이다. 허목(許穆)이 지은 〈응벽헌제액기(凝碧軒題額記)〉에 "응벽헌은 진주관(眞珠館) 위쪽의 서헌(西軒)이다. 죽서루 북쪽 암벽 위에 있는데, 그 아래에는 깊은 담(潭)이 있다. 들보와 기둥이 매우 웅장하고 화려하며 서쪽 처마 밑으로 바윗길이 열려 있고 돌계단이 있다. 정덕(正德) 연간에 부사(府使) 김순종(金順宗)이 이 헌을 지었는데, 관찰사 윤풍형(尹豐亨)이 응벽헌이라 이름 붙였다. 응벽헌은 두타산(頭陀山)과 마주 보고 있는데, 늘어선 봉우리, 무성한 숲, 이끼 낀 벼랑, 깊은 못, 여울물이 모두 푸르다."라고 하였다. 《記言 卷13 中篇 凝碧軒題額記, 韓國文集叢刊 98輯》

26 옥호(玉壺) : 정하언(鄭夏彦)의 호이다. 34쪽 주4 참조.

27 능파대(淩波臺) : 삼척(三陟) 바닷가에 있는 경승지이다. 《신증동국여지승람(新增東國輿地勝覽)》에 "부(府)에서 동쪽으로 10리 해안에 있으며, 예전에는 추암(秋巖)이라 하였다. 바위 두어 가지가 물 가운데에 섰고, 높이는 5, 6길쯤이다. 그 벼랑 위에는 수십 명이 앉을 만한데, 상당(上黨) 한명회(韓明澮)가 이름을 능파대라 고쳤다." 하였다.

공이 일찍이 "매일 몇 수의 시와 세 잔의 술과 잠깐 동안의 낮잠으로 일과를 삼는다."라고 하였기에, 시편 안에 언급하였다. 능파대는 금강산과 명성이 비등하므로 낙구에 언급하였다.

두 번째 첩운 二疊

비가 와도 약속하고 날 맑아도 약속하니	雨亦爲期晴亦期
진주관[28] 저 멀리로 날마다 서로 어울리네	眞珠觀逈日相隨
안개 둘러친 버들 마을은 언덕을 굽어보고	煙團欅柳村臨岸
가을 맑은 누대의 대는 바둑판에 어리누나	秋淨樓臺竹暎棋
땅 구르는 쑥대 신세라 동해는 넓기만 하고	轉地萍蓬東海闊
하늘 닿은 운수 아래 북쪽 편지 더디 오네[29]	黏天雲樹北書遲
나그네 시름겨워 홀연 말을 잊고 앉았으니	覊愁忽爾忘言坐
바로 외로운 성에 낙엽 소리 들리는 때라오	正是孤城葉響時

28 진주관(眞珠觀) : 삼척도호부(三陟都護府)의 관아(官衙)였던 진주관(眞珠館)을 가리킨다. 허목(許穆)의 《척주지(陟州誌)》에 "옛 객사가 죽서루 아래에 있었는데, 정덕(正德) 13년(1518) 우리 조선 중종(中宗) 13년 무인년에 부사 김순종(金順宗)이 옮겨 지었다. 이것이 진주관이다."라는 말이 나온다.

29 하늘……오네 : 그리운 벗의 편지가 오지 않는다는 말이다. 운수(雲樹)는 벗을 그리워하는 마음을 뜻하는데, 두보(杜甫)의 시 〈봄날 이백을 그리다〔春日憶李白〕〉에 "위수 북쪽에는 봄 하늘에 우뚝 선 나무요, 강 동쪽엔 날 저물녘 구름이로다.〔渭北春天樹, 江東日暮雲.〕"라고 한 데서 온 말이다.

세 번째 첩운 三疊

세상 밖에서 백아의 거문고가 종자기를 얻었네[30]	世外牙絃得子期
예전 조정에 있을 적에 우리 잠시 종유했었지	向來西掖暫追隨
맑은 가을비 내려 여울 소리 홀연 빨라지고	灘聲忽急淸秋雨
시령[31]이 새로 너그러워져 격일로 바둑 두네	詩令新寬間日棋
구름과 달이 또한 질탕한 정취를 자아내니	雲月也能供跌宕
벼슬아치가 묻혀 살아도 감히 원망치 않노라	衣冠不敢恨棲遲
신선이 노닐던 경승지가 지금도 나뉘어 남아	仙區物色分留在
단조가 아득히 영랑 술랑 시절부터 전해지누나[32]	丹竈遙傳永述時

시 짓기와 바둑 두기를 격일로 하기로 약속하였으므로 이렇게 말하였다.

30 세상……얻었네 : 번암이 유배지에 와서 정하언(鄭夏彦)과 친밀한 교제를 맺었다는 말이다. 춘추 시대 거문고의 명인 백아(伯牙)가 높은 산〔泰山〕에 뜻을 두고 연주를 하면, 친구인 종자기(鍾子期)가 그 음악 소리를 듣고는 "멋지다. 마치 태산처럼 높기도 하구나.〔善哉! 峩峩兮若泰山.〕"라고 평하였고, 흐르는 물〔流水〕에 뜻을 두고 연주를 하면 "멋지구나. 마치 강하처럼 넘실대는구나.〔善哉! 洋洋兮若江河.〕"라고 평하였다. 종자기가 죽고 나서는 백아가 더 이상 세상에 지음(知音)이 없다고 탄식하며 거문고 줄을 끊어 버린 고사가 전한다. 《列子 湯問》《呂氏春秋 本味》

31 시령(詩令) : 정한 규칙에 따라 제시간에 시를 짓지 못하면 벌주를 마시게 하는 것을 일컫는다.

32 단조(丹竈)가……전해지누나 : 단조는 신선이 단약(丹藥)을 굽는 화덕이고, 영랑(永郞)과 술랑(述郞)은 신라 시대 삼일포(三日浦)에 와서 사흘을 놀았다는 신선의 이름이다. 44쪽 주21, 22 참조.

네 번째 첩운 四疊

단제[33]를 날듯 달려 사군과의 약속 찾아가니　丹梯飛赴使君期
여울 물길 비스듬히 흘러 들빛이 따라가네　灘勢迤迤野色隨
난간 기댄 물가 구름 아래 기생들 늘 나란하고　依檻渚雲常竝妓
누대 가까이 물새는 바둑 소리에 아니 놀란다　近樓沙鳥不驚棋
촛불 앞에 강물 일렁이니 잠자는데 썰렁하고　燭前江動眠堪冷
회나무 꼭대기 바위 높이 매양 늦게 앉았어라　檜頂巖高坐每遲
듣자니 세상에는 아이들 장난질이 많다지만　見說世間兒戲足
바다와 산을 기대고 누운 지 이미 오래라오　海山欹枕已多時

다섯 번째 첩운 五疊

초명의 세계[34] 밖에 좋은 마음 기약 있어　焦螟界外好心期
깊은 대숲 오솔길로 나막신 신고 따라가네　幽竹通蹊步屧隨
술자리의 기이한 향기는 새로 올린 버섯이요　酒所異香新薦菌
문인의 맑은 일과라 특별히 바둑 더하였네　詞家淸課別添棋

33 단제(丹梯) : 본래 운하(雲霞) 속에 잠긴 높은 산봉우리를 말하는데, 산상(山上)의 승선로(昇仙路)를 가리키기도 한다. 여기서는 정하언과 만나기로 약속한 곳을 찾아가는 길을 뜻한다.

34 초명(焦螟)의 세계 : 인간 세상을 가리킨다. 초명은 전설상의 매우 작은 벌레이다. 갈홍(葛洪)의 《포박자(抱朴子)》 〈자교(刺驕)〉에 "초명이라는 벌레가 모기 눈썹에 깃들어 살면서 하늘 가득 날개를 펼치고 나는 대붕(大鵬)을 비웃는다.〔蟭螟屯蚊眉之中, 而笑彌天之大鵬.〕"라는 말이 있는데, 여기서 초명은 세속의 인간을 비유한다.

긴 모래톱에 내리는 비는 모래를 흠뻑 적시우고	長洲雨氣霑沙足
시든 풀 속 귀뚜리 소리에 늦도록 난간 기대노라	衰草蛩音倚檻遲
남국에서 편지 와서 마음 더욱 찢어지는데	南國書來心更折
노친께선 나를 그리시며 온종일 우시누나[35]	老親思我泣三時

여섯 번째 첩운 六疊

황혼 무렵 미인과의 약속이 홀연 어긋나니[36]	黃昏忽誤美人期
선명히 나는 갈매기만이 바다 위로 따라오네	的的飛鷗海上隨
고향 돌아가고픈 맘에 공연히 꿈을 점쳐 보고	桑梓歸心虛占夢
강호의 긴요한 일이라곤 웃으며 바둑 두는 일	江湖機事笑爭棋
높은 난간은 대숲 가까워 일찌감치 쓸쓸한데	危欄竹近蕭森早
먼 들판에 펼쳐진 시내는 굽이굽이 더디 흐르네	逈野川鋪曲折遲
동쪽 누각 다시 가리키며 좋은 약속 남기나니	更指東樓留勝約
금빛 까마귀 하늘로 날아오르는 오경 때라오[37]	金鴉騰翥五更時

35 남국(南國)에서……우시누나 : 당시에 비안 현감(比安縣監)으로 재직하고 있던 부친 채응일(蔡膺一, 1686~1765)로부터 편지가 온 것을 말한다. 남국은 곧 비안을 가리킨다.

36 미인(美人)과의……어긋나니 : 정하언과 만날 약속이 깨졌다는 말이다.

37 금빛……때라오 : 새벽녘에 태양이 떠오르는 모습을 표현한 말이다. 금빛 까마귀는 태양을 비유한 것이다.

일곱 번째 첩운 七疊

운거 타고 굳이 안기생을 좇을 것도 없어라	雲車未必躡安期
주수의 하늘 향기가 가는 곳마다 따르누나[38]	珠樹天香在處隨
한낮의 고요한 관가는 도리어 절간 같은데	晝靜官家還似寺
가을 깊어 공무 한가하니 바둑 둔들 어떠랴	秋深公事不妨棋
서풍이 나무 스치매 나뭇잎 소리 멀어져 가고	西風度樹葉聲遠
석양이 강물에 가득한데 갈매기 그림자 더디네	夕照滿江鷗影遲
난간 아래 물고기를 난간 위에서 세노라니	欄下遊魚欄上數
세상의 미움과 노여움을 모두 잊는 때라오	世間嫌怒兩忘時

여덟 번째 첩운 八疊

삭삭 우는 오동나무 소리가 가을을 기약하는데	鳴梧淅淅作秋期
하늘 끝에서 자고 먹음에 노복 하나 따르누나	眠食天涯一僕隨
가랑비 내리는 푸른 물풀 위로 때로 그물 들어 보고	疎雨綠蘋時擧網
흰 구름 이는 빈 누각에서 억지로 바둑 두네	白雲虛閣强圍棋

38 운거(雲車)……따르누나 : 곳곳마다 경치가 수려한 삼척의 생활이 바로 신선의 생활과 같아서 굳이 신선을 부러워할 필요가 없다는 말이다. 운거는 신선이 탄다는 구름으로 만든 수레이다. 안기생(安期生)은 전국 시대 제(齊)나라 사람으로 하상장인(河上丈人)에게 황제(黃帝)와 노자(老子)의 설을 배우고 세속을 떠나 동해의 해변에서 약을 팔며 살았는데, 신선술을 배워 대추만 먹으며 살았다고 한다. 《史記 卷28 封禪書》 주수(珠樹)는 삼주수(三珠樹)의 준말로 삼주수(三株樹)라고도 하는데, 신선이 사는 곳에 자란다는 신령한 나무이다.

성 아래 먼 포구에 서늘한 그늘이 아득하니 城臨極浦凉陰遠
장안에 부친 편지는 당도할 날이 더디리라 書寄長安到日遲
주인만이 부지런히 걸상 내려 손님을 맞이하고[39] 惟有主人勤解榻
푸른 산에서 맑은 담소하며 매양 시간 보내누나 碧山淸話輒移時

39 주인만이……맞이하고 : 후한 때 진번(陳蕃)이 예장 태수(豫章太守)로 있을 적에 특별히 걸상 하나를 마련해 놓고는, 서치(徐穉)가 찾아올 때에만 반갑게 맞으면서 내려놓았다가 그가 돌아가면 다시 올려놓고 아무에게도 내려 주지 않았던 고사를 인용한 구절이다. 《後漢書 卷53 徐穉列傳》 삼척 부사 정하언(鄭夏彦)이 번암을 초청하여 환대(歡待)한다는 말이다.

이튿날 고을 사또 영공이 병이 나서 약속에 오지 못하고 앞 시에 첩운하여 보내왔기에 나 홀로 응벽헌[40]에 앉아 아홉 번째로 첩운한 시를 받들어 답장하였다

翌日主倅令公病未赴期 疊前韻見贈 獨坐凝碧軒 九疊奉復

오늘 아침 서운케도 만날 기약 어긋나니	今晨惆悵誤佳期
열두 난간 텅 빈 채 그림자만 홀로 따르네	十二欄空影獨隨
시름 속이라 자연히 게으른 잠이 많겠지만	愁裏自然多倦睡
병중이라고 바둑 겨룰 일이 아니 생각나리오	病中能不念勍棋
시 다 짓자 깊은 대나무 숲은 온통 적막하고	詩罷幽篁渾寂寂
가을 한낮에 앉았노라니 시간도 더디 흐르네	坐來秋日亦遲遲
유군이며 모녀[41]가 모두들 무료한지라	兪君嫫女皆無賴
높은 바위로 자리 옮겨 기대니 저물녘 되려 하오	徙倚層巖欲暮時

유군(兪君)과 모녀(嫫女)는 공의 시에 있는 말이므로 언급하였다.

열 번째 첩운 十疊

귀신이 응벽헌의 약속을 교묘히 시기하여	魔兒巧妒碧軒期
안개와 노을만이 차례차례 나를 따라 노니네	獨有煙霞取次隨

40 응벽헌(凝碧軒) : 죽서루(竹西樓) 북쪽에 있던 건물의 이름이다. 45쪽 주25 참조.

41 유군(兪君)이며 모녀(嫫女) : 누구를 가리키는지 알 수 없으나, 시의 전체 맥락을 볼 때 노복(奴僕)과 기생(妓生)의 이름이 아닐까 추정된다.

시름겨운 매미 소리는 이별하던 나무에 남았고 黯黯蟬聲留別樹
쓸쓸한 대 그림자는 남은 바둑판 위로 떨어진다 蕭蕭竹影落殘棋
홍취 일으키던 작은 술통은 남은 향기에 젖었는데 關情小榼餘香濕
그림자 마주한 채 붉은 벼랑을 느릿느릿 걷노라 對影丹崖倦步遲
베개 베고 누웠던 사군께서 호기가 넘치시어 伏枕使君豪氣在
낮닭 울 무렵 남여를 준비하라 분부하셨네[42] 籃輿分付午鷄時

열한 번째 첩운 十一疊

명승지에서 끊임없이 그윽한 기약을 맺으니 名區續續結幽期
빈객과 주인의 풍류에 한가로움이 항시 따르네 賓主風流暇輒隨
가을 동원 술잔 깊어라 병에서 막 일어났으니 秋院酒深新起病
안개 물결 위 배 작아도 바둑판 둘 만하여라 煙波舫小且容棋
하늘 끝의 나그네 잠이 완전히 많이 줄었기에 天涯客睡全多減
바닷가 찬 겨울 소리에도 끝내 늦지 않았구려 海畔寒聲遂不遲
잠깐 떨어져서 밤 지새움도 이별이 아쉬우니 乍別經宵猶惜別
마주하면 저녁연기 피어날 때가 또한 두렵구려 對來還恐暮煙時

42 낮닭……분부하셨네 : 정하언이 정오 무렵에 응벽헌으로 번암을 방문하였다는 말이다.

가대인께서 병산[43] 관아로부터 소자를 보기 위해 태백산을 넘어 고생스러운 길을 오셨다. 하늘 끝 이곳에서 만나 뵙고 절을 하게 되니 너무나 기뻐서 도리어 눈물이 났다. 죽서루에서 뫼시고 자며 안개와 구름이 변화하는 경치를 굽어보고, 중대[44]에 뫼시고 들어가 물과 바위의 기이한 장관을 더듬어 보았으며, 또한 진동루[45]에 뫼시고 올라 일출을 구경하였는데, 열흘을 머무셨다. 가대인 일행이 다시 왔던 길을 돌아가려 하여 내가 10여 리를 뒤따라갔다. 끝내는 한 번 작별해야 했으니, 말 머리에서 절하고 하직 인사를 드리는 내 마음이 어떠했겠는가. 울적한 심사를 모두 한 편의 시에 담았는데, 또한 '민둥산을 오르는 노래'[46]에 담겨 전하는 뜻이다

家大人自屛山衙 爲見小子踰太白嶺 辛苦來臨 天涯迎拜 喜極還涕 陪宿竹樓以俯煙雲變態 陪入中臺以探水石奇壯 又陪上鎭東樓以觀日出 留

43 병산(屛山) : 경상도 비안현(比安縣)의 별칭으로, 지금의 경상북도 의성군 비안면이다.

44 중대(中臺) : 두타산(頭陀山) 무릉(武陵) 계곡에 있던 중대사(中臺寺) 일대를 가리키는 것으로 보인다.

45 진동루(鎭東樓) : 삼척포(三陟浦) 진영(鎭營)의 동쪽 문루(門樓)이다. 허목(許穆)의 《척주지(陟州誌)》에 "진동루는 성의 동문 누각이다. 정덕(正德) 6년(1511) 우리 조선 중종(中宗) 6년 신미년에 지었고, 가정(嘉靖) 35년(1556) 명종 11년 병진년에 중수(重修)하였다. 만력(萬曆) 5년(1577) 선조 10년 정축년에 부사 김효원(金孝元)이 편액을 걸고 '진동루'라고 이름하였다."라는 말이 나온다.

46 민둥산을 오르는 노래 : 《시경》의 〈척호(陟岵)〉 시를 가리킨다. 이 시는 효자가 부역을 나가서 어버이를 애틋하게 그리는 심정을 노래한 것인데, 그 둘째 장의 "저 민둥산에 올라가서 어머님 계신 곳을 바라본다.[陟彼屺兮, 瞻望母兮.]"라는 구절에서 온 말이다.

旬日 徒御又將復路 隨往十餘里 終須一別 馬前拜辭 情懷若何 掩抑之思都付一律 亦陟屺之遺義云爾

차마 바로 절하고 헤어지지 못해 未忍便爲拜
산 아래 갈림길까지 다시 따라왔네 更隨山下歧
휑하니 내 한 몸 이끌고 돌아가 버리면 空持一身返
저녁에 홀로 잠잘 때 장차 어이하나 將奈獨眠時
포구 풀에는 새로 서리가 내리고 浦草新霜負
바다 구름은 아침 해를 가리누나 溟雲曉日欺
미천한 소자는 자중자애하리니 微軀兒自愛
부디 문에 기대어 그리워 마소서[47] 願勿倚門思

47 문에……마소서 : 문에 기댄다는 것은 부모가 자식을 기다리는 것을 표현하는 말이다. 전국 시대 왕손가(王孫賈)의 어머니가 왕손가에게 "네가 아침에 나가서 저녁에 돌아올 때면 나는 집 문에 기대어 기다리고, 네가 저물녘에 나가 돌아오지 않을 때면 나는 동구 문에 기대어 기다린다.〔女朝出而晩來, 則吾倚門而望; 女暮出而不還, 則吾倚閭而望.〕"라고 한 말에서 유래하였다.《戰國策 齊策6》

죽서루에서 느낀 가을날의 생각. 노두[48]의 〈추흥팔수〉에 차하다

竹樓秋思 次老杜秋興八首

우수수 찬 바람 소리가 대숲을 울리고	淅瀝寒聲鳴竹林
두타산[49]의 아득한 산빛은 싸늘하여라	頭陀遠色作凄森
묵은 구름은 회나무에 쌓여 서리로 다 맺히고	宿雲屯檜霜全護
푸른 바다에 구름 드리워 낮이 쉬 그늘지네	碧海生簾晝易陰
만사 아득해라 반악(潘岳) 대자리에 눈물 어리고[50]	萬事蒼茫潘簟淚

48 노두(老杜) : 당(唐)나라 시인 두보(杜甫)를 가리킨다. 참고로 두목(杜牧)을 소두(少杜)라 한다.

49 두타산(頭陀山) : 지금의 강원도 동해시와 삼척시의 경계에 있는 산이다. 조선 시대에는 삼척도호부에 속하였다. 《신증동국여지승람(新增東國輿地勝覽)》에는 "부(府) 서쪽 45리에 있다. 산 중턱에 돌우물 50곳이 있으므로 그대로 오십정(五十井)이라 부른다. 그 곁에 신사(神祠)가 있는데 고을 사람이 봄가을에 제사하며, 날씨가 가물면 비를 빈다."라고 하였으며, 중대사(中臺寺), 삼화사(三和寺), 간장암(看藏菴) 등의 사찰이 있다고 하였다.

50 반악(潘岳)……어리고 : 번암이 세상을 떠난 부인 동복 오씨(同福吳氏)를 그리는 마음을 표현한 것이다. 1751년(영조27) 1월에 부인 동복 오씨가 세상을 떠났다. 반악(247~300)은 서진(西晉)의 문인이다. 자는 안인(安仁)으로 재주와 용모가 뛰어났다고 한다. 10여 세에 양씨(楊氏)와 혼인하여 부부의 금슬이 아주 좋았는데, 불행히도 양씨가 먼저 세상을 떠나자 반악이 지은 시가 유명한 〈도망삼수(悼亡三首)〉이다. 이 구절은 반악의 〈도망삼수〉 두 번째 시에 "뒤척이며 잠자리를 바라보매, 어느덧 긴 대자리 깔린 침상이 비었네. 빈 침상에는 맑은 먼지만 쌓여 가고, 빈방에는 서글픈 바람이 불어오네.〔展轉眄枕席, 長簟竟床空. 床空委淸塵, 室虛來悲風.〕"라고 한 데서 온 말이다.

구추라 지는 낙엽은 초나라 신하 마음[51]이로다　九秋搖落楚臣心
서재 등불은 환히 밝고 높은 누각은 닫혔는데　書燈的的高樓掩
버들 시든 밤 규문 깊은 곳엔 외로운 다듬이소리　衰柳門深獨夜砧

두 번째 其二

갈대 핀 너른 물가에 기러기 처음 비껴 날고　蒹葭洲闊鴈初斜
임금과 어버이 그리움에 머리가 세려 하네　一念君親鬢欲華
만 리 흐르는 신령한 근원은 한수에 다다르고　萬里靈源窮漢水
깊은 바다 기이한 기운은 선사와 접하였다　重溟異氣接仙槎
막 서리 내린 이별 언덕엔 쓸쓸히 낙엽지고　新霜別岸蕭蕭葉
달 떨어지는 외로운 성엔 아득히 피리 울리네　落月孤城窅窅笳
하늘 끝 좋은 시절에 암울하게 서성이는데　天末佳期暗延佇
뜰 가득 비바람 불어와 노란 국화를 꺾어 버리네　滿庭風雨折黃花

울진현(蔚珍縣)을 선사(仙槎)라고 부르는데, 척주(陟州)와 인접해 있어 네 번째 구절에서 언급하였다.

세 번째 其三

갠 날 밝은 호수 일렁이고 죽서루는 찬란한데　明湖晴漾竹西暉
거울 속 먼 봉우리는 은은한 그림자 보내오네　鏡裏遙岑送影微

51 초(楚)나라 신하 마음 : 초나라의 신하는 참소를 받고 쫓겨난 굴원(屈原)을 가리킨다. 번암이 자신의 심정을 비유한 말이다.

추각으로 금침 옮기니 바위에 뜬 달이 가까웁고 秋閣移衾巖月近
밤배 위에서 젓대를 부니 물새가 날아오른다 夜船吹篴渚禽飛
난초 시든 물가에는 아직 향기가 멀리 풍기고 蘭衰澤畔香猶遠
계수 늙는 회수 남쪽에선 계책이 어그러져 가네 桂老淮南計轉違
소슬한 교외 들판에는 서리가 듬뿍 내렸는데 蕭瑟郊原霜意重
작은 담장의 배처럼 하얀 뺨은 구분쯤 살졌구나[52] 小墻梨頰九分肥

네 번째 其四

죽서루 저녁 빛이 남은 바둑판을 비추더니 西樓暮色帶殘棋
바닷가에서 〈수조가〉[53] 소리 구슬피 들려오네 海國歌聲水調悲
등불 다 꺼진 뒤엔 온갖 감정이 매번 교차하고 百感每交燈盡後

52 작은……살졌구나 : 뽀얗게 살진 기녀(妓女)의 예쁜 얼굴을 비유한 말이다. 송(宋)나라 때 호전(胡銓)이 해외(海外)로 폄척되었다가 북으로 돌아가던 날에 상담(湘潭) 호씨(胡氏)의 정원에서 술을 마시면서 지은 시에 "임금 은혜로 이렇게 돌아와 한번 취하노니, 곁에 있는 배처럼 흰 뺨에 보조개가 예쁘기도 하여라.〔君恩許歸此一醉, 傍有梨頰生微渦.〕"라는 구절이 있다.《鶴林玉露 卷12》

53 수조가(水調歌) : 곡조의 이름으로 수조가두(水調歌頭)라고도 하는데, 수(隋)나라 양제(煬帝)가 처음 지었다고 전한다. 당나라 사람들이 이를 부연하여 대곡(大曲)이 되었다고 한다. 중국과 우리나라 문인들이 이 수조가두에 가사(歌詞)로 시를 지어 붙이는 경우가 많았다. 송나라 신종(神宗) 때에 소식(蘇軾)이 황주(黃州)로 귀양 가 있으면서 수조가두인 〈병진중추작겸회자유(丙辰中秋作兼懷子由)〉를 지었는데, 그 가사에 "오직 두려워라 옥으로 된 월궁이, 높이 있어 추위를 이기지 못할까 염려되네.〔只恐瓊樓玉宇, 高處不勝寒.〕" 하였다. 이 노래가 전파되자, 신종이 듣고서 임금을 그리워하는 내용이라고 여겨 "소식이 끝까지 임금을 사랑하는구나."라고 하고는 죄를 감하여 귀양지를 여주(汝州)로 옮겨 주었다고 한다.

홑옷도 못 갈아입었는데 다듬이소리 울려 퍼지네　單衣未改杵鳴時
여울에 바람 이는 옛 골짝 가을이라 안정키 어려운데　風灘古峽秋難定
낙엽에 비 듣는 빈 휘장 속에 외론 밤 더디 흐른다　雨葉虛帷夜獨遲
소중한 친구들이 서울 땅에 가득하거니　珍重故人京洛滿
그립다 말하는 편지를 또다시 받았어라　也蒙書札道相思

다섯 번째 其五

난대는 청절한데 봉산과 접했어라[54]　蘭臺淸切接蓬山
상서로운 구름이 지척 간에 있었을 때를 추억하노라[55]　憶在祥雲咫尺間
진강을 마치면 달빛이 임금님 옷깃에 스며들었고　講罷月華侵黼衮
조회에서 돌아올 땐 버들빛이 궁궐을 옹위하였지　朝回柳色擁天關
기생이 웃으며 남쪽 노파의 일장춘몽[56]을 말하니　風塵笑起南婆夢

54 난대(蘭臺)는……접했어라 : 난대는 비서성(秘書省)의 별칭인데, 우리나라에서는 예문관(藝文館) 또는 춘추관(春秋館)이 그에 해당한다. 봉산(蓬山)은 봉래산(蓬萊山)을 가리키는 듯하다. 이 구절은 의미가 분명하지 않은데, 시종신으로 있던 번암이 동해 바닷가 삼척으로 유배 온 것을 비유하는 말인 듯하다.

55 상서로운……추억하노라 : 번암이 시종신으로 임금을 가까이 모시고 있던 때를 가리키는 말이다. 지척(咫尺)은 춘추 시대 제 환공(齊桓公)이 규구(葵丘)에서 제후들과 회맹(會盟)을 할 때, "천자의 위엄이 나의 이마에서 지척에 있다.〔天威不違顔咫尺.〕" 라고 하며, 절을 하고 하사품을 받았던 고사에서 온 말이다. 《春秋左氏傳 僖公9年》

56 남쪽 노파의 일장춘몽(一場春夢) : 옛날 동파(東坡) 소식(蘇軾)이 남방인 창화(昌化)로 좌천되었을 때 한 노파를 만났는데, 그녀가 동파에게 이르기를 "소 내한(蘇內翰)이 옛날에는 부귀하더니, 이제 일장춘몽이 되었구려." 하였다. 이로 인해 그 마을 사람들이 그 노파를 춘몽파(春夢婆)라고 불렀다는 고사에서 온 말이다. 《東坡全集 東坡先生年譜》

거울에 비친 내 모습이 도리어 초택 사람[57] 같구나 霜鏡翻疑楚澤顔
나그네의 바람은 가련케도 궁궐에 걸려 있으나 旅望可憐懸鳳闕
내 마음은 조정의 반열에 서길 바라는 것 아니라오[58] 此心非爲戀鵷班

여섯 번째 其六

떠돌던 쑥대가 머나먼 해변까지 흘러왔어라 蓬梗迢迢極海頭
고향으로 돌아가는 꿈속에 가을이 깊어 가네 故園歸夢欲深秋
성긴 울타리 내리는 비는 중양의 빛을 보내는데 疎籬雨送重陽色
높은 언덕에 바람이 부니 밤마다 시름겨워라 絶岸風爲每夜愁
깊은 대숲을 지팡이 짚고 거닐다 자던 새 마주치고 幽竹倚筇逢宿鳥
어두운 뜸 걷어 열고 돌아오는 갈매기를 맞이한다 暝篷開幔受回鷗
당시 굴원과 가의 모두 무더운 변방으로 쫓겨났거니[59] 當時屈賈皆炎徼
태평성대에 맑고 시원한 곳은 이 고을뿐이로구나 聖世淸凉獨此州

57 초택(楚澤) 사람 : 초나라 굴원(屈原)을 가리킨다. 참소를 받고 조정에서 쫓겨나 초나라의 물가에서 노닐던 굴원은 결국 울분을 참지 못해 멱라수(汨羅水)에 빠져 죽었다.

58 나그네의……아니라오 : 궁궐에 계신 임금을 그리기는 하지만 조정에 다시 출사하기를 바라는 것은 아니라는 말이다.

59 굴원(屈原)과……쫓겨났거니 : 굴원은 전국 시대 말기 초나라 사람으로 초 양왕(楚襄王) 때에 무함을 입고 강남으로 쫓겨났으며, 가의(賈誼)는 한나라 사람으로 한 문제(漢文帝) 때 나이 20세로 박사(博士)가 되었으나, 뒤에 주발(周勃)과 관영(灌嬰)의 참소로 쫓겨나 장사왕(長沙王)의 태부(太傅)가 되었다. 굴원과 가의 모두 중국 남쪽의 덥고 습한 지역으로 쫓겨났으므로 이렇게 말한 것이다.

일곱 번째 其七

짙푸른 암벽의 빛에 신령의 공력 깃들었고　蒼沈壁色費神功
닭 울고 개 짖는 마을은 물기에 젖어 있네　鷄犬村家水氣中
누각 아득한데 밤에 창해 너머로 태양이 솟고　樓逈夜騰滄海旭
누대 높으니 가을에 대붕의 바람[60]을 막아 내네　臺高秋敵大鵬風
사군께서 맞아 웃으시매 물가 구름은 희디희고　使君迎笑渚雲白
쫓겨난 객 멀리서 오매 산 단풍은 붉디붉어라　遷客遠來山葉紅
말에서 내려 만리도의 비석[61]을 먼저 찾아가 보니　下馬先尋萬里石
구불구불한 조적[62]은 허 미옹의 글씨로다　離奇鳥跡許眉翁

동해비(東海碑)가 옛날에는 만리도(萬里島)에 있었다.

여덟 번째 其八

건지촌 가는 길은 아득히 구불구불 보이고　搴芝村路逈逶迤

60 대붕(大鵬)의 바람 : 바다 물결이 일렁이기 시작하면 대붕이 남명(南冥)을 향해 날아가는데, 이때 물결을 격동하는 것이 삼천 리에 달하고 회오리바람을 타고서 구만 리 위로 날아오른다는 이야기가 《장자(莊子)》 〈소요유(逍遙遊)〉에 나온다.

61 만리도(萬里島)의 비석 : 미수(眉叟) 허목(許穆, 1595~1682)이 1661년(현종2) 삼척 부사로 부임하여 세운 척주동해비(陟州東海碑)를 가리킨다. 당시 삼척의 바닷가 백성들이 거센 바람과 사나운 파도에 시달리는 것을 본 허목이 〈동해송(東海頌)〉을 짓고 전서(篆書)로 직접 써서 만리도에 세우자 바다가 잠잠해졌다고 한다. 《記言 卷28 下篇 東海頌, 韓國文集叢刊 98輯》

62 조적(鳥跡) : 조적서(鳥蹟書) 또는 조전(鳥篆)이라고 부르는데, 전서(篆書)를 가리키는 말이다.

가을걷이 뒤 비낀 해는 옛 비탈에 가득하네	穫後斜陽滿古陂
여울 물길 굽이에는 연잎 배[63]가 드나들고	灘勢曲通蓮葉舫
빗소리에 이는 시름 국화꽃 가지에 스며드네	雨聲愁入菊花枝
서리 치는 얽힌 나무들은 먼 바위에 솟아 있고	霜敲亂樹遙巖出
어선 등불은 겨울 물고기 쫓아 포구를 떠나가네	燈趁寒魚別浦移
누대 위 외로운 잠자리를 상심할 것 없어라	樓上未應傷獨宿
백운이 남긴 약속이 저물녘 처마에 드리웠나니[64]	白雲留約暮簷垂

63 연잎 배 : 송(宋) 대의 문인화가(文人畫家)인 이공린(李公麟)이 일찍이 태일진인(太一眞人)이 연잎을 타고 누워서 책 읽는 모습을 그린 《태일진인도(太一眞人圖)》에서 유래한 말로, 번암이 오십천에서 자신이 타고 노니는 조각배를 비유한 것이다.

64 백운(白雲)이……드리웠나니 : 저물녘의 구름은 일반적으로 친구에 대한 그리움을 의미하는 시구인데, 여기의 백운은 다음 시에 나오는 백운 스님을 가리키는 것으로 보인다. 즉 백운 스님이 찾아오기로 약속이 되어 있다는 의미인 듯하다.

백운 스님에게 시를 지어 주다

贈詩僧白雲

밝은 호수에 가을비 개니 수면이 하늘 같은데	明湖秋霽水如天
바둑 마친 덩굴 그늘에 저녁연기 피어나려네	棋罷蘿陰欲暮煙
대나무 숲속엔 누각이 담담하게 열려 있고	淡淡樓開篁竹裏
국화꽃 앞에는 스님이 경쾌하게 이르렀네	依依僧到菊花前
맑은 술과 아름다운 문장이 참으로 어울리나니	淸樽翰墨眞相得
생동하는 그림 같은 산수가 더욱 그윽하여라	活畫溪山更窈然
스님을 삼 년 만에 다시 우연히 만났으니	甁錫三年重邂逅
공문에 다하지 않은 인연이 아직 남았나 보오	空門還有未消緣

평릉 독우[65]가 몇 칸의 누대를 새로 건립하면서 나에게 한번 방문해서 시를 지어 달라고 하였다. 하지만 나는 죄인으로 칩거하는 처지인지라 응할 수 없었다. 어느 날 옥호 공에게 이끌려 나란히 말을 타고 방문해서는 시를 지어 기록하였다

平陵督郵新起樓數楹 要余一來賦詩 顧余纍蟄不能副 一日被玉壺公牽率 聯騎往訪 詩以記之

하늘 끝 부평초 신세라 감회가 없을 수 없어	天涯萍水不無情
즐겁게 웃는 처음 자리에 술이 이미 거나하네	歡笑初筵已酒觥
가을 들판에 누대 지음은 한가하기 때문이요	秋野起樓緣事簡
깊은 정원에 국화 심음은 공무 맑은 표상이라	幽庭種菊表官清
주렴 걷고 앉았다 누웠다 솔숲 가까이 가 보거니	開簾坐臥行松近
바다 막아 돌리는 기상이 우뚝한 산에 뻗쳤어라	障海精神獨峀橫
이로부터 연무를 좇아서 들어가려 할 것이면	從此欲隨煙霧入
산호수가 응당 낚싯대를 가벼이 스치리라[66]	珊瑚應拂釣竿輕

65 평릉 독우(平陵督郵) : 평릉 찰방(平陵察訪)을 가리킨다. 평릉은 삼척도호부에 소속된 역으로, 《신증동국여지승람(新增東國輿地勝覽)》에 "부(府) 북쪽 40리에 있다. 본도를 잇는 데 소속된 역은 15개로, 동덕(冬德), 대창(大昌), 구산(丘山), 목계(木界), 안인(安仁), 낙풍(樂豐), 신흥(新興), 사직(史直), 교가(交柯), 용화(龍化), 옥원(沃原), 흥부(興富), 수산(守山), 덕신(德神), 달효(達孝)이다."라고 하였다.

66 산호수(珊瑚樹)가……스치리라 : 산호수는 산호가 나뭇가지와 비슷한 모양이므로 이렇게 부른다. 이 구절은 두보(杜甫)의 시 〈병을 칭탁하여 강동으로 돌아가는 공소보를 전송하고 겸하여 이백에게 바치다〔送孔巢父謝病歸遊江東兼呈李白〕〉에 "시권은 영원히 천지 사이에 머물러 있고, 낚싯대는 산호수를 스치려 하네.〔詩卷長留天地間, 釣竿欲拂珊瑚樹.〕"라고 한 데서 온 것이다.

미수 허 선생 동해비[67]가

眉叟許先生東海碑歌

동으로 실직[68]의 유허를 굽어보며　東臨悉直墟
큰 바다의 물을 바라보네　以觀瀛海水
바닷가에 한 조각 비석이 있어　瀛海之上一片石
정의로운 기운이 하늘로 우뚝 솟았네　正氣矗矗干霄起
나의 몸가짐을 엄숙히 하고 나의 관(冠)을 바로 쓰도다　肅我儀容整我巾
그러고서 공경히 마주하고 보노라　然後夔夔當面視
고결하도다 공자께서 산삭하신 뒤의 시요　雅潔孔子刪後詩
구불구불 창힐[69]이 만들어 전래한 글자로다　離奇蒼頡造來字
긴 눈썹에는 백설이 덮이고 손은 살짝 떨리는데　長眉覆雪手微戰
기이한 필체는 마치 신령과 희롱하는 듯　異筆恍與神靈戲
아침마다 태양이 동쪽에서 떠오르면　朝朝太陽從東來
문장의 기염이 태양을 감싸고 함께 배회하도다　文燄籠之共徘徊
찬찬히 읽으니 〈청묘(淸廟)〉의 비파 소리[70] 어렴풋이 들리고

67 동해비(東海碑) : 61쪽 주61 참조.

68 실직(悉直) : 국명(國名)이다. 신라 파사왕(婆娑王) 때 실직이 항복하여 지증왕(智證王) 6년(505) 실직 군주(悉直軍主)를 두었고, 고려 성종 때 척주(陟州)로 만들었는데, 지금의 삼척(三陟)이다. 《新增東國輿地勝覽 卷44 江原道 三陟都護府》

69 창힐(蒼頡) : 황제(黃帝)의 신하로, 일찍이 새의 발자국을 보고 글자를 만들었다고 한다.

緩讀疑聆廟瑟希

우러러 더듬으니 은하수를 붙잡고 도는 것 같아라　仰攀如挹天河回

혹은 머리가 아홉 개인 듯 혹은 다리가 하나인 듯　或如九首或一股

행간마다 글자마다 모두 날아 춤추도다　行行字字皆翔舞

꿈틀꿈틀 신비하고 기괴한 형체를 숨길 수 없어　蜿蜒秘怪形莫遁

약한 놈은 바짝 엎드리고 강한 놈은 성을 낸다　弱者帖伏强者怒

아명[71]이 하늘에 하소연하니 천제께서 탄식하시고　阿明上訴帝曰咨

너는 삼가 피하여 수부에 잠겨 있으라 명하시니　汝謹避之潛水府

백 년 동안 파도가 물어뜯지 못하였고　百年波濤囓不得

큰 고래와 검은 고래가 와서 몸을 굽신거렸네　穹鯨黑鰍來傴僂

하늘이 선생을 보내 미혹함을 깨치게 하셨나니　天遣先生牖迷津

세상 어디서인들 지주가 아니셨으랴[72]　世間何處非砥柱

홍수가 땅에 가득 흘러넘쳐 너무나 혼탁했으니　橫流滿地太濁漉

70 청묘(淸廟)의 비파 소리 : 〈청묘〉는 《시경》 〈주송(周頌)〉의 편명(篇名)으로, 주공(周公)이 문왕의 사당에 제사할 때 올린 시(詩)이다. 이 악곡에 사용된 비파 소리는 금방 듣기에는 탁하고 느려서 그리 좋지 못하나 오래 들을수록 은은한 성음(聲音)의 미덕이 있으므로 오랫동안 전한다고 한다. 《禮記 樂記》

71 아명(阿明) : 동해를 맡은 해신(海神)의 이름이다. 《고미서(古微書)》 권34에 "동해의 신 이름은 아명이고, 남해의 신 이름은 축융(祝融)이고, 서해의 신 이름은 신승(臣乘)이고, 북해의 신 이름은 우강(禺强)이다."라고 하였다.

72 세상……아니셨으랴 : 허목(許穆)이 난세(亂世)에 지주(砥柱)와 같은 역할을 하였다는 말이다. 지주는 하남(河南) 삼문협(三門峽) 동북쪽 황하(黃河) 가운데에 있던 산 이름이다. 황하의 물결이 아무리 거세게 흘러도 이 산을 무너뜨리지 못하고 이 지점에 와서 두 갈래로 나뉘어 산을 싸고 흐른다. 흔히 난세에 지조를 지키는 선비의 비유로 쓰인다.

서로 빠뜨려 죽인 것은 사나운 바다뿐만이 아니었도다

胥溺不啻滄溟惡

선생께서 담소하시며 손으로 구원해 주시어 先生談笑以手援

우리 도가 그 덕택에 명맥을 이어 갔네 斯文賴之綿一脈

오호라 선생께선 바다에 능하고 사람에는 능하지 못하셨는지

嗚呼先生能海不能人

인간 세상에는 지금껏 편벽되고 간사한 말이 일어나누나

人世至今詖淫作

옥호 공과 하루 종일 죽서루에 함께 앉았다가 밤에 각자 자리를 파하고 돌아갔다. 침상에서 홀연 사공을 급히 부르는 소리를 들었는데, 야반이 되려는 시각이었다. 옥호 공이 급히 사람을 보내 나를 오십천으로 불렀다. 도착해 보니, 이미 모래언덕에 앉아 나를 기다리고 있었다. 이 밤이 바로 9월 열엿새 날이었는데, 비가 막 개고 환한 달이 허공을 흐르고 있었다. 공이 이 밤을 그냥 보내고 싶지 않아 이불과 베개를 밀치고 일어나 온 것이었다. 마침내 배를 띄우고 물길을 거슬러 닭이 울 때까지 줄곧 노닐었다. 백운 상인도 함께 운을 불러 각자 시를 지었다

同玉壺公終日坐竹樓 夜各罷歸 枕上忽聞有急喚舟子聲 時夜將半 玉壺公急使人邀余五十川 至則已坐待沙岸矣 是夜卽九月既望 雨新霽 素月流空 蓋公不欲孤之 推衾枕而來也 遂泛舟沿洄 直至鷄鳴 白雲上人亦與呼韻各賦

황혼에 각자 죽서루를 내려가더니　　黃昏各自下西樓

모래 물가에서 배 부르는 소리에 놀라 깨었네　　驚起沙頭忽喚舟

그대는 갈대 언덕에 갈매기 그림자 따라 앉았고　　荻岸君隨鷗影坐

스님은 대나무 숲에 밝은 달 보려고 머물렀다네　　竹林僧爲月明留

하늘과 물가 나무에는 새로 비가 개고　　天空水樹新開雨

따뜻한 술과 풍악 소리에 가을이 두렵지 않네　　酒暖絃歌不怕秋

한밤중에 시를 지어서 또한 웃고 자랑하노니　　午夜詩成還笑詫

강호에선 어인 일인들 맑고 그윽하지 않으랴　　江湖何事不淸幽

거듭 무릉을 방문해 시를 읊어 옥호에게 올리다

重訪武陵 吟奉玉壺

견여 타고 멀리로 흰 구름 사다리 밟고 가니	肩輿逈踏白雲梯
낙엽 쌓인 오솔길에 바스락바스락 소리 나네	屑窣聲生積葉蹊
숙취도 아니 깬 채 누대 술자리에 모였는데	宿醉未醒凝榭酒
이번에 다시 와서도 무릉계에다 마련했네	重來猶辨武陵溪
산사는 맑은 남기 모인 곳에 홀연히 숨었고	花宮忽匿晴嵐聚
고운 나무는 지는 석양에 불처럼 타오른다	錦樹交蒸返景低
스님은 오대로 떠나고 그대 또한 병이 나서	僧去五臺君又病
동문 쓸쓸해진 가운데 뉘를 끌고 노닐거나	洞門蕭瑟欲誰提

언젠가 공과 함께 호계(虎溪)의 동문(洞門)에서 백운 상인(白雲上人)과 삼소회(三笑會)[73]를 만들기로 약속하였으므로 이렇게 말하였다.

73 삼소회(三笑會) : 삼소(三笑)는, 진(晉)나라 고승 혜원(慧遠)이 동림사(東林寺)에 있을 적에 손님을 전송할 때에도 호계(虎溪)를 건너지 않았는데, 도잠(陶潛)과 육수정(陸修靜)이 방문했을 적에는 서로 의기투합한 나머지 그들을 전송하면서 호계를 건넜으므로, 세 사람이 크게 웃고 헤어졌다는 '호계삼소(虎溪三笑)'의 고사에서 온 말이다. 《蓮社高賢傳 百二十三人傳》 번암과 옥호 정하언(鄭夏彦), 백운 상인(白雲上人)이 서로 두타산 호계에서 교유한 것이 마침 호계삼소의 고사와 비슷하므로 모임의 이름을 '삼소회'라고 하였던 것이다.

지조암[74]에서 자다

宿指祖菴

어둠 속에 솔바람이 만 겹으로 치달리니	暝裏松濤萬疊驅
스님이 옛 성 모퉁이로부터 비가 온다 말하네	僧言雨自古城隅
신령한 못에 낙엽이 때려도 용은 잘 잠자고	神湫葉打龍能睡
큰 골짝에 구름이 이니 별들 문득 사라진다	大壑雲生星忽無
한 이삭 연등이 노을 꼭대기 암자를 밝히고	一穗蓮燈霞頂广
오경이라 불전 향로에는 향불 재가 쌓였어라	五更香燼佛前爐
저들의 면벽 수도가 비록 보탬이 없지마는	渠家面壁雖無補
서울에서 이끗 좇는 무리보단 오히려 나으니라	猶勝東華逐利徒

74 지조암(指祖菴) ; 두타산에 있는 삼화사(三和寺)의 부속 암자로, 918년(고려 태조1)에 창건되었다고 한다.

내가 무릉 계곡에서 지조암을 방문했을 적에 옥호 공에게 편지를 보내 "나에 대해 묻는 사람이 있으면 부디 나를 위해 '중대의 만첩 산중에서 뒷방으로 물러난 중이 된 지 오래되었다.'라고 대답해 주시오." 하였다. 이는 지조암이 외지고 깊은 곳에 있어 능히 나로 하여금 애오라지 인생을 마치고자 하는 소원을 지닐 수 있게 하였으므로 편지를 통해 장난삼아 언급하였던 것이다. 하지만 그 위치가 너무나 험준해서 양식을 조달하는 데 어려움이 있었다. 하룻밤을 머무르고 바로 떠나면서 시를 지어 스스로를 비웃고 겸하여 고향에 대한 그리움을 담았다

余之自武陵溪轉訪指祖菴也 書抵玉壺公曰 人有問我者 幸爲我謝曰 入中臺萬疊山 作退院僧久矣 蓋庵之孤絶幽敻 能使我有聊以卒歲之願 故因書戲及之爾 然以其占位極峭險 有妨于橐之輸 一宿便捨去 詩以自嘲兼寓戀桑之懷

푸른 짚신 신고 산중에 다시 왔다 괴이하게 보지 마오

青鞋莫怪又山中

죽서루가 홍진 세상과 접해 있어 조금 아쉬운 것이라오

差恨西樓接軟紅

낙엽이 벼랑을 가로막아 오히려 길을 찾아야 하고 落葉障崖猶覓路

굽이진 바위가 바다를 숨겨 바람 소리만 들리는구려 廻巖藏海祇聞風

나는 새를 따라 지팡이 짚고 가니 신선으로 변하는 듯

笻隨過鳥身疑化

암자가 짙은 구름 가르고 섰으니 자리가 허공에 뜬 듯

庵斲幽雲座似空

금당[75]에다 편지 부치고 도리어 스스로 부끄러워 書寄琴堂還自愧

이튿날 아침에 돌아가는 걸음이 너무도 총총쿠려 詰朝歸袂已忽忽

75 금당(琴堂) : 고을의 동헌(東軒)을 가리키는 말로, 정하언이 머무는 곳이다. 《여씨춘추(呂氏春秋)》〈찰현(察賢)〉에 "복자천이 선보를 다스리는데, 거문고를 타기만 하고 당을 내려가지 않아도 선보가 잘 다스려졌다.〔宓子賤治單父, 彈鳴琴, 身不下堂而單父治.〕"라고 한 데서 온 말이다.

지조암에서 내려와 구름사다리를 막 벗어났는데, 스님이 급히 와서 옥호 공이 중대사에 뒤따라 도착해서 나를 기다린 지 이미 오래되었다고 말하였다. 빠른 걸음으로 달려가서 밤새 앉아 앞서 지은 시에 함께 첩운하였다. 이날 거센 바람이 불었다

自菴下 纔脫雲梯 有僧急來言 玉壺公追到中臺寺 待我還已久矣 飛步相就 夜坐共疊前韻 是日大風

중대사의 대전이 물소리 가운데 자리했는데	中臺臺殿水聲中
풍악 울려 서로 따르매 촛불 붉게 타오르네	歌吹相隨燭談紅
멈춘 구름으로 홀로 가서 어젯밤이 시름겹더니[76]	獨往停雲愁昨夜
흥이 나서 수레를 몰고 오며 거센 바람에 맞섰도다[77]	興來飛蓋傲長風
노란 국화가 절을 휘감으니 스님 처음 선정에 들고	黃花繞院僧初定
북두칠성이 처마에 흔들리니 잎새는 반이 비었네	珠斗搖簷葉半空
진작 영랑으로 하여금 이곳에 이르게 하였다면	早使永郎能到此

76 멈춘……시름겹더니 : 멈춘 구름은 그리운 친구를 비유하는 말이다. 도잠(陶潛)이 벗을 그리며 지은 시 〈정운(停雲)〉에 "멈춘 구름은 뭉게뭉게 일고, 때맞춰 내리는 비는 자욱하여라. 팔방이 다 같이 어둑하고, 육지가 강이 되었네.〔停雲靄靄, 時雨濛濛. 八表同昏, 平陸成江.〕"라고 한 데서 온 말이다. 번암이 혼자 지조암에 놀러가서 정하언과 함께하지 못한 아쉬움을 표현한 구절이다.

77 홍이……맞섰도다 : 정하언이 중대사(中臺寺)에 왔다는 소식을 듣고 흥이 나서 재빨리 달려갔다는 말이다.

삼일포로 그리 바쁘게 갈 필요도 없었을 텐데[78]　　未應三日去怱怱

78 진작……텐데 : 이곳의 경치가 삼일포(三日浦)보다 훨씬 더 아름답다는 것을 표현한 말이다. 삼일포는 강원도 고성(高城) 외금강에 있는 호수로 동해에 접해 있다. 옛날에 술랑(述郎), 남랑(南郎), 영랑(永郎), 안상(安祥)의 네 선인(仙人)이 호수에 와서 사흘 동안 놀았다 하여 그 호수를 삼일포라 불렀으며, 호수 안의 섬에 사선정을 세워 그 일을 기념하였다고 한다.

회강정[79]가

會江亭歌

죽서루에 머문 지도 이미 오랜 터에	竹樓棲息已多時
회강정이 더 기이하다는 소문 들었네	會江亭子聞更奇
골짜기 개천 물에 외나무다리를 놓아	峽川之水架獨木
굽이굽이 몇 번을 건너 비로소 이르렀네	回回屢渡方及玆
최씨는 이미 떠나고 정자도 무너졌는데	崔氏已去亭亦毁
백 년 동안 밝은 달이 차고 또 기울었으리	百年明月盈且虧
당나귀를 나무에 매어 두고 나도 앉았거니	吾驢繫樹吾且坐
때마침 가을 기운이 사람을 슬프게 하네	是時秋氣令人悲
가을매미 적막한데 누런 잎새는 울고	玄蟬寂寞黃葉鳴
지친 노복 앉아 졸 제 산 그림자 옮겨 가네	倦僕坐睡山景移
어디선지 백발의 마을 노인이 찾아와서는	何來白髮村中老
허리 굽혀 나를 향해 흐뭇하게 바라보네	傴僂向余顏色怡
스스로 말하기를 나이는 칠팔십이요	自言年紀七八十
아들과 손자 두고 여기서 편히 사는데	生子抱孫安於斯
높다란 관아 문을 아직 보지 못하였고	有眼未覩縣門尊

79 회강정(會江亭) : 지금의 삼척시 도경동에 있던 정자이다. 회강정(回江亭)이라고도 한다. 삼척과 태백(太白)의 경계인 백병산(白屛山)에서 발원한 오십천이 북쪽으로 흐르다가 여기에 이르러 동쪽으로 방향을 바꾸어 동해 바다로 흘러든다. 조선 초기의 문신 최응현(崔應賢, 1428～1507)이 건립하였다.

자신의 이름을 아전들도 모르거니와	姓名不爲官差知
문 나서면 바로 회강정의 유허인지라	出門卽是會江址
지팡이 짚고 아침저녁 노닐며 즐긴다 하네	杖藜朝暮遊而嬉
노인의 말이 어찌 꼭 나를 기롱함이랴마는	翁言豈必譏諷我
내가 그 말을 듣고 많이도 부끄러워라	我自聽言多忸怩
짝지어 밭이나 갈면서 전원에서 늙어 갔다면	向使耦耕老田畔
멀리 유배되어 하늘 끝에 떨어질 일이 어이 있었으랴	何由遠謫落天涯

이형 상보 씨[80]가 대령을 넘어 멀리 동해의 유배지로 나를 방문하였다. 하늘 끝에서 그를 만났으니 놀라움이 어떠했겠는가. 밤새 앉아 문득 이 시를 써서 화답을 구하였다

李兄尙輔氏踰大嶺 迂訪余東海謫居 天涯逢迎 驚倒如何 夜坐輒錄此求和

그대는 어디에서 떨어졌는고	君自何方落
처음 보곤 꿈인가 의심했노라	初看夢也疑
밤에는 솜이불을 나눠 덮지만	絮衾分夜裏
반찬은 하늘 끝인지라 부족하구려	盤饌少天涯
곤궁과 현달은 하늘이 안배했나니	窮達玄穹錯
근심과 시름을 백발로써 아노라	憂愁白髮知
안부 인사를 미처 마치기도 전에	寒暄未了敍
귀양살이 시 있는가 벌써 묻누나	已問謫中詩

두 번째 첩운 再疊

예전부터 형제 같은 벗인지라	同袍自宿昔
둘의 우정은 의심할 것도 없지	情愛兩無疑
말 타고 오니 양기가 생기는 즈음이요[81]	鞍馬陽生際

80 이형(李兄) 상보 씨(尙輔氏) : 이재망(李載望, 1709~?)이다. 자는 상보, 본관은 한산(韓山)이다. 부친은 이미년(李眉年)이고, 모친은 번암의 백종조(伯從祖) 채명윤(蔡明胤)의 딸이다. 1747년(영조23) 진사시에 합격하였다. 《司馬榜目》

이 산하는 태양이 떠오르는 물가로다　山河日本涯
바다 구름은 용이 뿜는 기운 같아 두렵고　海雲龍氣怕
창밖 대나무 소리에 눈 내리는 줄 알겠네　窓竹雪聲知
초나라의 노랫가락이 참으로 처량커니[82]　楚調多凄切
그대는 응당 내가 지은 시를 가련해하리　君應憐我詩

세 번째 첩운 三疊

저녁 바람 불어 텅 빈 숲을 뒤흔드니　夕吹空林動
발자국 소리인가 바람 소리 의심하네　蹬音颯欲疑
바다는 관문 밖으로 연이어 펼쳐지고　海連關以外
사람은 한수 물가에서 나를 찾아왔네　人自漢之涯
괴로운 대화 속에 등불은 꺼져 가는데　苦語篝燈盡
낡은 갈옷이라 된서리 찬 줄 아노라　嚴霜裋褐知
상봉해선 서로의 처지를 서글퍼하노니　相逢一相咤
불평하는 시 짓는다 어찌 괴이해하랴　那怪不平詩

81 양기(陽氣)가 생기는 즈음이요 : 동짓달이라는 말이다. 음기(陰氣)가 극에 달한 순음(純陰)의 10월을 지나 11월 동지(冬至)가 되면 양(陽)의 기운이 처음으로 생겨난다고 한다.

82 초(楚)나라의……처량커니 : 초나라의 노래는 《초사(楚辭)》를 가리킨다. 초사의 대표적인 작가인 굴원(屈原)이 모함을 받아 조정에서 쫓겨나 〈이소(離騷)〉와 같은 시를 지은 것이 번암 자신의 처지와 비슷하기에 이렇게 표현한 것이다.

당인의 운을 뽑아서 상보 형과 함께 짓다
拈唐人韻 同尙輔兄賦

어두운 눈이 다리 가에 내려 까마귀 꼬리 잠기는데 暝雪橋頭烏尾沈
작은 사립문은 쓸쓸하게 대나무 숲속에 닫혀 있네 小扉牢落掩篁林
성에서 굽어보는 바다빛은 하늘 아래 늘 음산하고 城臨海色天常曀
화각 소리 그친 누대 그늘은 밤 되어 막 깊어지네 角罷樓陰夜正深
동쪽 골짝에 피어난 매화가 세밑이라 어여뻐라 東峽梅花憐歲暮
대관을 넘어 말 타고 온 그대 마음을 알겠어라 大關鞍馬見君心
나의 시는 울적한 시름에 지어진 것이 아니요 吾詩不作牢騷恨
모두가 어버이와 임금님이 그리워 읊은 것이라오 盡是思親戀闕吟

두 번째 첩운 再疊

향로 연기 어둑한데 달은 서쪽으로 잠기우고 爐熏黯黯月西沈
긴 밤에 바람 소리가 북쪽 숲에서 들려온다 遙夜風聲在北林
구름과 눈이 다 걷히고 온갖 경치 변했는데 雲雪俱收千境幻
아우와 형이 마주한 채 등잔불은 깊어 가네 弟兄相對一燈深
원통한 검광(劍光)은 쉼 없이 두우성에 뻗치거니[83] 冤鋩不廢干牛氣

83 원통한……뻗치거니 : 진(晉)나라 무제(武帝) 때 사람 장화(張華)가 일찍이 북두성(北斗星)과 견우성(牽牛星) 사이에서 자기(紫氣)가 뻗치는 것을 보고, 뇌환(雷煥)을 그 서기(瑞氣)가 나오는 예장(豫章)의 풍성현(豐城縣)으로 보내 풍성현의 옛 옥사

진흙에 붙은 버들개지가 면벽하는 맘과 어떠한가[84] 泥絮何如面壁心
봉래 바다를 떠도는 나는 스스로 위로하노니 蓬海流離吾自賀
멋진 유람에 시 백 편을 넉넉히 지어 읊으리라 壯遊贏得百篇吟

세 번째 첩운 三疊

하늘 끝이라 서신이 이르지 않음이 한스러워 天涯尺素恨浮沈
요초 속의 님 그리며 고향의 숲을 꿈꾸노라 瓊草懷人夢故林
고요히 문 닫고 있으니 산골에는 눈이 퍼붓고 寂寂閉門山雪盛
쓸쓸히 말 달려가니 바다 구름은 깊어 가네 蕭蕭驅馬海雲深
나그네 옷을 마련하지 못한 채 한겨울 맞았지만 客衣未授玄冥節
나의 귀양살이는 본디 성상의 본심이 아니었다오 臣謫元非聖主心
막다른 길이나마 좋은 일 있어 참으로 기쁘거니 頗喜窮途猶勝事

(獄舍) 터를 발굴해서 용천(龍泉)과 태아(太阿) 두 명검(名劍)을 얻었던 고사에서 온 말이다. 여기서는 뜻을 펼치지 못하는 울울한 심정을 표현한 말인 듯하다.

84 진흙에……어떠한가 : 진흙에 붙은 버들개지는 다시 날지 못하는 것이므로, 전하여 마음이 조용하게 가라앉아서 외물(外物)에 전혀 동요되지 않음을 비유한다. 송나라의 고승(高僧) 도잠(道潛)이 일찍이 서주(徐州)에 가서 소식(蘇軾)을 방문했을 때, 소식이 주석(酒席)에서 한 기녀(妓女)를 시켜 장난삼아 도잠에게 시(詩)를 요구하게 하자, 도잠이 즉시 절구 한 수를 부르기를 "퍽이나 고마워라 술자리의 얌전한 낭자여, 좋이 그윽한 꿈 가져다 초 양왕을 유혹하누나. 선승의 맘은 진작 진흙에 붙은 버들개지 되었나니, 동풍을 따라 위아래로 미쳐 날지 않는다네.〔多謝尊前窈窕娘, 好將幽夢惱襄王. 禪心已作沾泥絮, 不逐東風上下狂.〕" 한 데서 온 말이다. 면벽은 벽을 마주하고 앉아 참선(參禪)하는 것을 가리킨다. 선종(禪宗)의 개조(開祖)인 달마대사(達磨大師)가 숭산(嵩山) 소림사(少林寺)에서 9년 동안 벽을 보고 앉아 참선한 후 도통하였다고 한다.

그대에게 붓 휘두르게 하고 나는 길게 읊노라　　遣君揮筆我長吟

성상께서 일찍이 "삼척은 경관이 아름답고 산천이 맑고 시원하다. 내가 일부러 땅을 가려 유배를 명하는 것은 채(蔡) 아무를 아껴 그가 병으로 상할까 걱정해서이다."라고 하셨으므로 여섯 번째 구절에서 언급하였다.

네 번째 첩운 四疊

하잘것없는 덧없는 인생 더욱 묻혀 사노라니　　莽莽浮生更陸沈
빈숲 감도는 까막까치를 앉아 보기 가여워라[85]　　坐憐烏鵲繞空林
거대한 바다가 집을 흔드니 외로운 잠 설치고　　重溟撼屋孤眠淺
남은 촛불로 성에 기대어 만 권 책에 빠져드네　　殘燭依城萬卷深
병에서 일어나 찬 매화를 산 너머에서 만나더니　　病起寒梅逢嶺外
눈 갠 뒤엔 밝은 달빛이 호수 가운데 어른거리네　　雪晴華月動湖心
하늘 끝에서 훈지의 노래[86]를 한번 불러 보다가　　天涯試奏塤篪曲
웃음 그치고 〈정운〉 시[87]를 적막하게 읊조리네　　笑罷停雲寂寞吟

85 빈숲……가여워라 : 조조(曹操)의 〈단가행(短歌行)〉에 "달빛이 밝아 별빛이 희미한 때에, 까막까치가 남쪽으로 날아왔네. 나무 위를 세 바퀴나 돌았는데도, 의지할 만한 가지를 찾지 못했네.〔月明星稀, 烏鵲南飛. 繞樹三匝, 無枝可依.〕"라고 한 데서 온 말로, 번암이 까막까치를 보고 귀양 온 자신의 고단한 처지를 비유한 구절이다.

86 훈지(塤篪)의 노래 : 《시경》 〈하인사(何人斯)〉에 "형은 질나팔을 불고, 아우는 젓대를 부는도다.〔伯氏吹塤, 仲氏吹篪.〕"라고 한 데서 온 말로, 형제의 우애를 노래한 시이다.

87 정운(停雲) 시 : 도잠(陶潛)이 벗에 대한 그리움을 노래한 시로, 그 첫머리인 "멈춘 구름은 뭉게뭉게 일고, 때맞춰 내리는 비는 자욱하여라. 팔방이 다 같이 어둑하고, 육지가 강이 되었네.〔停雲靄靄, 時雨濛濛. 八表同昏, 平陸成江.〕"라는 부분이 유명하다.

다섯 번째 첩운 五疊

구름과 눈이 이리저리 흩날려 산 위 잔도를 덮고 雲雪縱橫嶺棧沈
늦은 밤 숲속에선 슬픈 피리 소리 은은히 흐른다 夜闌哀籟暗生林
추운 겨울날 나그네 가는 길은 명사가 아득할 테고 寒天客路鳴沙逈
내일 닥쳐올 이별 수심은 푸른 바다보다 깊으리라 明日離愁碧海深
필마로 새벽에 길 떠나면 쉽게 몸이 병들 텐데 匹馬侵星人易病
날 밝기 재촉하는 이웃집 닭아 너는 무슨 맘이냐 隣鷄催曙爾何心
쓸쓸한 이역만리에 나를 알아주는 벗 적으니 蕭條絶域知音少
이별 뒤에 시 지으면 그저 혼자 읊으리라 別後詩成秖自吟

이형이 떠나고서 서안 머리에 시축만이 남아 있었다. 앞의 시에 첩운하여 삼 일 동안 나빴던 심사를 풀었다

李兄去 獨案頭詩軸在爾 疊前韻 用洩三日之惡

두타산에 걸린 차가운 해는 어둑어둑 가라앉고　頭陀寒日黯將沈
허물어진 성곽에는 돌아온 갈까마귀 가득하다　殘郭歸鴉已滿林
편지야 기러기 그림자 끊기든 말든 내버려 둘 테지만　書札任敎鴻影斷
눈 쌓여 머무는 곳엔 그대 말 발자국이 깊이 남으리라　雪花留着馬蹄深
바람 불고 바다 광활한 곳으로 홀로 떠난 그대　天風海闊孤征路
재조차 차갑게 식은 여관에 홀로 누운 내 마음　旅館灰寒獨臥心
그대 시를 읽어 보니 마치 얼굴 마주한 듯　拈見君詩如見面
그리움에 하룻저녁 열 번을 읊조린다　相思一夕十回吟

일곱 번째 첩운 七疊

성가퀴 어둑어둑 바다 기운 잠겨 갈 제　睥睨荒荒海氣沈
성긴 숲 가 몇 집에선 방앗소리 들려오네　數家鳴杵傍疎林
천지는 광활한데 사람은 늙어 가고　乾坤莽闊人垂老
갖옷 입고 말 탄 차가운 날에 눈은 문득 깊어 가네　裘馬凄寒雪驟深
초가 객점에 달빛 밝은데 어느 곳에 묵었는지　茅店月明何處宿
대 침상 어두운 등불 아래 문 닫고 누운 마음　簟床燈暗閉門心

궁벽한 시골이라 한산의 돌이 정녕 적은데[88]　　窮鄕定少寒山石
그대 양양으로 떠났으니 뉘와 함께 읊을거나　　君去襄陽誰共吟

여덟 번째 첩운 八疊

새벽 바다 아득하여라 별들은 잠기우고　　曙海冥茫星斗沈
부엉이 울음 그치자 차가운 숲 고요해졌네　　訓狐啼罷悄寒林
삼동에도 시서 공부에 전념을 못 했는데　　三冬不爲詩書住
온갖 감정은 도리어 세월 따라 깊어 가네　　百感還隨歲月深
하늘 끝이라 천고의 작별을 이루지 못했거늘　　天末未成千古別
꿈속에서도 만 갈래 회포를 다 풀기 어렵고나　　夢中難悉萬端心
등불 앞에 노복은 머리 숙인 채 졸고 있고　　燈前一僕垂頭睡
이웃집 닭만이 괴로운 내 시구에 화답하누나　　獨有隣鷄和苦吟

이날 밤 꿈에 죽은 처를 보았다. 이제 막 이장(移葬)의 예를 치렀으나, 나는 장지(葬地)에 참석하지 못하였으므로 시편 안에 언급하였다.

88 궁벽한……적은데 : 번암이 유배된 삼척이 궁벽한 곳이라 문장이 뛰어난 사람이 적다는 말이다. 남북조 시대에 남조(南朝) 사람 유신(庾信)이 북방에 사신으로 갔다가 돌아왔는데, 여러 문사가 북방의 문장을 물었더니, 답하기를 "한산사(寒山寺)의 한 조각 돌만이 언급할 만하고 그 나머지는 모두 당나귀 울음과 개 짖는 소리와 같다." 하였다. 온자승(溫子昇)이 지은 한산사의 비문(碑文)만이 문장이 볼만하였다는 말이다. 《御定淵鑑類函 卷200 碑文3》

아홉 번째 첩운 九疊

풍진 속에서 크게 웃으며 부침을 겪는 동안 風塵大笑閱升沈
외로운 배는 단풍나무 대나무 숲에 줄곧 매어 두었지 一繫孤舟楓竹林
한낮 집에서 이불 덮고 바라보매 강 눈이 세차더니 晝閤擁衾江雪急
어둔 누각에 화각 소리 들리고 성곽 안개 깊어지네 暝樓聞角堞煙深
인간 세상에서 금단[89]을 이뤘다는 소식은 아득하기만 한데 人間渺渺金丹信
바닷가에 있는 굳센 남아의 마음은 너르고 너르도다 海上恢恢鐵漢心
연못 속 물고기와 용이 천년 동안 눈물을 흘렸나니[90] 澤裏魚龍千載泣
초소[91]를 흰 마름 곁에서 읊지 말지어다 楚騷休傍白蘋吟

열 번째 첩운 十疊

산골짜기 겹겹한데 하얗게 쌓인 눈에 잠겼고 崖谷鱗鱗積素沈
뱁새는 분수 따라 평온히 숲속에 둥지 틀었네 鷦鷯隨分穩巢林
음과 양이 번갈아 드니 동장군은 늙어 가고 陰陽迭逝玄冥老

89 금단(金丹) : 도가(道家)에서 이른바, 먹으면 장생불사(長生不死)한다는 단약(丹藥)이다.

90 연못……흘렸나니 : 초(楚)나라의 충신 굴원(屈原)이 소인의 참소로 쫓겨나서 멱라수에 빠져 죽자 이후로 물속의 미물들조차 지금껏 슬퍼하고 있다는 말이다.

91 초소(楚騷) : 굴원이 우사번민(憂思煩悶)의 심정을 토로하여 지은 〈이소경(離騷經)〉을 가리킨다.

형체와 그림자 서로 기대어 초가 깊이 묻혔네　形影相依白屋深
천 리 밖의 겨울옷은 어머니께서 지어 주신 것이요　千里寒衣慈母線
첩첩 산골 외로운 촛불은 쫓겨난 신하의 맘이로다　亂山孤燭逐臣心
화롯불 꺼지고 글 다 쓴 뒤에 말을 잊고 앉았더니　爐灰書罷忘言坐
뜨락 가득 불어온 대숲 바람이 절로 시를 읊조리네　滿院風篁自作吟

열한 번째 첩운 十一疊

화각 소리 잦아들고 온갖 소리 잠기더니　畫角吹殘衆籟沈
죽서루 오솔길 끊기고 눈길이 숲으로 통하네　竹西蹊斷雪通林
앞마을에 범이 지난 뒤 갠 날 진흙길이 미끄럽고　前村虎過晴泥滑
텅 빈 정원의 부엉이 울음에 밤 숲은 깊어 가네　虛院鵂鳴夜樹深
허리띠 점점 헐거운데 외려 기개는 꿋꿋하여라　衣帶漸寬猶傲骨
저포를 억지로 던짐이 어찌 마음이 기뻐서이랴　摴蒱强擲豈歡心
시름겨운 사람 책상 위에 반생의 시[92]가 있건마는　愁人案有潘生什
긴 대자리에서 울음 삼키느라 차마 읊을 수 없네　長簟呑聲不忍吟

92 반생(潘生)의 시 : 서진(西晉)의 문인 반악(潘岳, 247~300)이 죽은 아내를 그리워하며 지은 〈도망삼수(悼亡三首)〉를 가리킨다. 그 시에 "뒤척이며 잠자리를 바라보매, 어느덧 긴 대자리 깔린 침상이 비었네. 빈 침상에는 맑은 먼지만 쌓여 가고, 빈방에는 서글픈 바람이 불어오네.〔展轉眄枕席, 長簟竟床空. 床空委淸塵, 室虛來悲風.〕"라는 구절이 있다.

열두 번째 첩운 十二疊

눈썹과 머리털 성글어지고 병으로 침울한데　眉髮蕭疎病思沈
쫓겨난 신하는 황량한 숲에 깃들어 살아가네　逐臣棲息寄荒林
오래도록 바다에 천 번 천둥이 울리는 듯하더니　長時海似千霆吼
지난밤 눈이 내려 세 길이나 깊이 쌓였구나　前夜雪爲三尺深
봄을 앞둔 버들과 매화는 처음 생기를 띠는데　春近柳梅初氣色
세모에 가진 것이라곤 경서와 신심뿐이라네　歲闌經卷且身心
황강의 두 편 부[93]는 모두 한가한 일이었거니　黃岡二賦渾閒事
무엇보다 잊기 어려운 노래는 〈수조가〉[94]라네　最是難忘水調吟

93 황강(黃岡)의 두 편 부(賦) : 황강은 송나라의 문인 소식(蘇軾, 1037～1101)이 1082년에 귀양 갔던 황주(黃州)를 가리킨다. 두 편의 부는 황주의 적벽(赤壁)에서 지은 〈전적벽부(前赤壁賦)〉와 〈후적벽부(後赤壁賦)〉를 가리킨다.

94 수조가(水調歌) : 곡조(曲調)의 이름으로 수조가두(水調歌頭)라고도 하는데, 수(隋)나라 양제(煬帝)가 처음 지었다고 전한다. 58쪽 주53 참조.

밤에 운자를 뽑아 옥호와 시를 짓다
夜拈韻 同玉壺賦

여관에서 몰래 빈번하게 허공에다 글자 쓰고[95]	旅館書空暗數更
베 이불에 추위가 쌓여 자주 놀라 꿈을 깨네	布衾寒集夢頻驚
하늘 풍경은 바다에 가까워 삼시[96]로 변화하고	天容際海三時變
흰 눈빛이 난간 휘감으니 오경 밤이 환하여라	雪暈縈欄五夜明
귀양살이 오래다 보니 부질없이 세월을 지내 버렸고	謫久已拚經歲色
병이 많으니 참으로 시인의 이름을 버리려 하네	病多眞欲廢詩名
꽃등 켜 들고 마지못해 매헌[97]의 약속을 찾아가니	華燈强赴梅軒約
바둑판 앞으로 북두성 자루가 기울어지고 있네	棋局前頭斗柄傾

95 허공에다 글자 쓰고 : 진(晉)나라 때 은호(殷浩)가 조정에서 쫓겨난 이후로 집에 있으면서 온종일 허공에다 '놀랄 만한 기괴한 일'이란 뜻의 '돌돌괴사(咄咄怪事)' 네 글자만 쓰고 있었다는 고사에서 온 말이다. 《世說新語 黜免》

96 삼시(三時) : 아침, 점심, 저녁을 가리킨다.

97 매헌(梅軒) : 매헌은 옥호(玉壺) 정하언(鄭夏彦)이 머물고 있는 동헌(東軒)을 가리키는 것으로 보인다.

환류당에서 운자를 뽑아 읊다

環流堂拈韻口呼

한낮 눈이 갠 뒤에 밤에 눈이 더 내리니	午雪纔晴夜雪加
어지러운 댓가지가 무게를 못 견디고 기울었네	亂篁枝重不勝斜
바둑 두던 기생은 등잔 앞의 바둑판을 소제하고	圍棋妓掃燈前局
환곡을 실은 소는 모래톱 가 집으로 돌아온다	納糴牛歸沙上家
굽은 난간 위에서 시 다 짓자 초승달 지는데	曲檻詩成纖月落
저녁 구름이 가로막아 서울 편지 끊어졌네	長安書斷暮雲遮
매일매일 걸상 내려 어진 수령이 나를 맞으니	朝朝解榻蒙賢主
바닷가로 굴러온 쑥대 신세임을 믿지 못하겠네[98]	未信孤蓬轉海涯

98 매일매일……못하겠네 : 진번(陳蕃)이 걸상을 준비하여 서치(徐穉)를 예우했던 것처럼 삼척 부사인 옥호자(玉壺子) 정하언(鄭夏彦)이 매일 번암을 초청하여 환대(歡待)하므로, 번암 자신이 귀양 온 신세라는 것을 잊을 정도라는 말이다. 관련 고사에 대해서는 51쪽 주39 참조.

칠분당[99]에서 운자를 뽑아 읊다

七分堂拈韻口呼

모래톱 갈매기는 한가로이 목란선[100] 지키는데	沙鷗閒守木蘭船
옛 나룻가에 눈 쌓이고 오가는 사람 적네	積雪人稀古渡邊
관아에 송사가 멈추니 숲새들이 날아 내리고	官閣訟停林鳥下
여관 창문 젖은 옷 너머로 바다 구름 연이었네	旅窓衣濕海雲連
반평생 바둑 좋아함은 객과 주인이 같은지라	半生棋癖賓同主
가는 곳마다 임금님 은혜 입은 적선 신세로다	到處君恩謫是仙
죽서루 다시 향해 맑게 갠 하늘을 보노라니	更向西樓看霽色
은하수가 앞다투어 물속 하늘로 쏟아지네	星河爭倒水中天

99 칠분당(七分堂) : 삼척도호부의 동헌(東軒) 이름이다.

100 목란선(木蘭船) : 향목(香木)인 목란(木蘭)으로 만든 배라는 뜻으로, 배에 대한 미칭(美稱)이다.

밤에 칠분당에 모여 당인의 운을 뽑아 차운하여 읊다
七分堂夜會 拈次唐人韻口呼

굽은 난간에 주렴 드리우고 향연을 둘러치니	曲檻簾垂繞篆煙
연침의 맑은 술자리라 하룻밤이 일 년 같네	淸樽宴寢夜如年
하늘과 바다 산에 구름이 다 걷히자	天空海嶽開雲盡
들판 아스라한 누대에는 달빛 유독 밝아라	野逈樓臺受月偏
타향 술자리에서 세월 보내니 명협[101]은 떨어지고	他席光陰蓂莢落
이른 봄날의 소식은 버들과 매화가 전해 오네	早春消息柳梅傳
어린 기녀는 미간의 내 표정을 잘도 이해커니	靑娥善解眉間意
그림 촛불 앞으로 바둑판을 받들고 오는구나	棋局擎來畫燭前

101 명협(蓂莢) : 상서로운 풀의 이름이다. 요(堯) 임금 때에 명협이라는 풀이 대궐 뜰에 났는데, 매월 초하루부터 15일까지는 매일 한 잎씩 나오고 16일부터 그믐날까지는 매일 한 잎씩 떨어졌으므로, 이것으로 날을 계산하여 달력으로 삼았다는 고사가 전한다. 《竹書紀年 卷上 帝堯陶唐氏》

병중에 시를 초하여 옥호의 간곡한 초대에 사례하다
病中草謝玉壺勤速

세월 속에 주남의 길손[102]이 되니	歲月周南客
행색은 초택의 사람[103]이라오	形容楚澤人
건곤은 문밖에 광활히 펼쳐지고	乾坤戶外闊
우설은 산 동쪽에 빈번히 내리는도다	雨雪嶺東頻
오래도록 앓다가 초화에 움직이고[104]	久病椒花動
홀로 읊조리매 바다가 지척이로다	孤吟海色隣
매당에서 낮에는 아니 놀아 보았으나	梅堂未晝卜
시름은 겨워도 좋은 술이 새로우리라	愁絶綠醅新

102 주남(周南)의 길손 : 서한(西漢) 때 사마천(司馬遷)의 아버지인 태사공(太史公) 사마담(司馬談)이 병이 위독하여 주남 지방에 체류하느라 태산(泰山)에 봉선(封禪)하는 의식에 참가하지 못하여 매우 유감으로 여겼다 한다. 《史記 卷130 太史公自序》 여기서는 번암이 유배된 자신의 처지를 비유한 말이다.

103 초택(楚澤)의 사람 : 초(楚)나라 굴원(屈原)을 가리킨다. 60쪽 주57 참조. 여기에서는 번암이 유배된 자신을 비유한 말이다.

104 오래도록……움직이고 : 오래 병을 앓다가 새해 무렵에 병석에서 일어나 몸을 움직였다는 말이다. 초화(椒花)는 산초나무의 꽃으로, 신년(新年)을 상징한다.

밤에 환류당에 모여 운을 뽑아 함께 짓다

環流堂夜集 拈韻同賦

바람 눈이 대관령에 가득하더니	風雪滿關嶺
따스하게 하늘이 봄을 보내 주셨도다	藹然天送春
외로운 신하는 복을 마치지 못하여[105]	孤臣未遂服
좋은 시절에도 눈물이 수건을 적시누나	佳節欲沾巾
물가 버들은 안개 속에 자태가 곱고	浦柳煙華媚
성곽 구름은 푸른 하늘 아래 새로워라	城雲卵色新
서유가 앉던 걸상에 많이도 부끄러운데	多慙徐孺榻
밤마다 걸상에 먼지 쌓이지 않게 하는구려[106]	每夜不棲塵

105 복(服)을 마치지 못하여 : 번암의 부인 동복 오씨(同福吳氏)가 1751년(영조27) 1월에 세상을 떠나 번암이 아직 상중에 있었으므로 이렇게 말한 것이다.

106 서유(徐孺)가……하는구려 : 서유는 서유자(徐孺子)의 준말로, 후한(後漢) 말기의 고사(高士) 서치(徐穉)를 가리킨다. 유자(孺子)는 그의 자이다. 현탑(懸榻)의 고사에 대해서는 51쪽 주39 참조. 진번(陳蕃)이 서치를 예우했던 것처럼 삼척 부사 옥호자(玉壺子) 정하언(鄭夏彦)이 매일 번암을 초청하여 노닐었다는 말이다.

아침에 일어나 거울을 보니, 오른쪽 살쩍에 몇 가닥 흰 것이 있기에 동자에게 뽑으라고 하였다. 감회가 있어 시를 짓는다
朝起覽鏡 右鬢有數莖白者 命童子鑷之 感懷賦詩

맑은 새벽 거울에 비친 사람이 홀연 괴이쿠나	淸晨忽怪鏡中人
나이 서른에 어인 일로 터럭이 세었단 말인가	三十如何髮白新
가을 서리 같은 백발은 무던한 시름 때문이 아니요	秋霜不是閒愁得
반은 임금님을 그림이요 반은 어버이를 그림이라	半爲思君半爲親

두 번째 其二

고운 남기 속에 해가 떠서 섣달그믐 되려는데	化旭姸嵐欲歲除
매화가 폈다 졌으니 고향 산이 텅 비었으리	梅花開落故山虛
소년의 수염과 머리털이 지금 이와 같으니	少年髭髮今如許
부강에서 옛날 강학하던 책을 보기 부끄러워라[107]	羞見涪江舊講書

107 소년의……부끄러워라 : 번암이 귀양살이하는 자신의 모습을 정이(程頤)에 견주어 부끄럽다고 한 말이다. 송나라의 학자인 정이가 소식(蘇軾)과 의견이 맞지 않아 대립하다가 쫓겨나 부주(涪州)로 귀양 갔는데, 귀양에서 돌아온 뒤에 기색, 용모, 수염, 머리털이 더욱 아름다워 볼만하였다. 문인(門人)이 그 까닭을 묻자 대답하기를 "학문의 힘이었다. 대체로 학자는 환난(患難)과 빈천(貧賤)에 잘 처하는 법을 배우는 것이다."라고 하였다.《心經 卷2》부강(涪江)은 부주(涪州)에 위치했던 장강(長江)의 지류로, 지금의 사천성(四川省)에 있다.

번암집

제7권

詩 시

차운하여 학사 홍성원[1]이 문안해 준 것에 사례하다
次韻謝洪學士聖源見訊

푸른 산이 허공을 가르고 푸른 바다 막다른 곳	蒼嶺橫空碧海窮
연잎 옷[2] 입고서 해 뜨는 동쪽으로 흘러왔다네	荷裳漂轉日華東
죽서루에 유배되자 신선의 연분이 많아진 건지	西樓一謫多仙分
도량이 넓으신 홍애[3]께서 안부 편지 보내오셨네	能博洪厓尺素通

1 홍성원(洪聖源) : 홍중효(洪重孝, 1708~1772)로, 성원은 그의 자이다. 호는 백서헌(柏西軒)·소와(疎窩), 시호는 효민(孝敏), 본관은 풍산(豐山)이다. 승지 홍만기(洪萬紀)의 아들이다. 1740년(영조16) 문과에 합격하고 성균관 전적, 홍문관 교리, 동래 부사(東萊府使), 대사간, 예조 판서 등의 관직을 역임하였다. 원주(原州)에 살았다. 《耳溪集 卷37 禮曹判書致仕奉朝賀洪公諡狀, 韓國文集叢刊 242輯》

2 연잎 옷 : 은사(隱士)가 입는 옷을 말한다. 《초사(楚辭)》〈이소(離騷)〉에 "마름과 연잎으로 저고리를 만들고, 부용을 엮어 바지를 만들어 입는다.〔製芰荷以爲衣兮, 集芙蓉以爲裳.〕"라는 구절이 있다.

3 홍애(洪厓) : 홍애는 황제(黃帝)의 신하였다는 전설상의 신선으로, 홍중효가 홍씨이므로 이에 비유한 것이다.

차운하여 강릉 임 사군[4] 위 이 보낸 음식과 문안에 사례하다

次韻謝江陵任使君 瑋 餽存

바다 구름은 성곽을 두르고 눈은 처마와 나란한데[5] 溟雲繞郭雪齊簷
이역만리의 초화[6]는 봄기운을 이미 머금었네 絶域椒花春已含
초객의 행낭 속에는 가을 국화가 남아 있거늘 楚客囊中秋菊在
부질없이 석청(石淸)을 보내 강담에 안부 물으셨네[7] 枉勞崖蜜問江潭

4 임 사군(任使君) : 임위(任瑋, 1701~1762)로, 자는 경윤(景潤), 호는 자애(紫厓), 본관은 풍천(豐川)이다. 임수조(任守朝)의 아들이자 좌참찬 임상원(任相元)의 손자이다. 1742년(영조18) 문과에 합격하였다. 강릉 부사(江陵府使), 승지, 대사간 등의 관직을 역임하였다. 《在澗集 卷3 從叔父司諫院大司諫任公墓誌銘, 韓國文集叢刊 230輯》

5 눈은 처마와 나란한데 : 눈이 처마와 나란할 정도로 많이 내려 쌓였다는 말이다.

6 초화(椒花) : 초화는 산초나무의 꽃으로, 신년(新年)을 상징한다.

7 초객(楚客)의……물으셨네 : 번암이 자신을 굴원(屈原)에 비유한 말이다. 굴원이 지은 〈어부사(漁父辭)〉에 "굴원이 쫓겨나 강담에서 노닐고 못가를 거닐면서 시를 읊조리매 안색이 초췌하고 행색에 생기가 없었다.〔屈原旣放, 游於江潭, 行吟澤畔, 顔色憔悴, 形容枯槁.〕"라는 말이 나온다. 임위(任瑋)가 번암에게 안부 편지를 보내면서 이울러 석청(石淸)을 선물하였던 것으로 보인다.

제석에 문을 닫고서 시름겨워 앉았더니, 옥호 공[8]이 도보로 와서 나를 이끌고 칠분당[9]에 들어갔다. 각 시체의 운을 뽑아 즉석에서 급히 썼다

除夕閉戶愁坐 玉壺公步至 携入七分堂 拈各體韻 卽席走草

바다 밖에서 연단(鍊丹)해도 차녀는 더디 오더니	海外燒丹姹女遲
능화경에 비친 백발은 정히 약속인 듯 오는구나[10]	菱花曉髮耐如期
날아가는 나그네 세월을 끝내 누가 붙잡으랴	飛騰客日終誰縶
산 사람 죽은 사람 그리움에 암암히 절로 슬퍼지네	存沒人情黯自悲
훌쩍 날아오르니 천 리 서울을 그리는 꿈이요	京國悠揚千里夢
술자리 적막해지니 오경에 이른 시간이로다	杯盤寂歷五更時
남쪽에서 온 기러기는 봄 소리를 이미 내고	春聲已送南歸雁
고향 편지 다 쓴 나는 사념에 잠겼어라	題罷鄕書有所思

8 옥호 공(玉壺公) : 정하언(鄭夏彦, 1702～1769)이다. 자는 미중(美仲), 호는 지당(止堂)·옥호자(玉壺子), 본관은 영일(迎日)이다. 목사 정무(鄭埊)의 아들이다. 1735년(영조11) 문과에 합격하고, 정언, 의주 부윤(義州府尹), 삼척 부사(三陟府使), 승지, 대사간 등의 관직을 역임하였다. 번암이 삼척에 유배 왔을 때 의기투합하여 친교를 맺고 함께 노닐었다. 《承政院日記》《文科榜目》

9 칠분당(七分堂) : 삼척도호부의 동헌(東軒) 이름이다.

10 바다……오는구나 : 신선은 되지 못한 채 백발만 늘어 간다는 말이다. 차녀(姹女)는 불로장생할 목적으로 도가(道家)에서 연단(煉丹)할 때 쓰는 수은(水銀)의 별칭이다. 능화경(菱花鏡)은 동경(銅鏡)의 별칭이다. 동경은 흔히 육각형으로 되어 있는데, 혹 배면(背面)에 마름꽃〔菱花〕 문양을 새겼던 데서 붙은 이름이다.

다시 오언 율시를 완성하다

又成五律

대나무 정원에 눈은 내리고　　篁竹園中雪
겹문은 나를 위해 열려 있도다　　重門爲我開
제석이라 모임을 열고자 하여　　欲成除夕會
사군을 억지로 쫓아왔노라　　强逐使君來
머나먼 땅에서 오래 머무르니　　絶域淹行李
돌아가고픈 맘은 역매[11]를 묻네　　歸心問驛梅
이웃집 닭이 가장 일이 많은 겐지　　隣鷄最多事
한 해를 어서 보내라 재촉을 하네　　斷送一年催

11　역매(驛梅) : 역사(驛使) 편에 부치는 매화로, 벗을 그리워하는 마음을 담고 있다. 남조(南朝) 송(宋)나라의 육개(陸凱)가 강남에 있을 때 교분이 두터웠던 범엽(范曄)에게 매화 한 가지를 부치면서, "매화를 꺾다 역사를 만났기에 농두 사는 그대에게 부치오. 강남에는 아무것도 없어 애오라지 한 가지 봄을 보낸다오.〔折梅逢驛使, 寄與隴頭人. 江南無所有, 聊贈一枝春.〕"라는 시를 함께 부친 데서 유래하였다.

동년 이몽서[12]가 사십 운을 보내 유배 생활의 안부를 묻기에 병중에 차운하여 사례하다 임신년(1752, 영조28)

李同年夢瑞見贈四十韻 問謫居安否 病中次韻謝之 壬申

봄이 도성의 기러기를 움직여서 春動秦城雁
시름이 초택의 넋으로 이어졌네[13] 愁連楚澤魂
땅 모퉁이 바다는 사방에 일렁이고 地維溟四張
하늘 끝엔 두 검의 원통한 기운 서렸네[14] 霄極劍雙冤

이때에 몽서도 죄를 입어 문외출송(門外黜送)되었다.

12 이몽서(李夢瑞) : 이헌경(李獻慶, 1719~1791)이다. 초명은 성경(星慶), 자는 몽서, 호는 간옹(艮翁), 본관은 전주(全州)이다. 참판 이제화(李齊華)의 아들이다. 1743년(영조19) 문과에 합격하고, 정언, 지평, 수찬, 대사간 등의 관직을 역임한 뒤에 기로소(耆老所)에 들어갔다. 문집으로 《간옹집(艮翁集)》이 전한다. 번암과 문과에 같이 합격하였다.

13 봄이……이어졌네 : 봄이 되자 이헌경의 시름에 찬 편지가 삼척에 있는 번암에게 도착하였다는 말이다. '도성의 기러기'라는 것은 서울에서 온 이몽서의 편지를 가리키고, 초택(楚澤)은 초나라 굴원(屈原)이 참소를 받고 쫓겨나 노닐었던 곳으로, 번암이 유배된 삼척에 대한 비유이다.

14 하늘……서렸네 : 번암이 자신과 이헌경이 무고하게 죄를 입은 억울한 심정을 묻혀 있는 칼에 비유한 것이다. 진(晉)나라 무제(武帝) 때의 사람인 장화(張華)가 일찍이 북두(北斗)와 견우(牽牛) 사이에 자기(紫氣)가 뻗치는 것을 보고, 뇌환(雷煥)을 예장(豫章)의 풍성현(豐城縣)으로 보내 풍성현의 옛 옥사(獄舍) 터를 발굴하게 하니, 그곳에서 용천(龍泉)과 태아(太阿) 두 명검(名劍)이 발견되었다는 고사에서 온 말이다. 《晉書 卷36 張華列傳》 당나라 한유(韓愈)의 시 〈강릉도중기한림삼학사(江陵途中寄翰林三學士)〉에도 "뇌환이 보검을 발굴하니, 원통한 기운이 두우 사이로 흩어지네.〔雷煥掘寶劍, 冤氛銷斗牛.〕"라는 구절이 있다.

점괘는 타인에 의해 풀리건만　卜筮憑人解
풍상은 괴이하게도 우리에게 있구려　風霜怪我存
변방 산하에 장차 해가 바뀌려 하니　關河且歲籥
근력을 내어 억지로 음식을 먹네　筋力强盤飡
오두막은 비리고 음산한 바다를 이웃하고　蜒戶隣腥曀
오랑캐 배는 해 뜨는 곳에 머무른다오　蠻帆宿紫暾
고을이 순박하니 간혹 거여[15]를 먹고　村淳或粔籹
몸이 수척하니 아직 술은 마시지 않네　肉瘦未觴樽
여기가 바로 신선의 거처이거니　境是神仙宅
내가 온 것도 성상의 은혜로구나　吾來聖主恩
태풍 몰아치면 대지에 흙비 내리고　颶纚霾大陸
눈발 쏟아지면 곤륜산을 찌르는 듯　雪急撳崑崙
일월 아래 누대는 수려함을 더하고　日月樓增麗
우레 같은 폭포는 나무뿌리 뒤집은 듯　雷霆瀑倒根

두타산(頭陀山)에 경치가 빼어난 폭포가 있다.

수풀 우거진 곳은 선침의 의혹이 있고　草荒仙寢惑

황지(黃池)[16]에 목조(穆祖)[17]의 능침(陵寢)이 있다고 시골 노인들이 서로

15 거여(粔籹) : 밀가루나 쌀가루를 꿀이나 조청에 개어서 네모꼴로 가늘게 썬 다음 기름에 지져서 만든 떡이다.

16 황지(黃池) : 지금의 강원도 태백시 황지동에 있는 못으로, 낙동강의 발원지이다. 허목(許穆, 1595~1682)의 《척주지(陟州誌)》에 "황지는 태백산 산속에 있는데, 치소(治所)에서 서쪽으로 110리이다. 황지 위쪽에는 연화봉(蓮花峯)이 있다. 황지의 물이 태백산의 물과 합류하여 남으로 30리를 흘러 천천(穿川)이 된다. 그 시냇물이 작은 산을 뚫고 지나 남쪽으로 흘러 낙동강의 원류가 된다. 옛날에는 관(官)에서 제전(祭田)을 두고 홍수나 가뭄이 들면 여기서 제사를 지냈다."라는 말이 나온다.

전하나, 끝내 확실한 자취를 찾지 못했다.

파도 일렁이는 곳엔 울릉도가 가물거리네　　濤詭鬱陵昏
생학[18]은 어느 해에 돌아오려나　　笙鶴何年返
부엉이는 밤새도록 울어 대누나　　鵂鶹不夜喧

척주(陟州)에 부엉이가 많다는 내용이 미수(眉叟)의 《기언(記言)》에 보인다.[19]

용추(龍湫)가 솟구치매 용이 매양 뛰어 오르고　　湫騰龍每拔
호암(虎巖) 우뚝한 곳에 호랑이 서로 웅크리도다　　巖挺虎交蹲

용추와 호암은 모두 중대(中臺)[20]의 빼어난 경치이다.

자고 먹는 건 어진 수령의 은혜 입었고　　眠食蒙賢宰
청량하다는 명성은 지존까지 들으셨도다　　淸凉徹至尊

성상께서 이 지역이 청량하다 하여 천신(賤臣)을 유배하셨다.[21]

17 목조(穆祖) : 태조 이성계의 고조부 이안사(李安社)이다.

18 생학(笙鶴) : 신선이 타는 학을 가리킨다. 주 영왕(周靈王)의 태자인 왕자교(王子喬)는 본디 생소(笙簫)를 불어서 봉황의 울음소리를 잘 냈는데, 그가 일찍이 도사 부구공(浮丘公)을 따라 숭고산(嵩高山)에 올라가서 선술(仙術)을 배운 지 30여 년 만에 구지산(緱氏山)에서 백학(白鶴)을 타고 승천했다는 고사에서 온 말이다. 《列仙傳》

19 척주(陟州)에……보인다 : 허목의 《기언(記言)》 〈척주기사(陟州記事)〉에 삼척의 기후를 기록하면서 "바닷가에 두견새〔子規〕는 없고, 부엉이〔鵂鶹〕가 많다."라고 한 것을 가리킨다. 미수(眉叟)는 허목의 호이다. 본관은 양천(陽川), 자는 문보(文父)·화보(和甫), 시호는 문정(文正)이다. 경사(經史)와 예학에 밝았고, 전서(篆書)와 문장에 뛰어났다.

20 중대(中臺) : 두타산(頭陀山) 무릉(武陵) 계곡에 있던 중대사(中臺寺)를 가리키는 것으로 보인다.

21 성상께서……유배하셨다 : 《번암집》 권6에 수록되어 있는 〈당인의 운을 뽑아서 상보 형과 함께 짓다〔拈唐人韻 同尙輔兄賦〕〉의 세 번째 첩운(疊韻)에 영조(英祖)가

몸이 미천하니 조화를 저버리고	身微負造化
세도가 굽혀지니 건곤을 믿을 수밖에	道屈信乾坤
반백 머리는 날이 갈수록 희어지고	鬢雪行多改
글 샘은 부끄럽게도 점점 더 마르네	文泉愧漸眢
훌륭하게도 그대가 곧은 도를 떨치니	多君奮直轡
기어올라 넘보는 적들이 없었도다	無敵以鉤援
온화한 인품은 말이 없는 옥이었고	蘊藉無言玉
늠름한 풍모는 과감히 간언하는 깃발이었네[22]	風稜敢諫旛

군이 마침 간관(諫官)으로 있다가 쫓겨났다.

선발된 인재 가운데 성가를 드러냈으니	空群見聲價
그대 같은 사람 비상해야 마땅하거늘	如爾合騰翻
처음의 포부는 백대에서 어긋나고[23]	初服違臺柏
변방 구름은 화번을 연모하도다[24]	邊雲戀畫幡

번암을 유배할 때 "삼척은 경관이 아름답고 산천이 청량하다. 내가 일부러 땅을 가려 유배를 명하는 것은 채(蔡) 아무를 아껴 그가 병으로 상할까 걱정해서이다."라고 했다는 내용이 실려 있다.

22 과감히 간언하는 깃발이었네 : 요(堯) 임금은 간언하는 사람이 치도록 북을 두었고, 순(舜) 임금은 임금을 꾸짖는 사람이 글을 쓰도록 나무를 두었고, 우(禹) 임금은 간언하는 사람이 휘두르도록 깃발을 두었다고 한다. 《玉海 卷90 禹敢諫旗》

23 처음의……어긋나고 : 이헌경이 간관(諫官)인 정언(正言)의 자리에 있다가 1751년(영조27) 12월에 모종의 사건으로 문외출송(門外黜送)의 처분을 받은 것을 가리킨다. 백대(柏臺)는 어사대(御史臺)로, 옛날 어사대에 측백나무가 있었던 데서 유래한 명칭이다.

24 변방……연모하도다 : 1751년에 이헌경의 부친 이제화(李齊華, 1691~1768)가 종성 부사(鍾城府使)로 부임한 것을 가리킨다. 아마도 이헌경이 문외출송의 처벌을 받고

당시에 군의 대인 공께서 수주(愁州)[25]의 수령으로 부임하셨다.

지난해 가을이라 칠월을 추억함에	憶曾秋七月
도성 남문에서 나를 전송하였었지	送我郭南門
연잇는 화복(禍福)은 변방 말을 따라오고[26]	倚伏隨邊馬
푸른 하늘엔 바다 곤붕(鵾鵬)[27] 날개를 거두었네	青冥戢海鵾
나그네 행색은 쉽게 초췌해지지만	客來形易悴
시의 기상은 오히려 드높아진다오	詩就氣猶軒
산 위 잔도 높아 나는 새도 두려워하고	嶺棧飛禽畏
대양은 하도 넓어 별들조차 삼킨다네	滄瀛列宿呑
나에게 부쳐 주신 주옥같은 글을 보니	瑤麻此見寄
학문의 공력 또한 속이기 어려워라	淇竹也難諠
고단한 자취는 교룡이 사는 물가에 있고	跡孑蛟螭岸

부친의 부임길에 동행하였기 때문에 이렇게 말한 것으로 보인다. 《承政院日記》 화번(畫幡)은 후한(後漢) 때 사람 정홍(鄭弘)과 관련한 고사에서 온 말이다. 임회 태수(臨淮太守) 정홍이 봄에 고을을 순행(巡行)할 때 흰 사슴 두 마리가 양쪽 수레바퀴 곁에서 따라오자 괴이쩍어서 길흉(吉凶)을 물으니, 주부(主簿) 황국(黃國)이 축하하며 말하기를 "듣자니 삼공(三公)의 수레 양쪽의 바람막이〔幡〕에는 사슴을 그린다고 합니다. 명부(明府)께서는 재상이 되실 것입니다." 하였다. 《後漢書 卷33 鄭弘列傳》

25 수주(愁州) : 함경북도 종성(鍾城)의 옛 이름이다.

26 연잇는……따라오고 : 화와 복이 서로 인연이 되어 생기고 없어진다는 말로, 새옹지마(塞翁之馬)라는 의미이다. 《노자(老子)》에 "화는 복이 의지해 있는 곳이고, 복은 화가 숨어 있는 곳이다.〔禍兮福之所倚, 福兮禍之所伏.〕"라는 말이 있다.

27 곤붕(鵾鵬) : 《장자(莊子)》 〈소요유(逍遙遊)〉에 나오는 대붕(大鵬)이다. 이 새가 북명(北冥)에서 남명(南冥)으로 옮겨 갈 때 날개를 치면 물결이 삼천 리나 인다고 한다.

외로운 마음은 사슴 돼지 사는 마을에 있네[28] 心孤鹿豕村

새벽까지 장막이 그을도록 독서를 하고 晨煤讀書帳

봄날 살진 물고기를 울타리에 말리도다 春膩曬魚藩

지난날 괴로움에 신음하다 보니 往日呻吟苦

열흘이 지나도록 약 바른 흔적 남았네 經旬藥餌痕

궁벽한 마을에는 《소문》[29]도 없어 荒閭無素問

종놈은 무당에게 호소하였지 傖僕仰巫言

금단의 화덕을 부질없이 말하지만 謾說金丹竈

여기에 사선(四仙)의 단조(丹竈)[30]가 있었다.

끌채에 매인 처지가 슬플 뿐이라오[31] 徒悲局促轅

술잔에 비친 뱀[32]이 빌미가 되었으나 杯蛇應作祟

28 고단한……있네 : 번암이 바닷가에 사는 자신과 산촌에 거처하고 있는 이헌경을 가리켜 말한 것이다.

29 소문(素問) : 중국의 의서(醫書) 가운데 가장 오래된 책으로, 《황제내경(黃帝內經)》 가운데 하나이다. 황제와 기백(岐伯)이 문답한 말을 기록한 책이라고 하며, 모두 24권으로 이루어져 있다. 여기서는 의서를 통칭하는 말로 쓰였다.

30 사선(四仙)의 단조(丹竈) : 사선은 신라 때의 네 신선 영랑(永郎), 술랑(述郎), 남랑(南郎), 안상(安詳)을 가리킨다. 이들은 금강산 일대의 명승(名勝)을 유상(遊賞)했던 것으로 유명한데, 동해안 각처에 그들의 유적이 남아 있다. 단조는 신선이 금단(金丹) 즉 단약(丹藥)을 굽는 화덕으로, 여기서는 죽서루(竹西樓) 경내에 남아 있는 용문(龍門) 바위와 성혈(性穴) 암각을 가리키는 것으로 보인다.

31 끌채에……뿐이라오 : 수레 끌채에 매인 망아지〔轅下駒〕처럼 속박을 당하여 자유롭지 못한 처지를 한탄하는 말이다.

32 술잔에 비친 뱀 : 객지 생활에 노심초사하다 병에 걸렸다는 말이다. 어떤 사람이 친구의 집에서 술을 먹다가 벽에 걸린 활 그림자가 술잔에 비친 것을 보고는 그만 뱀이라고 착각한 나머지 병에 걸렸다는 고사에서 비롯되었다. 《晉書 卷43 樂廣列傳》

수척한 송골매도 날아오를 수 있나니라　　瘦鶻可能騫
하늘 광활한데 멈춘 구름은 무성하고[33]　　天闊停雲藹
봉우리 주위에는 흰 장기가 모였도다　　峯圍白瘴屯
날아가는 노을 보며 장적을 그리건만[34]　　飛霞憶張籍
높은 걸상은 진번과 떨어져 있도다[35]　　高榻限陳蕃
요순의 군민으로 만들기를 함께 배웠으나[36]　　學共君民舜

33 하늘……무성하고 : 벗을 그리워하는 내용으로 유명한 도잠(陶潛)의 시 〈정운(停雲)〉에 "멈춘 구름은 뭉게뭉게 일고, 때맞춰 내리는 비는 자욱하여라. 팔방이 다 같이 어둑하고, 육지가 강이 되었네.〔停雲靄靄, 時雨濛濛. 八表同昏, 平陸成江.〕"라고 한 데서 온 말이다.

34 날아가는……그리건만 : 장적(張籍, 766～830)은 당나라 때의 시인으로, 자는 문창(文昌)이고, 화주(和州) 오강(烏江) 사람이다. 진사시에 급제하여 수부 원외랑(水部員外郎), 국자 사업(國子司業) 등의 관직을 역임하였으므로 장수부(張水部), 장사업(張司業) 등으로 불렀다. 한유(韓愈), 백거이(白居易), 원진(元稹) 등과 교유하였으며, 악부시(樂府詩)에 능하여 왕건(王建)과 함께 명성을 떨쳤다. 이 구절은 한유의 시 〈조장적(調張籍)〉에 "그대에게 하늘을 나는 노을을 빌려, 나와 더불어 하늘을 오르내리리.〔乞君飛霞佩, 與我高頡頏.〕"라고 한 데서 온 것으로, 번암이 자신을 한유에, 이헌경을 장적에 비유하였다.

35 높은……있도다 : 후한(後漢) 때에 진번(陳蕃)이 예장 태수(豫章太守)로 있으면서 특별히 걸상 하나를 걸어 두었다가 그곳의 명사(名士)인 서치(徐穉)가 찾아오면 이를 내려서 그를 예우했던 데서 온 말이다.《後漢書 卷53 徐穉列傳》 번암이 이전에는 이헌경이 오면 반갑게 맞이하여 대접했으나, 이제는 유배되어 만날 수 없게 된 처지를 표현한 말이다.

36 요순(堯舜)의……배웠으나 : 유가(儒家)의 학문을 배웠다는 말이다. 탕왕(湯王)이 이윤(伊尹)을 초빙하자, 이윤이 처음에는 사양하다가 결국 초빙을 받아들이면서 "내가 밭고랑 가운데 거처하면서 이대로 요순의 도를 즐기는 것이 어찌 우리의 군주를 요순과 같은 군주로 만드는 것만 하겠으며, 어찌 우리의 백성을 요순의 백성이 되게 하는 것만 하겠으며, 어찌 내가 직접 이것을 보는 것만 하겠는가.〔與我處畎畝之中,

농사일을 배우려던 번지보다 더욱 부끄러워라[37] 羞深稼圃樊
서로 지극한 경지에 이르기를 기약하노니 相期大究竟
여인의 예쁨 따위가 무슨 상관 있으리오 遮莫女嬋媛
세상사 내버려 두고 베개에 기대어 보니 世事仍攲枕
뜰의 봄빛이 훤초[38]에 이미 넘쳐흐르네 庭暉已洩萱
회오리바람 일어 모래가 반쯤 뒤집히는데 飆回沙半逆
여울 가에 선 꿈은 아득히 흔들리네[39] 瀧立夢遙掀
천지는 새를 가두어 둔 새장과 같나니 天地禽盛籠

由是以樂堯舜之道, 吾豈若使是君爲堯舜之君哉? 吾豈若使是民爲堯舜之民哉? 吾豈若於吾身親見之哉?]"라고 한 데서 온 말이다. 《孟子 萬章上》

37 농사일을……부끄러워라 : 번지(樊遲)는 공자(孔子)의 제자로 이름이 수(須)이다. 그가 일찍이 공자에게 농사짓는 방법을 물으니, 공자가 "나는 늙은 농부만 못하다." 하고 대답하지 않았으며, 그가 나가자 "소인이다, 번수(樊須)여." 하여 그의 지향이 낮음을 비판한 바 있다. 《論語 子路》 번암이 유배되어 하찮은 일도 할 수 없게 된 자신의 처지를 부끄럽다고 한 것이다.

38 훤초(萱草) : 원추리인데, 이를 먹으면 근심을 잊는다 하여 망우초(忘憂草)라고도 한다.

39 회오리바람……흔들리네 : 회오리바람이 부는 여울 가에 서 있는 꿈을 꾸고, 그 광경을 묘사한 것으로 보인다. 번암이 자신이 꾼 꿈을 시에 표현하면서 한유가 유배 가면서 여울을 건널 때의 고사를 인용한 것이다. 한유가 조주(潮州)로 귀양 갈 때 창락롱(昌樂瀧)이라는 물살이 매우 세찬 여울을 건너며 지은 시 〈농리(瀧吏)〉에 "남행한 지 육십 일 만에 비로소 창락롱을 내려간다. 물살이 형용할 수 없이 험악하여 배와 바위가 서로 부딪치누나. 가서 배를 지키는 농리에게 물었네. 예서 조주까지는 몇 리나 남았는가? 앞으로 언제쯤 당도하겠는가? 고을의 풍속은 또 어떠한가? 농리가 팔짱끼고 웃으며 하는 말이, 나리는 어찌 그리 질문이 어리석소.[南行逾六旬, 始下昌樂瀧. 險惡不可狀, 船石相舂撞. 往問瀧頭吏, 潮州尙幾里? 行當何時到? 土風復何似? 瀧吏垂手笑, 官何問之愚!]"라고 하였다.

잠영을 호랑이가 발 자르듯 버리리라[40] 簪纓虎捨蹯

장차 한만[41]으로 날아올라 노닐 것이니 且拚遊汗漫

상원[42]을 싫어한다 말하지 마소 休說厭湘沅

곤궁하니 어찌 묻혀 사는 것 근심하랴 窮豈愁沈陸

돌아가면 응당 정원을 가꾸리라 歸應事灌園

복숭아꽃이 이웃 골짝에 비치리니 桃花暎隣洞

훗날 끊임없이 만나기를 기다리노라 他日佇源源

40 잠영(簪纓)을……버리리라 : 지조를 지키기 위해 부귀영화를 버리겠다는 의미이다. 잠영은 관(冠)에 꽂는 비녀와 갓끈으로, 고관대작(高官大爵)을 이른다. 전국 시대 위개(魏尬)라는 사람이 조(趙)나라 공자(公子)인 건신군(建信君)에게 말하기를 "어떤 사람이 올무를 놓아 호랑이를 잡았는데, 호랑이가 노하여 자기의 발을 끊고서 달아났습니다. 호랑이가 자기의 발을 아끼지 않은 것은 아니지만, 몸의 작은 부분인 발 때문에 몸 전체를 해치려고 하지 않은 것이니, 이것이 권(權)입니다."라고 한 고사에서 온 말이다. 《戰國策 趙策3》

41 한만(汗漫) : 세속 밖의 신선 세계를 뜻한다. 노오(盧敖)가 북해(北海)에서 노닐다가 몽곡산(蒙穀山) 꼭대기에서 한 선비를 만나 그와 벗하려 하자 그가 웃으며 "나는 남쪽으로 망량(罔兩)의 들판에서 노닐고 북쪽으로 침묵(沈默)의 고을에서 쉬며 서쪽으로 요명(窅冥)의 마을을 다 다니고 동쪽으로 홍몽(鴻濛)의 앞을 꿰뚫고 구해(九垓)의 밖에서 한만과 노닐려 하오." 하고는 팔을 들고 몸을 솟구쳐 구름 속으로 들어갔다. 《淮南子 道應訓》

42 상원(湘沅) : 상강(湘江)과 원강(沅江)으로, 초나라 굴원(屈原)이 참소를 받고 쫓겨나 노닐었던 초택(楚澤)이라는 곳이 바로 이 지역이다. 굴원이 빠져 죽은 멱라수(汨羅水)는 상강의 지류(支流)이다.

달밤에 강릉 임 사군과 죽서루에 걸어서 올라 시운을 뽑아 함께 시를 지었다. 이때 옥호 공이 병이 나서 함께하지 못하였으므로 다음 날 죽서루 아래서 배를 띄워 놀기로 약속하였다

月夜同江陵任使君步登竹西樓 拈韻共賦 時玉壺公病未能偕 約明日泛舟樓下

선구에선 초인의 〈이소〉[43]를 읊지 않으리	仙區不賦楚人騷
봄날에 그대 만나니 기개가 드높아라	春日逢君氣岸豪
모래톱에 눈이 녹자 버들 처음 변화하고	沙渚雪消初變柳
해구에 바람 따스하니 파도 아니 거세도다	海門風暖不驚濤
삼천대계[44] 죽서루라 빼어난 경치 찾아오니	三千大界西樓勝
올해 들어 처음으로 좋은 달이 높이 떴네	第一今年好月高
밝은 호수에서 소중한 만남을 약속하였거니	珍重明湖佳約在
그림배를 마련하여 관가 술을 싣고 가리	畫船料理載官醪

43 초인(楚人)의 이소(離騷) : 전국 시대 때 초(楚)나라의 굴원(屈原)이 조정에서 쫓겨나 자신의 불우한 처지를 읊은 노래이다.

44 삼천대계(三千大界) : 광대무변(廣大無邊)한 세계를 말한다. 불교에서는 무수히 많은 세계가 있다고 보는데, 일천세계(一千世界)가 소천세계(小千世界)가 되고, 소천세계가 천 개 모여서 중천세계(中千世界)가 되고, 중천세계가 천 개 모여서 대천세계(大千世界)가 되는데, 이 세 천세계를 총칭한 것이 삼천대계이다.

봄날의 시름

春愁

망향대 위에서 새로 백발만 더하는 내 신세여 添新華髮望鄉臺
제비는 돌아오거늘 나는 아직도 못 돌아가네 燕子欲還吾未回
그윽한 곳에 꽃을 심으니 봄비는 성스럽고 幽處栽花春雨聖
게으름 피우며 베개에 기대니 낮 새가 시기하네 慵來欹枕午禽猜
하늘 끝에 계절 바뀌어 기러기 울음 사라지고 天涯節序鳴鴻盡
이별한 뒤 인생살이라 흐르는 물이 애달파라 別後人生逝水哀
양수 서쪽 사는 김씨 집안 자제를 만난 덕분에[45] 賴遇瀼西金氏子
농사 이야기로 나의 회포를 조금 풀었다네 農談差遣我懷開

45 양수(瀼水)……덕분에 : 양수는 사천성(四川省) 봉절현(奉節縣) 산간에 흐르는 냇물 이름인데, 두보(杜甫)가 기주(夔州) 지방에서 노닐 때 그곳의 산천을 몹시 좋아하여 차마 떠나지 못하고 양수의 동쪽, 서쪽 등으로 세 번이나 집을 옮기며 살았다고 한다. 두보의 〈기주가(夔州歌)〉에 "양수 동쪽 양수 서쪽은 집이 일만 가호요, 강 북쪽 강 남쪽엔 봄이나 겨울이나 꽃이로다.〔瀼東瀼西一萬家, 江北江南春冬花.〕"라고 하였고, 〈자양서형비차이거동둔모옥(自瀼西荊扉且移居東屯茅屋)〉 시에는 "양수 동쪽에 살다 다시 양수 서쪽에 사노니, 한결같이 맑은 시냇가에 사노라. 오거나 가거나 모두가 초가거니, 여기 머무름은 벼농사 짓기 위함이로다.〔東屯復瀼西, 一種住清溪. 來往皆茅屋, 淹留爲稻畦.〕"라고 하였다. 양수 서쪽은 번암이 자신이 유배된 곳을 두보가 살았던 곳에 비유한 말이다. 김씨 집안 자제는 누구인지 분명하지 않으나, 번암의 유배지 인근에 살던 인물일 것으로 추정된다.

옥호 공과 함께 환선굴[46]을 방문하였는데, 입지[47] 삼형제도 동행하였다

同玉壺公訪喚仙窟 立之三昆弟亦偕焉

빗장 같던 골짜기가 홀연 다시 트이니	峽勢如扃忽復開
청려장을 느긋이 짚고 서둘 것 없어라	靑藜行緩不須催
어느 산의 눈이 녹아 봄 물결로 흐르는가	何山雪作春濤下
말 타고 오는 나를 벼랑 꽃이 맞이하네	別岸花迎我馬來
비스듬한 오솔길 지나 솔 머리 굽어보고	側逕俯臨松頂過
괴이한 새 멀리 날자 피리 소리 돌아오네	怪禽遙避篴聲回
퐁퐁 샘물 소리가 동화몽[48]을 흩어 버리니	鳴泉散盡東華夢
깊은 곳을 헤아려 초가삼간 지어야지	深處商量草屋裁

두 번째 첩운 再疊

산 어귀에서 꽃 찾으니 꽃은 이미 피었고나	山口尋花花已開
절에 도착하기도 전에 마음이 먼저 재촉하네	招提未到意先催
산골짝 불태운 자리 너머로는 봄밭이 뻗어 가고	峽荒燒越春畬走

46 환선굴(喚仙窟) : 현재의 강원도 삼척시 신기면에 있는 굴이다.

47 입지(立之) : 어떤 인물의 자(字)인 듯하나, 누구인지 미상이다.

48 동화몽(東華夢) : 도성(都城) 또는 세속을 그리는 마음을 의미한다. 동화(東華)는 동화문(東華門)을 가리키는데, 일반적으로 도성의 동문(東門)에 붙이는 이름이다.

깊은 숲엔 어느 사람이 묵은 눈을 뚫고 오네	樾邃人穿古雪來
뭇 골짝 그윽하여라 진정 태고의 모습이요	衆壑窈冥眞太始
한 줄기 내는 겹겹이 흘러 천 번을 돌아내리네	一川重複也千回
하늘 가운데 바위 문이 쾅 하고 굴을 이루니	中天石扇訇成窟
하나하나 다 놀라워라 귀신의 도끼 솜씨로다	箇箇渾驚鬼斧裁

종이를 가지고 와서 글을 구하는 기생이 있기에 장난삼아 써서 주다

妓有奉牋求書者 戲草以贈

물굽이에 기대어 단청 누대를 따로 세웠더니　別起粧樓倚曲灣
고운 봄날 새로 피어난 화초가 뜰에 가득하네　艷陽新卉滿庭間
봄이 오니 붉은 도화 심은 것이 후회스러워라　春來悔種紅桃樹
화사하게 피어난 꽃이 첩의 얼굴을 시기하네　多事開花妒妾顏

두 번째 其二

들판으로 걸어 나가 잠시 난을 캐노라니　步出原頭薄采蘭
답청[49]하는 시절인데도 날이 조금 차가워라　踏青時節屬微寒
무단히도 의남초[50]를 서로 다투어 얻느라　無端爭得宜男草
벗들과의 한나절 즐거움을 놓치고 말았구나　剛失同儕半日歡

49 답청(踏青) : 봄에 파랗게 난 풀을 밟고 거닌다는 뜻으로, 보통 청명절(淸明節)에 야외에 나가서 산책하며 노니는 것을 말한다.

50 의남초(宜男草) : 풀의 이름으로, 훤초(萱草)라고도 한다. 옛날에는 임신한 부인이 허리에 차고 다니면 아들을 낳는다고 하여 차고 다녔다고 한다.

세 번째 其三

봄이 오자 춤 배우느라 집을 거의 비우더니 學舞春來罕在家
월라의 향기가 교방의 꽃으로 스며들었네[51] 越羅香濕敎坊花
가련하다 악부에는 사랑 노래가 많이 있나니 可憐樂府多情曲
앞 냇가에서 〈자야가〉[52]를 능숙히 부르누나 慣唱前溪子夜歌

네 번째 其四

해 질 녘 대문 앞의 방초 우거진 물가에서 日暮門前芳草洲
마름 캐는 노랫가락이 이별의 시름 일으키네 采菱歌曲動離愁
한스러워라 짙푸른 연못가에 자란 버드나무여 生憎凝碧潭邊柳
북으로 떠난 정인의 배를 묶어 두지 못하였구나 未繫情人北去舟

51 월라(越羅)의……스며들었네 : 고운 비단옷을 입은 기생들이 기방(妓房)에 모여 있는 모습을 표현한 말이다. 월라는 월 지방에서 생산되는 비단을 이르는데, 특히 가볍고 부드럽고 섬세하기로 유명하다고 한다. 교방(敎坊)은 관청에서 설치한 기생을 가르치는 학교이다.

52 자야가(子夜歌) : 악부(樂府)의 곡명(曲名)이다. 형식은 오언 사구(五言四句)이고, 내용은 모두 남녀의 연정(戀情)을 주제로 하였다. 위진남북조 진(晉)나라의 자야(子夜)라는 여자가 처음 지은 것이라고 전한다. 진(晉), 송(宋), 제(齊) 삼대(三代)에 지어진 42수가 《악부시집(樂府詩集)》에 전한다.

옥호 공과 바다에서 배를 타고 만리도를 방문하다

同玉壺公浮海 訪萬里島

타향살이에 골수까지 병이 들어	羈旅病至骨
문 닫고 들어 앉아 날마다 칩거하다	閉戶日成蟄
드넓은 바다 위의 만리도를 찾아가려	曠然萬里島
상쾌히 창해에 노를 저어 나아가네	快意滄海楫
수평선은 해가 뜨는 곳에 가까웁고	水天迫日本
구름은 기궤하여 귀신이 서 있는 듯	雲詭似鬼立
미미한 이 몸은 진정 창해일속이라	身微儘一粟
기분이 불현듯이 구슬퍼지는구나	氣像欻悽惻
홍합이며 검은 미역이 자라나서	紅蛤與皁藿
자리 곁에 더부룩이 널려 있도다	離離羅座側
웃으면서 팔을 뻗어 따 보려 하다	一笑送臂摘
파도가 차가워 팔을 다시 움츠린다	波寒臂更跼
어부가 갑자기 옷을 벗어젖히고서	漁漢忽裸體
만 길 깊은 푸른 바다로 뛰어들어	躍投萬丈碧
검은 상투를 거꾸로 물속에 처박으니	烏髻倒能揷
눈 깜짝할 새에 어디로 간 자취도 없다	瞥然無去跡
잠시 뒤에 파도 헤치고 숨을 내뿜으니	俄頃出波吒
생복이 번쩍이며 손아귀에 가득하네	生鰒燦盈握
곧바로 늙은 용의 입술을 더듬어서	直搜老龍吻
애오라지 이것으로 가족을 봉양하니	聊以資事育

사람이 먹고사는 일이 아니었다면	人如非口腹
죽음을 무릅쓰고 어찌 이 일을 하랴	捐死豈此業
세상에는 이보다 험한 일이 있나니	世有險於斯
환해[53]는 만 겹 높이로 솟구치거늘	宦海騰萬疊
아이놈들은 목숨을 하찮게 여겨	兒曹薄性命
그 속에 출몰하며 날랜 몸을 과시하니	出沒誇身捷
곁에서 보는 자들은 모골이 송연해지나	傍觀髮爲竦
당사자는 도취하여 위험도 모른다네	當者酣不識
지네 너라는 놈이 뱀을 달게 먹듯이	蝍蛆爾甘帶
나는야 다 버리고서 내 뜻에 맞게 살리[54]	棄置適吾適

53 환해(宦海) : 벼슬살이를 험난한 바다에 비유하는 말이다.

54 지네……살리 : 세속의 욕심을 버리고 자신의 본성과 분수에 따라 살겠다는 뜻이다. 《장자(莊子)》〈제물론(齊物論)〉에 "사람은 가축을 잡아먹고, 사슴은 풀을 뜯어먹고, 지네는 뱀을 달게 먹고, 솔개와 갈까마귀는 쥐를 좋아한다. 이 네 가지 가운데 어느 것이 올바른 맛인가?〔民食芻豢, 麋鹿食薦, 蝍蛆甘帶, 鴟鴉嗜鼠, 四者孰知正味?〕" 라고 한 데서 온 말이다.

답청일에 오십천[55]에 띄운 배 위에서 읊었다. 이때 옥호 공이 식구를 다 이끌고 죽서루에서 와서 화전(花煎)을 부쳐 먹으며 놀았다

踏青日 五十川舟中有吟 時玉壺公盡室爲竹樓煮花之遊

진주관[56]에서 답청절[57]을 맞아　　珠觀踏青節
짙푸른 물결 위에 그림배를 타네　　畫船凝碧流
그대에게 도기가 많은 걸 알거니[58]　　知君多道氣
식구들 다 이끌고 누대에 앉았구려　　盡室坐名樓
바다에 해 뜨니 꽃이 일찍 피고　　海日花開早
관아 주방엔 대나무 그윽하게 어리네　　官廚竹暎幽

55 오십천(五十川) : 삼척의 죽서루(竹西樓) 아래를 흐르는 하천이다. 《신증동국여지승람(新增東國輿地勝覽)》에 "물 근원이 우보현(牛甫峴)에서 나오며, 죽서루 밑에 와서는 휘돌면서 못이 된다. 또 동쪽으로 흘러 삼척포(三陟浦)가 되어 바다에 들어간다. 부(府)에서 물의 근원까지 마흔일곱 번을 건너야 하므로 대충 헤아려서 '오십천'이라 일컫는다."라고 하였다.

56 진주관(眞珠觀) : 삼척도호부(三陟都護府)의 관아(官衙)였던 진주관(眞珠館)을 가리킨다. 허목(許穆)의 《척주지(陟州誌)》에 "옛 객사가 죽서루 아래에 있었는데, 정덕(正德) 13년(1518) 우리 조선 중종(中宗) 13년 무인년에 부사 김순종(金順宗)이 옮겨 지었다. 이것이 진주관이다."라는 말이 나온다.

57 답청절(踏青節) : 청명절(淸明節)의 다른 이름이다. 청명절에 교외의 들판으로 나가 노니는 풍속이 있었으므로 이렇게 부른다.

58 그대에게……알거니 : 세속을 초탈한 기질이 많다는 말이다. 두보(杜甫)의 시 〈과남린주산인수정(過南隣朱山人水亭)〉에 "그대에게 도기가 많은 것을 보고, 이후로 자주 그대를 따랐노라.〔看君多道氣, 從此數追隨.〕"라고 한 구절에서 온 말이다.

잔을 받걸랑 빈 잔으로 돌려주지 마오	觴來勿虛返
내일이면 이별의 시름이 있으리니	明日有離愁

옥호 공과 봄 강물에 배를 띄우다

同玉壺公泛舟春江

강가 성곽에 한 무리 미인들 자태가 고와라	叢叢羅綺艶江城
맑게 갠 저녁 무렵 남여를 받들고 내려오네	扶擁籃輿下晚晴
구름 낀 벼랑에 걸린 꽃은 천상에 피어난 듯	雲壁花如天上發
봄 물결에 흐르는 배는 버들 그늘을 지난다	春波船在柳陰行
둥근 모래톱에 자리 펴고 조는 갈매기와 뒤섞이고	圓沙展席眠鷗混
그윽한 동굴로 술자리 옮기니 흰 박쥐가 놀라누나	幽竇移樽白蝠驚
창포가 바위 위에 남아 있어 부끄럽기만 한데[59]	慙愧菖蒲留石上
떡 향기가 불 피운 주방에서 새로이 풍겨 오네	餠香新自火廚生

59 창포가……한데 : 창포가 자라는 바위 위에는 신선이 있어야 하는데, 신선도 아닌 자신이 그곳에 있는 것이 부끄럽다는 말이다. 소식(蘇軾)의 시 〈상주 태평사 법화원 담복정에서 취하여 제하다〔常州太平寺法華院薝蔔亭醉題〕〉에 "육화의 담복 숲 사이엔 부처가 앉았고, 구절 창포가 자란 돌 위에 신선이 앉았도다.〔六花薝蔔林間佛, 九節菖蒲石上仙.〕"라는 구절이 있다.

입지와 함께 성을 돌다

偕立之巡城

용왕 사당 곁에 해가 서쪽으로 기울도록	海龍祠畔日西斜
나막신 신고 봄을 찾아 길이 먼 줄도 몰랐네	步屧尋春未覺賒
정갈한 마을은 긴 대나무 언덕에 반쯤 기대었고	村淨半依脩竹岸
어여쁜 기생들은 살구꽃 집에서 많이도 나오누나	妓嬌多自杏花家
사람은 옛 성곽을 따라 가물가물 넘어가고	人隨古堞蒼茫度
시내는 고운 산을 끌며 굽이굽이 흘러간다	川控姸岑委曲過
쫓겨난 객이 하늘 끝에서 아스라이 바라보매	遷客天涯徒極目
푸른 구름이 아득히 도성을 가리네	碧雲迢遞限京華

오십천 다리 옆에 작은 섬이 있는데, 삘기가 부드럽게 자라 사랑스러웠다. 입지와 함께 그 위에 잠시 앉았더니, 백운 상인이 홀연 도보로 물을 건너 들어와서 술에 취해 나에게 말하기를 "여기서 시를 짓지 않을 수 없습니다." 하였다. 내가 웃으며 그렇다고 말하고, 그 섬을 '완재구'[60]라 이름 짓고는 운자를 불러 각자 시를 지었다

五十川橋傍有小島 草莎柔嫩可愛 與立之少坐其上 白雲上人忽徒涉以入 乘醉向余言 此中不可不詩 余笑曰然 仍號其島爲宛在丘 呼韻各賦

사리에 밝아라 오늘 아침의 비여　　解事今朝雨
마침내 꽃을 다 피어나게 하였네　　遂令花盡開
봄 물결에 섬은 완연히 떠 있거니와　　春流島宛在
석양 속에 스님은 어떻게 오셨는가　　夕照僧何來
삘기가 부드러워 자리 펴기 좋으니　　莎軟當鋪席
술잔 타고 건너듯이[61] 걸어서 오셨구려　　脚行如渡杯
우리 서로 함께 남석을 비웃는 건　　相將笑南石

60 완재구(宛在丘) : 《시경》 〈겸가(蒹葭)〉에 "갈대가 창창하니, 흰 이슬이 마르지 않았도다. 이른바 저 사람이, 물가의 한쪽에 있도다. 물결 거슬러 올라가 따르려 하나, 길이 막히고 또 높으며, 물결 따라 내려가 따르려 하나, 완연히 물 가운데 모래섬에 있도다.〔蒹葭凄凄, 白露未晞. 所謂伊人, 在水之湄. 遡洄從之, 道阻且躋, 遡游從之, 宛在水中坻.〕"라고 한 데서 따온 이름이다.

61 술잔 타고 건너듯이 : 진송(晉宋) 시대 어떤 승려가 나무로 만든 술잔을 타고 황하를 건넜는데, 이로 인해 그를 배도 화상(杯渡和尙)이라고 부르게 되었다는 고사에서 온 말이다. 《高僧傳 神異下 杯渡》

선선의 수레를 되돌리지 못해서라네[62] 鸞馭不成回

62 우리……못해서라네 : 남석(南石)은 신라 시대에 삼일포(三日浦)에 와서 사흘을 놀았다는 영랑(永郞), 술랑(述郞), 남석랑(南石郞), 안상랑(安詳郞) 등 네 신선 가운데 남석랑을 가리킨다. 삼일포에 있는 석벽(石壁)에는 '영랑도남석행(永郞徒南石行)'이라는 여섯 글자가 새겨져 있다고 한다. 이 구절은 남석 등 네 신선이 오십천을 찾지 않았던 것을 두고 그들의 무지를 아쉬워함으로써, 그곳의 풍광이 뛰어나다는 것을 강조한 표현이다.

입지와 함께 남산을 유람하다

同立之遊南山

뱃사공을 불러도 오지 않아	篙師招不至
스스로 일어나 조각배를 저었네	自起使孤舟
어느 곳인들 봄이 오지 않았으랴마는	何處無春事
남산의 깊어 가는 봄이 그윽하여라	南山向晩幽
꾀꼬리 지저귐이 교태로워 취하려 하고	鸎聲嬌欲醉
꽃 그림자 담담하니 시내를 이루었네	花影淡成流
점심밥을 바위에 기대어 지으려 하니	午飯依巖熟
밥 짓는 연기가 회나무 꼭대기에 머무네	煙高檜頂留

두 번째 其二

여기 버들 피어난 언덕에 이르러	及玆楊柳岸
급류 타고 온 배를 처음 묶었네	始繫急灘舟
아름다워라 굽이치는 남쪽 언덕이여	窈窕南崖曲
높이 올라 그윽한 봄 나무를 굽어보노라	登臨春木幽
샘이 향기로우니 바위 주방으로 물 끌어오고	泉香巖竈引
대나무 맑은 기운은 술잔 따라 흘러가네	竹氣羽觴流
새로 생복 잡아 오기를 다시 기다리느라	更待新生鰒
석양에 그대와 함께 머무르노라	斜陽與子留

밤에 환류당으로 돌아와 입지와 함께 다시 첩운하다
夜歸環流堂 同立之復疊

봄이 오니 날마다 유람하는 일이 많아	春來日多事
나막신으로 산 오르고 시내에서 뱃놀이라	山屐與川舟
읊조리며 돌아오는 길이 어찌 그리 늦나	吟嘯歸何晩
송죽 사이에 눕는 것도 그윽하거늘	松篁臥亦幽
술이 얼근하니 봄과 더불어 따스해지고	酒深春倂暖
하늘에 비가 개니 달이 홀로 흐르누나	天霽月孤流
스님과 서로 만나기로 약속을 하였나니	有約僧相待
중대에 가게 되면 몇 군데 머물러 볼까	中臺幾處留

이때 백운 상인(白雲上人)이 먼저 돌아가며 이튿날 중대(中臺)에서 모이기로 약속하였으므로 이렇게 말한 것이다.

입지와 함께 중대를 방문하다

同立之訪中臺

봄 술이 힘이 좋아 시름겨운 얼굴 펴지니	春醪有力解愁顔
석양 무렵 먼 들판을 말 타고 달려간다	逈野飛驂夕照間
좋은 약속 남긴 스님을 어이 차마 저버리랴	勝約留僧那可負
이번 유람에 시 짓느라 한가롭지만은 않으리라	吾行覓句未全閒
두타동은 안개 노을 속에 물이 가득하고	煙霞水滿頭陀洞
광석산엔 사방 천지에 꽃이 곱게 폈네	天地花明廣石山
오르내리며 나는 숲새는 옛 친구 같아서	下上幽禽如舊識
푸른 버들 시냇가에서 반갑게 지저귀네	綠楊溪畔語關關

밤에 함지 폭포에 앉아 입지에게 지어 보이다

夜坐咸池瀑 示立之

용은 어찌 그리도 사는 곳이 많은가　龍何多處所
시꺼먼 물빛 내며 늘상 못을 이루네　深黑屢成湫
밥상에는 배회하는 달빛이 비치고　飯照徘徊月
꽃들은 그윽한 언덕에 숨었도다　花藏窈窕丘
자리를 쓸고서 솔 그림자에 앉아도 보고　掃開松影坐
한가로이 물소리 가까이 머물러 보네　閒傍水聲留
백운[63]은 떠나고 찾아도 자취 없으니　雲去尋無跡
시가 이루어져도 홀로 시름겨워라　詩成也獨愁

이날 밤에 백운 상인(白雲上人)이 오지 않았다.

63 백운(白雲) : 번암의 벗인 백운 상인(白雲上人)을 가리킨다.

다시 읊다
又吟

동쪽으로 와서 산수에다 능히 의탁하니	東來勝托在煙霞
산사에서 편히 지내는 몸이 집에 온 듯하네	蕭寺安身到似家
오늘 밤 신선 세계에서 마침 달을 만났거니	上界正逢今夜月
무릉에 피어난 늦봄 꽃이 어찌 한량 있으랴	武陵何限暮春花
먼 숲속 어둠 속에 들리는 새소리 괴이하고	遙林暝送禽聲怪
날리는 폭포에 한기 드니 학 꿈이 많아지네	飛瀑寒侵鶴夢多
낯선 객은 산의 소리가 많은 줄을 모르다가	生客不知山籟盛
오경에 놀라 깨어 빗방울 지나간다 말하네	五更驚道雨鈴過

일찍 일어나 무릉 계곡으로 가면서 입지의 시에 차운하다
早起向武陵溪 次立之韻

바위 사다리는 아스라이 흰 구름으로 통하고	巖梯迢忽白雲通
비 갠 숲에 비치는 햇살은 만 가닥 붉은 실이로다	日射晴林萬縷紅
바람 일어 폭포수는 높다란 나무 끝에 날리는데	風瀑散飛高樹杪
남여 타고 천천히 흐드러진 꽃 사이를 건너간다	籃輿徐度亂花中
외로운 신하의 귀밑머리는 병든 뒤에 세었거늘	孤臣鬢髮沈痾後
남석의 금단[64]은 큰 바다 동쪽으로 가 버렸구려	南石金丹大海東
호로[65] 속에서 봄을 찾아 봄날 낮이 길고 기니	壺裏尋春春晝永
무릉도원[66] 일백 굽이를 기어코 다 찾아가리라	桃源百曲且須窮

64 남석(南石)의 금단(金丹) : 남석은 신라 시대 삼일포(三日浦)에 와서 사흘을 놀았다는 신선이다. 123쪽 주62 참조. 금단은 도가(道家)에서 이른바, 먹으면 장생불사(長生不死)한다는 단약(丹藥)을 말한다.

65 호로(壺蘆) : 호로는 호리병으로, 여기서는 별천지를 뜻한다. 호공(壺公)이라는 신선이 저잣거리에서 약을 팔고 있었는데, 모두 그저 평범한 사람인 줄로만 알고 있었다. 하루는 비장방(費長房)이라는 사람이 호공이 천정에 걸려 있는 호리병 속으로 들어가는 것을 보고는 비범한 인물인 줄 알고 매일같이 정성껏 그를 시봉하였다. 드디어 호공이 그를 데리고 호리병 속으로 들어갔는데, 그 속은 완전히 별천지로 해와 달이 있고 선궁(仙宮)이 있었다 한다. 《神仙傳 壺公》

66 무릉도원(武陵桃源) : 도잠(陶潛)의 〈도화원기(桃花源記)〉에 나오는 복사꽃 만발한 별천지를 가리키는데, 번암이 가는 곳이 바로 무릉 계곡이므로 이렇게 부른 것이다.

무릉에서 잠시 조는 사이 백운 상인이 홀연 왔기에 기뻐서 시를 지어 주다

武陵小睡 白雲上人忽至 喜賦以贈

봄물에 복숭아꽃이 따사로이 피니　　春水桃花暖
지팡이 기대어 한가로이 앉아 조네　　拄笻坐睡遲
꿈에서 돌아오니 기특한 일이 있구려　　夢回奇事在
스님이 무릉의 약속에 달려왔도다　　僧赴武陵期
그대 온 곳에 몇 겹 폭포가 있었던고　　來處幾重瀑
어젯밤 서로 그리워하며 시를 지었지　　相思前夜詩
삼소회[67] 모임을 이루고자 하기에　　欲成三笑會
석양에 수령 행차 오시길 기다린다오　　斜日待旌麾

옥호 공이 공무(公務)로 정선(旌善)에 갔다가 돌아오는 길에 호계(虎溪)에서 모이기로 약속하였으므로 이렇게 말한 것이다.

67 삼소회(三笑會) : 삼소(三笑)는 진(晉)나라 고승 혜원(慧遠)이 동림사(東林寺)에 있을 적에 손님을 전송할 때에도 호계(虎溪)를 건너지 않았는데, 도잠(陶潛)과 육수정(陸修靜)이 방문했을 적에는 서로 의기투합한 나머지 그들을 전송하면서 호계를 건넜으므로, 세 사람이 크게 웃고 헤어졌다는 '호계삼소(虎溪三笑)'의 고사에서 온 말이다. 《蓮社高賢傳 百二十三人傳》 번암과 옥호(玉壺) 정하언(鄭夏彦), 백운 상인(白雲上人)이 서로 두타산 호계에서 만나기로 한 것이 마침 호계삼소의 고사와 비슷하므로 이렇게 말한 것이다.

다시 읊다

又吟

스님 말이 골짜기 깊고 얕음이 달라	僧道山深淺
산꽃 피어남이 일정하지 않다 하네	山花開不齊
신선 사는 곳이라 바깥의 객이 없어	仙家無外客
나의 말이 봄 시냇물을 마시는도다	我馬飮春溪
영리한 다람쥐는 사람에 놀라 엎드리고	鼪黠驚人伏
고운 꾀꼬리는 나무를 가려 지저귄다	鸎嬌選樹啼
용이 사는 못을 찾아가기 어려운 건	龍淵難自覔
구름 짙어 한낮에도 길을 잃기 때문이지	雲氣晝猶迷

옥호 공이 와서 무릉 계곡 바위 위에 같이 앉았는데, 백운 상인도 함께하였다

玉壺公至 共坐武陵石上 雲上人亦與焉

한낮 꿈속에 상봉하여 기쁘다가	午夢相逢喜
정말로 만났으니 기쁨을 알 만하지	眞逢喜可知
지저귀는 새 아래 앉아 환담하고	坐談啼鳥下
늦은 봄꽃 필 제 거나하게 취하네	微醉晩花時
물은 무릉도원에 이르러 굽이돌고	水到仙源複
시는 말 머리에서 이루어져 기이하다	詩成馬首奇
사군은 원래 성이 정씨인지라	使君元姓鄭
가는 곳마다 항상 스님이 따르는구려[68]	在處輒僧隨

68 사군(使君)은……따르는구려 : 사군은 당시 삼척 부사(三陟府使)로 있던 정하언(鄭夏彦)을 가리킨다. 자고시(鷓鴣詩)로 유명한 당나라 때의 시인 정곡(鄭谷)이 스님들과 시우(詩友)로 사귀면서 자신의 시에 '승(僧)' 자 넣는 일로 유명했기 때문에 이렇게 말한 것이다. 정곡의 시 〈자이(自貽)〉에 "거문고에 음률이 있어 가을이 될수록 맑아지고, 시에 승 자가 없으면 격조가 도리어 낮아지다〔琴有調聲秋轉淡, 詩無僧字格還卑.〕"라는 구절이 있다. 《山堂肆考 卷128》

흑악사[69]를 향해 가면서 시를 읊어 입지에게 보이다
轉向黑岳寺 吟示立之

무릉도원에서 말 머리 돌리니 해는 서로 기울고	仙源移策日西低
봄 산에 비 쏟아지려는지 꽃 그림자 흐릿하네	欲雨春山花影迷
견여 타고 오 리 길에 삼 리나 졸고 온지라	五里肩輿三里睡
맑은 시내 몇 곳이나 건넜는지 모르겠네	不知行度幾淸溪

69 흑악사(黑岳寺) : 삼척 두타산(頭陀山)에 있던 절이다. 운허(耘虛)의 《불교사전》에는 간장사(看藏寺)의 다른 이름이라고 하였고, 허목(許穆)의 《척주지(陟州誌)》에는 "흑악사는 옛날의 백련대(百蓮臺)로 간장암(看藏菴)이라고도 하는데, 두타산 동쪽 기슭에 있다. 치소(治所)에서 서쪽으로 40리이다."라고 하였다.

돌아오는 길에 회강정[70]에 오르다

歸路登會江亭

최씨 정자 앞 시냇가에 모래톱이 보이는데	崔氏亭前水見沙
저물녘 구름 속 촌락에 비가 막 지나갔네	暮雲籬落雨新過
지난해 단풍을 구경하고 올해는 버들을 보니	去年紅葉今年柳
쫓겨난 나그네가 올라 보는 회한이 그 어떠하랴[71]	遷客登臨恨若何

70 회강정(會江亭) : 지금의 삼척시 도경동에 있던 정자이다. 회강정(回江亭)이라고도 한다. 삼척과 태백(太白)의 경계인 백병산(白屛山)에서 발원한 오십천이 북쪽으로 흐르다가 여기에 이르러 동쪽으로 방향을 바꾸어 동해 바다로 흘러든다. 조선 초기의 문신 최응현(崔應賢, 1428~1507)이 건립하였다.

71 지난해……어떠하랴 : 작년 가을에 방문하였다가 이번 봄에 다시 방문하는 사이에 풍경은 바뀌었으나 자신은 변함없이 유배객의 신분인 것을 한탄하는 말이다.

죽서루에서 입지와 달을 기다리다

竹樓同立之候月

꽃이 그윽하게 핀 곳에 달이 솟으니 月湧花深處
처음엔 멀리 들불이 타는가 놀랐네 初驚遠燒翻
누대 그림자는 수면 위로 흩어지고 樓臺散在水
별들은 담담히 술 단지에 가득 찼네 星漢淡盛樽
그림배는 솔 그늘 물가에 매여 있는데 畫舫松陰渚
방울 소리는 대숲 마을에서 들려오누나 叢鈴竹裏村
붉은 놀이 아직도 소매 가득 남았어라 紅霞猶滿袖
어제 무릉도원에서 하룻밤을 묵었었네 昨宿武陵源

옥호 공, 입지와 함께 봉황대[72]를 오르고, 이어서 만리도를 찾았다가 말 위에서 읊조리다

同玉壺公與立之登鳳凰臺 仍訪萬里島 馬上有吟

봄이 온 뒤로 끊임없이 고향 집을 꿈꾸나니　春來續續夢田廬
부유한 객 신세가 어찌 가난한 주인 신세만 하랴　富客何曾貧主如
막 비가 지나간 뒤의 산을 보고자 하여　且爲看山新雨後
꽃 처음 떨어지자 훌쩍 말에 올랐어라　悠然騎馬落花初
뜬구름에 나무가 늙는 곳은 높은 성의 포구요　浮雲樹老高城浦
석양 연기 속에 외로운 곳은 실직[73]의 유허로다　落日煙孤悉直墟
버들 밖을 찾아가려 창해를 노 저어 가니　柳外欲尋滄海棹
층층 만 리 파도가 아득히 나를 시름겹게 하네　層濤萬里莽愁予

72 봉황대(鳳凰臺) : 삼척부 치소(治所) 내 봉황산(鳳凰山) 위에 있던 누대이다. 허목(許穆)의 《기언(記言)》 〈척주기사(陟州記事)〉에 "오십천(五十川)은 우보산(虞甫山)에서 발원하여 동쪽으로 흘러 바다로 들어가는데, 빙 돌아 50번의 여울을 이룬다.…… 호계(虎溪) 북쪽 벼랑은 산석(山石)이 깎아지른 듯 끊겨서 깊은 여울과 기다란 못을 내려다보고 있다. 그 위를 봉황대라고 하는데, 동쪽으로 바다를 내려다보고 서쪽으로 고을을 굽어본다. 층층의 성벽과 성가퀴 사이로 누대가 보이고, 또 높다란 버드나무와 기다란 방죽이 있다. 3월이면 안개꽃이 성에 가득 핀다."라고 하였다.

73 실직(悉直) : 국명(國名)이다. 신라 파사왕(婆娑王) 때 실직이 항복하여 지증왕(智證王) 6년(505) 실직 군주(悉直軍主)를 두었고, 고려 성종 때 척주(陟州)로 만들었는데, 지금의 삼척(三陟)이다. 《新增東國輿地勝覽 卷44 江原道 三陟都護府》

밤의 회포를 써서 옥호께 올리다
夜懷 呈玉壺

성문이 처음 닫히자 호각 소리 그치고	城門初掩角聲終
등 심지 푸르게 엉기도록 여관은 텅 비었네	燈穗凝青旅館空
밤 깊어 바다 울 제 노소가 다 잠들었거늘	夜久海鳴長少睡
예부터 꽃이 피면 매양 바람을 근심하는 법[74]	古來花發每愁風
달은 안개 낀 물가 아득한 곳으로 가라앉고	月沈煙渚蒼茫外
봄은 신선 사는 곳 시 읊조리는 가운데 있네	春在仙區吟嘯中
시절이 빠르게 흘러 이별이 가까워지니	時序忽忽離別近
사종이 길이 막혀 통곡한 걸 어이 괴이 여기랴[75]	嗣宗那怪哭途窮

이때 옥호 공이 말미를 얻어 서울로 돌아가려고 하므로 낙구(落句)에서 언급하였다.

74 꽃이……법 : 꽃이 피면 바람에 꽃잎이 떨어지게 될까 항상 걱정한다는 말이다. 번암이 옥호와의 즐거운 만남 속에 슬픈 이별이 다가옴을 근심하는 말이다.

75 사종(嗣宗)이……여기랴 : 사종은 중국 삼국 시대 죽림칠현(竹林七賢)의 한 사람인 위(魏)나라 완적(阮籍)의 자이다. 이 구절은 완적이 수레를 타고 가다가 길이 막힌 곳에 이르면 통곡을 하고 돌아왔다는 고사에서 온 말이다. 《晉書 卷49 阮籍列傳》 친하게 지내던 벗이 떠나가게 되어 더욱 외로워질 번암이 자신의 곤궁한 처지를 한탄하는 말이다.

봄비

春雨

물가의 나무는 아스라이 연무 속에 떠 있고	渚樹冥冥煙氣浮
살짝 젖은 죽서루엔 비 온 흔적 남아 있네	雨痕微濕竹西樓
꽃 떨어져 바람 따라간 걸 슬퍼하지 않으리	不愁花落隨風去
옥처럼 푸른 물이 바위 앞을 흐르네	秖在巖前碧玉流

입지와 함께 밤에 죽서루에서 자면서 이별을 말하다

同立之夜宿竹西樓 話別

죽서루에 뜬 희미한 달빛	西樓微月色
오늘 밤엔 더욱 절묘하구나	今夜更奇絶
닭이 울어 그댈 보내고 나면	鷄鳴送君後
여기 죽서루의 달은 어이하나	奈此西樓月

옥호 공이 내일 작별하고 돌아가기에 밤에 죽서루에 도보로 와서 운자를 불러 연구를 짓다

玉壺公明將賦歸 夜步竹西樓 呼韻聯句

산꽃과 물가 버들 속에 돌아가는 이 전송하니　　山花汀柳送歸人

미중(美仲)[76]

하늘 끝에 유락한 나그네는 회한이 새로워라　　流落天涯客恨新

억지로 맑은 술잔 잡고서 밤새도록 즐기건만　　强把淸樽聊卜夜

백규(伯規)[77]

아름다운 시로도 봄을 더 만류하기 어려워라　　難將佳句更留春

이별에 시름겨워 동쪽 바다를 굽어보며　　離愁看取東臨海

미중

나그네 꿈속에 북으로 떠난 수레 좇으리라　　羈夢應隨北去輪

헤어지매 그대에게 한 조각 마음을 주노니　　分手贈君心一片

백규

형체 이외에 이것이 나의 진짜라오　　形骸以外是吾眞

미중

76 미중(美仲) : 정하언(鄭夏彦, 1702~1769)의 자이다.

77 백규(伯規) : 번암의 자이다.

죽서루가. 서울로 돌아가는 정옥호를 전송하다

竹西樓歌 送鄭玉壺還京

그대는 죽서루의 주인이요	君是竹樓主
나는 죽서루의 객인데	我是竹樓客
주인이 죽서루에서 객을 맞아 대접하니	主人餉客以竹樓
객은 쫓겨 와서 제 집인 양 누대 위에 살았네	客遷如歸樓上宿
누대 위에서는 주객을 논할 것도 없이	樓上無論客與主
지난날 우리의 노닒은 진정 흡족하였지	往日之遊眞自得
동방에 해가 뜨면 서로 불러 찾았나니	東方日出便相呼
그대는 남여를 타고 나는 도죽장[78]을 짚었네	君以籃輿我桃竹
누대 아래 맑은 강물에는 흰 비단 그림자 펼쳐지고[79]	樓下澄江練影開
무늬 아로새긴 창문에는 티끌 먼지도 없는데	紋窓繡闥無纖埃
자리 위로 미인이 연다[80]를 받들고 오면	席上煙茶美人擎
빙설 안개 같은 비단옷에선 향기가 풍겨 왔네	氷紈霧縠薰香來
거나하게 취한 그대가 시 짓느라 붓을 휘두르면	半酣君詩已揮筆
나 또한 호탕하게 술통에 기대어 시를 읊었고	我亦豪吟倚樽罍

78 도죽장(桃竹杖) : 도죽으로 만든 지팡이이다. 도죽은 대나무의 일종으로 재질이 견실하여 화살이나 지팡이를 만들기에 좋다고 한다.

79 맑은……펼쳐지고 : 햇빛이나 달빛이 강물에 비쳐 하얗게 빛나는 모양을 표현한 것이다.

80 연다(煙茶) : 담배의 별칭이다.

때로 바둑을 겨루면서 화난 듯이 싸울 때면	有時爭棋鬩如怒
바둑판 위에서 둘의 기세는 꺾일 줄 몰랐지	聲氣當場兩不摧
태을의 그림배를 타고 물 위를 유람할 때면	太乙畫舫泛中流
서로 어깨를 두드리며 격의 없이 벗하였네[81]	相與拍肩無嫌猜
그대는 질탕한 놀이로 내 백발을 검게 하니	君將跌宕黑白首
나는 죄인의 신분을 잊고 수령을 벗하였네	我忘罪纍親墨綬
음악 아는 큰 물고기는 때로 와서 연주를 들었고[82]	大魚能解時聽曲
갈매기는 우리와 더불어 소수수[83] 추는 걸 보았지	漚鳥同看小垂手
인생에 이러한 즐거움이 아직 끝나지 않았는데	人生此樂方未央
어찌하여 서쪽으로 종남산 집에 든단 말이오[84]	如何西入終南堂

81 태을(太乙)의……벗하였네 : 번암이 정하언(鄭夏彦)과 자신을 신선에 비유한 말이다. 태을은 태일(太一)이라고도 하는데, 옛 신선의 이름이다. 송(宋) 대의 문인화가(文人畫家)인 이공린(李公麟)이 일찍이 태일진인(太一眞人)이 연잎을 타고 누워서 책 읽는 모습을 《태일진인도(太一眞人圖)》라는 그림으로 그린 바 있다. 번암이 삼척에 유배되었을 때 오십천에서 타고 놀았던 배를 여기서 따서 이름 붙인 것이다. '어깨를 두드린다'는 것은 신선이 서로 친근함을 표시하는 시구에서 온 말이다. 진(晉)나라 곽박(郭璞)의 〈유선시(游仙詩)〉에 "왼쪽으론 부구의 소매를 끌어당기고, 오른쪽으론 홍애의 어깨를 두드린다.〔左挹浮丘袖, 右拍洪崖肩.〕"라고 하였는데, 부구와 홍애는 모두 옛날의 신선이다.

82 음악……들었고 : 《순자(荀子)》 〈권학(勸學)〉에 "호파가 비파를 연주하자 물속 물고기가 나와서 들었고, 백아가 거문고를 연주하자 여섯 마리 말이 고개를 치켜들고 들었다.〔瓠巴鼓瑟而流魚出聽, 伯牙鼓琴而六馬仰秣.〕"라고 한 데서 온 말이다.

83 소수수(小垂手) : 춤의 이름이다. 소수수와 대수수(大垂手)가 있는데, 모두 손을 늘어뜨리고 추는 춤이라고 한다.

84 어찌하여……말이오 : 종남산(終南山)은 서울의 남산(南山)을 가리키는 동시에, '종남첩경(終南捷徑)'의 고사에 나오는 당나라의 수도 장안(長安)에 있던 산을 가리킨

오직 죽서루만이 나와 함께 여기 남았나니 惟有竹樓同我在
강물 소리 누워 듣는 시름겨운 밤이 길고 길리라 臥聽江聲愁夜長
동화문[85]은 오래 머물 수 없는 곳이외다 東華不可以久住
붉은 먼지가 안개처럼 피어올라 얼굴을 때린다오 紅塵撲面紛如霧
사군이여 사군이여 죽서루에서의 약속을 저버리지 마소
使君使君無負竹樓約
누가 증인인고 하니 바로 한 쌍의 백로라오 誰其證者雙白鷺

다. 당나라 때 노장용(盧藏用)이 종남산에 은거하자 세상 사람들이 그를 경모(敬慕)하고 명성이 세상에 알려져서 벼슬길이 열리게 되었으므로, 종남산 속에 있는 것이 벼슬길의 첩경이 된다는 고사가 생겼다고 한다. 《新唐書 卷123 盧藏用列傳》 정하언이 삼척 부사를 그만두고 서울로 돌아가므로 이렇게 말한 것이다.

85 동화문(東華門) : 일반적으로 도성의 동문(東門)에 붙이는 이름으로, 도성을 가리키는 말로 쓰인다.

옥호 공을 송별하고서 밤에 거닐며 감회를 적다

送別玉壺公 夜步書懷

봉황대[86] 위로 달이 떠올라	月出鳳凰臺
나의 초가집을 비추니	照我白茆堂
시름겨워 잠 못 들고	愁懷不能寐
문을 열고 나가 배회하네	開戶出彷徨
물가의 새도 짝을 찾아	沙禽求儔匹
한밤에 내 곁에서 울고	夜裏啼我傍
뜬구름은 길 떠나는 수레처럼	浮雲如征蓋
어둑어둑 서쪽으로 날아가네	曖曖向西翔
정녕 그대 때문이 아니라면	苟非以子故
이별에 내 살쩍은 누구 때문에 희어지랴	離鬢爲誰霜
어젯밤에는 함께 기뻐하며 웃다가	昨夕同歡笑
오늘 저녁에는 산천으로 막혔구나	今夕阻川梁
죽서루의 좋은 경치가 어찌 없으랴마는	豈無西樓勝
적막과 외로움에 마음 상할까 두려워라	幽獨恐神傷

86 봉황대(鳳凰臺) : 삼척부 치소(治所) 내 봉황산(鳳凰山) 위에 있던 누대이다. 136쪽 주72 참조.

상심가. 옥호 사군에게 부치다

桑葚歌 寄玉壺使君

사군께서 매번 세 치나 되는 오디를 자랑하여　　使君每誇三寸葚
지난겨울 나로 하여금 침깨나 흘리게 하였지　　前冬使我流涎甚
사군은 서쪽으로 돌아가고 객은 아직 남았는데　　使君西歸客尙在
주렁주렁 오디가 이번 여름에도 익었도다　　離離葚到今夏稔
척주의 오월 날씨가 이글거리듯 무더워서　　陟州五月天氣烘
걷거나 앉기보단 낮잠 자는 때가 많다오　　行坐時少多晝寢
이 시절에 오디 따면 호랑이를 맞닥뜨리지만　　此時採葚衝虎回

호랑이가 오디를 좋아해서 오디를 따는 사람은 항상 호랑이를 만난다고 한다.

오디의 맑은 기운은 한기가 날 정도라네　　淸氣已似生痎瘁
적색 흑색 풍성한 열매가 뒤섞여 열렸나니　　赤黑淋漓錯交加
소반에 쏟아 놓으면 비단보다 찬란하네　　寫在盤心燦於錦
비와 이슬이 기르고 아침 햇살에 익었으니　　雨露養之旭日蒸
촉촉하고 무른 성질에다 옥 같은 즙이로다　　天姿潤脆滋瓊瀋
작은 것은 굼벵이만 하고 큰 것은 엄지만 한데　　小者蝤蠐大拇指
골짝 같은 굶주린 입을 누가 다물 수 있으랴　　饞口似壑誰可噤
입속에 들면 놀라는 사이 햇볕에 눈처럼 녹아 버려　　落脣俄驚見晛消
달콤한 향기가 배꼽을 뚫으니 배꼽이 청량해지네　　甘香貫臍臍淸凜
그대는 못 보았는가 옛날 진 시황이 이것을 구하여[87]　　君不見昔者秦皇求此物

어리석게도 범골을 신선으로 변하게 하려던 일을　癡想欲化凡骨稟
망망대해에서 어린아이들은 늙어 죽어 갔고　滄海漭瀁童男老
꿈속 혼은 부질없이 아방궁을 베고 누웠지　夢魂空勞阿房枕
그 누가 이토록 진귀한 것을 실컷 맛보았나　異味誰爲爛喫者
이전에는 사선[88]이 있었고 이후에는 내가 있도다　前有四仙後有朕
우습구려 사군은 도성으로 들어가서　笑矣乎使君去入長安陌
주방의 비린 고기를 요리해 먹을 뿐이겠지　中廚葷血徒烹飪
하루라도 삿갓 쓴 채 자욱한 홍진을 무릅쓰느니　與其一日褦襶軟紅塵
차라니 코로 서 말 식초를 들이켜는 것이 낫다오[89]　無寧鼻醋三斗飮
돌아오려거든 오디가 떨어지기 전에 돌아오소　歸來須及葚未落
안기생이 나를 대신하여 그대에게 고하노라[90]　安期替余聊相諗

87 진 시황(秦始皇)이 이것을 구하여 : 진 시황이 귀곡(鬼谷) 선생의 말을 듣고 서복(徐福)과 수천 명의 동남동녀(童男童女)를 바다로 보내 불로장생의 약초인 금채(金菜), 금소(金蔬), 일촌심(一寸葚) 등을 구해 오도록 하였다고 한다. 《金樓子 志怪》《史記 卷6 秦始皇本紀》 일촌심이 바로 오디의 일종이므로 이 구절에서 이렇게 말한 것이다.

88 사선(四仙) : 신라 때의 네 신선 영랑(永郎), 술랑(述郎), 남랑(南郎), 안상(安詳)을 가리킨다. 이들은 금강산 일대의 명승(名勝)을 유상(遊賞)했던 것으로 유명한데, 동해안 각처에 그들의 유적이 남아 있다.

89 하루라도……낫다오 : 세속의 더러움을 무릅쓰고 사느니, 곤궁하더라도 지조를 지키며 깨끗이 사는 것이 낫다는 의미이다. '서 말 식초'는 좀처럼 삼키기 어려운 음식이 많은 것을 말하는데, 견디기 어려운 곤궁한 삶을 비유한다.

90 안기생(安期生)이……고하노라 : 안기생은 옛 신선의 이름이다. 일찍이 하상 장인(河上丈人)을 따라 황제(黃帝)와 노자(老子)의 설을 배우고 동해(東海) 가에서 약을 팔았다. 그때 동유(東遊)하던 진 시황이 찾아와 사흘 밤낮을 대화하였는데, 서로 헤어질 때에 진 시황에게 나중에 자신을 보고 싶으면 봉래산(蓬萊山)으로 찾아오라고 했다

달밤에 죽서루에 올라 입지를 그리다
月夜登竹樓 懷立之

죽서루에 머물 수 없구려 西樓不可住
외로운 밤엔 온갖 시름이 쉽게 찾아드니 獨夜易千愁
달빛이 어찌 다른 적이 있으랴마는 月色何曾異
인정은 옛날 노닐 때와 같지 않도다 人情非舊遊
고깃배 등불은 외로운 섬에 모여들고 漁燈集孤嶼
갈매기 꿈은 먼 모래톱에 내려앉누나 鷗夢落遙洲
동편 이웃더러 억지로 술 내오게 하여 强喚東隣酒
태을의 배[91]에 비스듬히 올라앉노라 迤登太乙舟

고 한다.《史記 卷12 孝武本紀, 卷28 封禪書》이 구절은 번암이 자신을 안기생에 비유한 것이거나 옥호 정하언에게 이 시를 전달했던 사람을 안기생에 비유한 것인 듯한데, 자세하지 않다.

91 태을(太乙)의 배 : 태을은 태일(太一)이라고도 하는데, 옛 신선의 이름이다. 142쪽 주81 참조.

홀로 죽서루에 올라 감회를 적다
獨登竹西樓 書懷

물 건너 산 올라 귀향객을 또 전송하니	臨水登山新送歸
막다른 길에 사는 나는 누구를 의지할꼬	窮途棲息欲誰依
죽서루 쓸쓸한 곳에 외로운 신하 남았는데	西樓寂寂孤臣在
방초 무성하건만 북쪽 편지 드물게 오네	芳草茫茫北信稀
탈 없는 연꽃 배에는 한가로이 석양 비치고	無恙蓮舟閒夕照
마음 가는 대숲 고개엔 어둑어둑 봄비 내린다	關心篁嶺黯春霏
가희는 우두커니 동헌 길을 향해 있는데	歌姬悄向鈴齋道
이따금 남은 바둑알이 옛 휘장에 떨어지네	往往殘碁落舊幃

오금잠[92]가
烏金簪歌

오금잠이라 하는 것이	烏金簪云
고려 때부터 지금까지 전하는데	自麗代傳至今
삼척 사람들이 존숭하여 제사하고 신으로 삼으니	陟人尊之祀作神
신당(神堂)이 옛 성의 북쪽에 있도다	叢祠立在古城陰
매년 오월하고도 오일이 되어	每年五月日有五
잠신이 나와 노닐면 앞다투어 구경한다네	簪神出遊爭先覩
늙은 무당이 화려한 옷을 입고 앞에서 이끌면서	老巫前導華采衣

92 오금잠(烏金簪) : 조선 시대 삼척 지방에 전해 오던 검은색의 금비녀로, 민간의 숭배 대상이 되었다. 그 유래는 분명하지 않으나, 고대에 삼척 지방을 다스리던 인물이 사용하던 물건으로 추정된다. 《신증동국여지승람(新增東國輿地勝覽)》 삼척도호부(三陟都護府) 조에는 "고을 사람들이 비녀를 작은 함에 담아 관아(官衙) 동쪽 모퉁이 나무 밑에 감추었다가 단옷날이면 꺼내어 제물을 갖추어 제사한 다음, 이튿날 도로 감춘다. 전해 오는 말에는, 고려 태조 때 물건이라 하나 제사하는 이유는 알 수 없다. 예전부터 전해 오는 일이므로 관(官)에서도 금지하지 않는다."라고 하였다. 허목(許穆)의 《기언(記言)》 권37 〈척주기사(陟州記事)〉에는 "오금잠의 유래는 오래되었으니, 대개 그 시초는 알지 못한다. 그렇지만 매년 5월 5일이면 많은 무당을 모아 놓고 사흘 동안 큰 제사를 지내는데, 주관은 호장(戶長)이 한다. 반드시 제사에 앞서 크게 금하고 경계하니, 이 기간에 여행객은 묵지 못하며, 죽은 자에게 곡하지 못하게 한다. 제사를 담당할 몇 사람을 정하면 이들은 다투어 재물을 쏟아붓고 복을 받을 것이라고 여기며, 공경하지 않으면 재앙이 당장 이를 것이라고 여겨 두려워하여 섬기지 않는 이가 없다. 그렇다 보니 관부에서도 금하지 못하였다. 그런데 부사 정언황(丁彦璜)이 그 제사를 금하고 이어 비녀를 석실(石室)에 넣고 잠갔다."라고 하였다.

큰 머리 장식에 넓은 부채를 들고 덩실덩실 춤추면 大髻廣扇翩翩舞

척주부 안 수백 호 백성들 가운데 陟州府內數百戶

허리를 조아려 빌지 않는 사람이 한 명도 없네 無有一人不傴僂

생황 퉁소 구슬픈 소리는 끊겼다 이어졌다 하는데 笙簫悲吟斷復連

잠신은 스스로 말을 않고 무당이 대신 전하도다 簪不自言巫代傳

너희 집의 식구는 모두 몇인고 爾家率口凡幾許

복을 낳고 재앙을 내림이 모두 나의 권세로다 產祥降厄皆吾權

어리석은 백성들이 꿇어앉아 아낌없이 바치노니 愚氓跪納無所惜

종이며 베며 쌀이며 곡식이며 돈꿰미로다 紙布米粟金錢陌

오호라 오금잠이여 嗚呼烏金簪

사람들에게 후하게 받고서 무엇을 베풀려나 受人厚施將何酬

황천이 위에 있고 천지신명이 벌여 있나니 皇穹在上神祇列

네 마음에 품은 생각을 마음대로 하기 어려우리라 恐汝胸臆難自由

병자는 낫기 바라고 가난한 자는 부유하길 바라거늘 病者求瘳貧求富

네 책임이 너무 과중한 까닭에 내가 걱정하노라 爾責傷多吾故憂

오금잠이여 오금잠이여 簪兮簪兮

신당의 신이 되지 말고 不如不作叢祠神

구렁텅이에 몸을 맡겨 마음을 수고롭게 하지 않는 것이 나으니라

委身溝壑心不役

유치하고 어리석은 소인이 막중한 자리에 있으면서

愼勿學穉騃小人叨重寄

고혈만 빨아먹고 인민을 저버리는 짓을 부디 하지 말지니라

辜負人民但肉食

고을의 제생과 함께 무릉 계곡을 방문하여 옥호를 그리다
同邑中諸生訪武陵溪 有懷玉壺

앞에 가는 스님은 지팡이 짚고 담담히 말을 잊었는데 僧前拄策澹忘言
골짜기의 새들은 재잘재잘 한꺼번에 지저귀네 谷鳥嚶嚶時一喧
늦봄에 떠나가신 어진 수령이 괴로이도 생각나서 苦憶暮春賢地主
그윽한 우정 맺던 무릉도원을 다 같이 찾아가네 共尋幽契武陵源
헛된 삶 속에 이별 회한은 산에서 바다로 이어지고 浮生別恨山連海
신선 세계 나그네 시름은 술통에 가득한 달과 같네 上界羈愁月滿樽
계곡 주변 바위를 어루만진다고 괴이하게 여기지 말라
莫怪摩挲溪畔石
이끼에 남아 있는 사군의 지팡이 자취를 사랑함이라 愛君笻跡落苔痕

용추를 방문하다

轉訪龍湫

두타산 첫 번째 언덕을 칼로 깎아 내어	削出頭陀第一皐
하늘로부터 은하수 물결을 쏟아부었네	中天奔放白河濤
물 감도는 바위 구멍에는 용을 깊이 감추었고	輪旋石竇藏龍邃
포말 날리는 층층 숲은 새와 나란히 높아라	沫射林層竝鳥高
만 리 천지를 떠돌다가 명승지로 돌아와서	萬里浮遊還地勝
반년 만에 다시 보니 문득 마음 호탕하네	半年重覩輒心豪
사군의 풍류 빚이 그 무엇보다 가련하구려	最憐明府風流債
바위 꼭대기에 정자를 미처 짓지 못하였네	未有巖顚置屋牢

옥호 공이 용추 옆에다 몇 칸의 정자를 지으려다가 뜻을 이루지 못하였다.

죽서루에서 더위를 피하다

竹樓避暑

아첨을 가져와서 생황을 대신하니[93]	牙籤携去替鸞笙
홰나무 그림자 어렴풋이 옥경에 가득하네	槐影朧朧滿玉京
맑은 꿈은 대자리 들썩이는 강물 소리를 못 이기고	淸夢不勝江動簟
뜬구름은 홀연히 비 뿌리며 성곽을 지나려 하네	浮雲忽欲雨過城
초가 울려 퍼지는 죽곡의 솔은 이슬에 살짝 젖었고	樵歌竹谷松微露
어두워 가는 지촌은 온통 저녁연기로 가득하네	瞑意芝村煙盡生
임금님 은혜가 성대함을 여기에서 보자커니	是處試看君賜大
삼공 지위라도 적선의 이름과 바꾸기 어려워라[94]	三公難換謫仙名

93 아첨(牙籤)을……대신하니 : 악공(樂工)이나 기생을 데리고 와서 풍악을 즐기며 놀지 않고, 책을 가지고 와서 독서를 하였다는 의미이다. 아첨은 책의 내용을 펼쳐서 찾을 때에 편리하도록 상아나 뼈 등으로 만들어 책에 끼우거나 매달아 두는 표식으로, 서적(書籍)을 지칭하는 말로 쓰이기도 한다.

94 삼공(三公)……어려워라 : 적선(謫仙)은 귀양 온 신하를 쫓겨난 신선에 비유한 말이다. 번암이 삼척에서의 한가로운 유배 생활이 신선의 삶과도 같아 삼공의 높은 지위도 부럽지 않음을 표현한 구절이다.

병으로 누워 입지의 편지를 받다

病臥得立之書

바다 구름 귀퉁이의 쓸쓸한 오막살이	蕭條蝸屋海雲隈
한여름 한낮에도 창문을 열지 않네	朱夏窓扉午未開
외로운 객이 일전부터 병들어 누웠더니	孤客病從前日臥
친구 편지가 이른 매미 따라 당도하였네	故人書逐早蟬來
하늘 끝의 내 침식을 알뜰히 걱정하고	天涯飮啄勤勤念
이별 뒤의 그대 정회를 자세히 적었구려	別後情懷細細裁
한 폭 편지에 그리운 얼굴이 담겨 있나니	一幅可憐顔色在
들보 위 밝은 달은 배회토록 내버려 두네	任教樑月曉徘徊

우영령의 죽서루 사회에 갔다가 칠분당[95]을 돌아보고 구슬피 시를 읊다

赴右營令竹樓射會 回望七分堂 悵然有吟

날 개자 화당에 풍악이 구슬피 울리지만　新晴絲竹咽華堂
초객[96]은 이별의 슬픔에 술 그만 마시련다　楚客離愁欲廢觴
관아 담장 서쪽 길을 머리 돌려 바라보매　回首官墻西畔路
중문은 적막하게 석양 속에 닫혀 있구나　重門寂寂閉斜陽

95 칠분당(七分堂) : 삼척도호부의 동헌(東軒) 이름이다.

96 초객(楚客) : 소인들의 참소를 받아 조정에서 쫓겨난 초나라의 굴원(屈原)을 말하는데, 번암이 자신을 비유한 말이다.

비 내리는 밤에 김생에게 지어 주다
雨夜贈金生

개가 울타리 아래서 짖는데　犬吠于籬下
중문을 여는 사람 누구인가　重門開者誰
빈 골짝에서는 인기척만 들려도 기쁘거늘[97]　空跫聞可喜
빗소리 울리는 때에 그대가 찾아왔음에랴　況在雨聲時

두 번째 其二

그대 건지동에서 왔으니　君自搴芝洞
응당 오십천 물결을 겪어 봐야지　應試五十流
내일 아침이면 모래톱에 모이리니　明朝會江潬
이번 길에 배를 타 볼 수 있을 걸세　此去可能舟

세 번째 其三

개가 울타리 아래서 짖는데　犬吠于籬下

97 빈 골짝에서는……기쁘거늘 : 《장자(莊子)》 〈서무귀(徐无鬼)〉에 "혼자 빈 골짜기에 도망쳐 사는 사람은……인기척만 들려도 반가운 법인데, 더구나 형제와 친척의 기침 소리가 옆에서 들려온다면 어떻겠는가.〔夫逃虛空者……聞人足音跫然而喜矣, 而況乎昆弟親戚之謦欬其側者乎?〕"라고 한 데서 온 말이다.

삼경이라 나그네 돌아간다네 | 三更客還去
진흙길 깊고 빗방울이 굵다오 | 泥深雨鈴麤
어둠에 잘 살펴 돌아가게나 | 昏黑愼歸路

맹호편

猛虎篇

성안에 날이 어두워지려 하자　城內日欲瞑
맹호가 벌써부터 날뛰는구나　猛虎已恣行
북쪽 이웃이 마구간을 단속지 못해　北隣不愼廐
말을 물어 말이 피 흘리며 놀랐네　嚼馬馬血驚
관가의 염소며 마을의 돼지도　官羔與村豕
닥치는 대로 가리지 않았네　所遇不擇之
응벽헌[98]에 눕거나 앉았을 때도　偃坐凝碧軒
마구 잡아먹었으리란 것 조금도 의심 없어라　爛喫不少疑
동서로 뻗은 누런 진흙 길에　黃泥街東西
맹호가 남긴 발자국이 키만 하구나　有跡大如箕
가가호호 엄중하게 지키는 중에　家家嚴守備
소나무 울타리에서 포성 울리네　砲聲發松籬

98 응벽헌(凝碧軒) : 죽서루(竹西樓) 북쪽에 있던 건물의 이름이다. 허목(許穆)이 지은 〈응벽헌제액기(凝碧軒題額記)〉에 "응벽헌은 진주관(眞珠館) 위쪽의 서헌(西軒)이다. 죽서루 북쪽 암벽 위에 있는데, 그 아래에는 깊은 담(潭)이 있다. 들보와 기둥이 매우 웅장하고 화려하며 서쪽 처마 밑으로 바윗길이 열려 있고 돌계단이 있다. 정덕(正德) 연간에 부사(府使) 김순종(金順宗)이 이 헌을 지었는데, 관찰사 윤풍형(尹豐亨)이 응벽헌이라 이름 붙였다. 응벽헌은 두타산과 마주 보고 있는데, 늘어선 봉우리, 무성한 숲, 이끼 낀 벼랑, 깊은 못, 여울물이 모두 푸르다."라고 하였다《記言 卷13 中篇 凝碧軒題額記, 韓國文集叢刊 98輯》

나에게는 부용검[99]이 있어　我有芙蓉劍
서릿발 기운이 한낮에도 번득이도다　霜雪晝淋漓
십 년을 내 손안에서 갈고 닦았거늘　十年手中磨
아직도 간신의 머리를 베지 못하였네　未斬佞臣頭
맹호야 악행을 저지르지 말거라　猛虎勿肆惡
진정 추상같은 이 검을 시험하리니　誠當劍試秋

99 부용검(芙蓉劍) : 춘추 시대 월왕(越王) 구천(句踐)이 가지고 있었다고 하는 순균검(純鈞劍)의 별칭이다. 칼을 잘 감별했던 설촉(薛燭)이라는 사람이 순균검을 가리켜 "뽑으면 마치 부용꽃이 처음 나오는 모양과 같다.〔捽如芙蓉始出.〕"라고 한 데서 나온 말이다. 《越絶書 外傳記寶劍》 후대에는 보검(寶劍)을 의미하는 말로 쓰이게 되었다.

송옹에게 주다

贈宋翁

송옹은 영남에서 온 나그네	宋翁嶺南客
씨족에 벼슬아치들이 많거늘	氏族多仕宦
어찌 스스로 먹고살지 못하고서	奈何不自食
유치의 잔도를 훌쩍 넘어왔는고	飄越楡峙棧
열 식구가 황량한 골짜기에 유락하여	十口落荒峽
따비밭을 어렵사리 처음으로 마련하니	畬田艱始辦
나무숲을 불태우랴 돌부리를 찍어 내랴	燒林斫石根
쟁기 잡고 밭갈이도 익숙지 않았더라	耒耟操不慣
해마다 연이어 날 가물고 홍수 나서	連年旱兼澇
기장밭 보리밭이 황토로 변했으니	黍麥赤地幻
칠십 노인에 고기 음식 논할 게 무엇이랴[100]	七十肉何論
하루걸러 한 번만 비름국 먹는 것을	倂日羹夬莧
집에는 아이들이 배고파 울고불고	屋中泣飢荒
부인은 치마에다 눈물을 적셨다오	流淚漲裙襻
고향은 험한 산길 너머 아득히 멀고	故鄉鳥途外

100 칠십……무엇이랴 : 칠십 노인이 고기 먹는 것을 논할 수도 없을 만큼 먹고살기가 매우 어렵다는 말이다. 맹자가 "닭, 돼지, 개 등의 가축을 기르면서 번식기를 놓치지 않으면, 칠십 노인이 고기를 먹을 수 있다.〔鷄豚狗彘之畜, 無失其時, 七十者可以食肉矣.〕"라고 한 데서 온 말이다. 《孟子 梁惠王上》

낙동강이 또다시 사이에 놓였어라　洛水復相間
이리저리 떠돌다 물가 마을 찾아와서　漂轉來水村
갈대밭 곁에서 나그네 살이 하였다네　旅窓傍葦薍
몸을 굽혀 아이들의 서당 훈장 되었거니　屈作童子師
학동들의 도움 받아 입에 풀칠하는도다　糊口賴衆丱
동이 트면 아이들에게 글을 가르치매　天明授口讀
땀 흘리며 앉아서 저녁까지 가르치네　汗坐及景晏
시를 지어 금당으로 명부를 찾아가면[101]　作詩謁琴堂
명부께선 특별히 돌아보며 환대했고　明府特回盼
때때로 죽서루 옆에까지 찾아와서는　時來竹樓側
못나고 게으른 나를 다정히 방문하였네　款曲訪疎慢
나 역시 타향으로 흘러온 사람이거니　我亦流離者
덫과 함정에 걸려 세상 환란 겪는 신세　機穽罹世患
한낮 태양은 중천에서 환하게 빛나는데　白日赫中天
뜬구름은 제멋대로 부질없이 흘러가네　浮雲恣枉讒
본래 우린 호량 아래 노니는 물고기[102]거늘　自在濠梁魚
어인 일로 통발 속에 잡히고 말았는가　何事被罩汕
난을 몸에 차고 장안을 멀리 바라보매　蘭珮望長安
첩첩한 산봉우리를 어떻게 깎아 낼까　疊嶂那由鏟

101 금당(琴堂)으로 명부(明府)를 찾아가면 : 금당은 고을 수령이 정사를 보는 동헌(東軒)을 가리키고, 명부는 수령을 높여 이르는 말이다.

102 호량(濠梁)……물고기 : 호량은 호(濠)라는 강에 놓인 다리이다. 장자(莊子)와 혜자(惠子)가 호량에서 거닐면서 물고기가 자유롭게 노니는 것을 보고 심오한 이치에 관해 대화를 나누었다는 고사에서 온 말이다. 《莊子 秋水》

한밤중에 〈백석〉의 노래를 부르노라니	中夜歌白石
옷을 당겨도 겨우 정강이만 가리도다[103]	挽衣纔至骭
홀로 베고 누우니 바다 악어가 두려웁고	孤枕惕海鰐
듬성한 백발 되니 상강 기러기에 놀라누나[104]	短髮驚湘雁
찾아온 송옹의 천진한 모습을 보자커니	翁來見天眞
정성스러운 그의 마음은 거짓이 아니로다	悃愊非外贗
가련하다 송옹이여 오뉴월이 다 되도록	憐翁五六月
아직도 갈포 옷조차 걸치지 못하였네	絺葛猶未擐
말세의 습속은 가난한 선비를 박대하니	末俗薄貧士
그를 본 사람들은 업신여기기도 하누나	見者貌或嫚
고향을 떠난 사람은 천하게 되는 법	離鄕人則賤
붕우와 친족들이 꾸짖지 않으리니	朋族不其訕
바라건대 송옹은 고향으로 돌아가서	願翁還故山

103 백석(白石)의……가리도다 : 〈백석〉의 노래는 춘추 시대 위(衛)나라 영척(甯戚)이 불렀다는 노래로 〈반우가(飯牛歌)〉, 〈구각가(扣角歌)〉, 〈우각가(牛角歌)〉, 〈상가(商歌)〉라고도 한다. 영척이 미천했을 때 제 환공(齊桓公)에게 등용되기를 바라며 제나라에 들어가 남의 소를 키웠다. 마침 제 환공의 행차가 부근을 지나가자 소뿔을 두드리며 노래했는데, 이때 환공이 그 노랫소리를 듣고 그를 현자(賢者)로 여겨 등용했다고 한다. 영척이 불렀던 노래가 바로 이 노래로, 그 내용은 대략 다음과 같다. "남산은 빛나고, 백석은 깨끗하도다. 태어나서 선양하던 요순의 시대를 못 만나고, 짧은 베 홑옷으로 겨우 정강이만 가릴 뿐이네. 이른 새벽부터 한밤중까지 소를 먹이자니, 긴 밤이 지루해라 언제나 아침이 올런고.〔南山矸, 白石爛. 生不逢堯與舜禪, 短布單衣裁至骭. 從昏飯牛薄夜半, 長夜漫漫何時旦.〕"《三齊記》 번암이 자신의 불우한 처지를 한탄하며 다시 돌아가 등용되기를 바라는 마음을 표현한 것이다.

104 듬성한……놀라누나 : 번암이 유배지에서 기러기를 보며 새삼 느낀 시절의 흐름을 표현한 말이다. 상강(湘江)은 참소를 받아 쫓겨난 굴원이 몸을 던진 강의 이름이다.

작은 냇가에 기대어 초가를 얽고서	編茅倚小澗
아들에게는 옛 책을 읽도록 가르치고	教子古書讀
딸에게는 헌 옷 꿰매는 일을 가르치게	教女故衣綻
삼십 일에 아홉 번 먹더라도 좋으리라	三旬九食好
기름진 고기반찬을 부러워할 것 없네	不須羨芻豢
사람이 진정으로 세상을 달관한다면	人如眞達觀
곤붕이 메추라기와 무슨 차이가 있으랴[105]	鵾鵬何異鷃
고향으로 수레 돌리기를 늦추지 말지니	回車勿虛徐
내 말이 참으로 진심 어린 충고로다	我語寔忠諫

105 곤붕(鵾鵬)이……있으랴 : 곤붕은 일반적으로 '곤붕(鯤鵬)'이라고 쓰는데, 전설상의 거대한 새인 붕새를 가리킨다. 메추라기는 아주 작은 새를 대표하여 칭한 것이다. 《장자(莊子)》 〈소요유(逍遙遊)〉에 "그 이름이 붕새인데, 등은 태산 같고, 날개는 하늘에 드리운 구름 같아서, 회오리바람을 타고 구만리를 올라가 구름을 벗어나고 푸른 하늘을 등에 진 다음에야 남쪽으로 간다. 붕새가 남쪽 바다로 갈 적에 작은 메추라기가 쳐다보고 웃으면서 말하기를 '저 새는 장차 어디를 가려는 걸까? 나는 뛰어올라 봤자 고작 두어 길도 못 오르고 도로 내려와 쑥대밭 사이에서 빙빙 돌 뿐이지만, 이것도 최고로 나는 것인데, 저 새는 장차 어디를 가려는 걸까?' 한다.〔其名爲鵬, 背若泰山, 翼若垂天之雲, 搏扶搖羊角而上者九萬里, 絶雲氣, 負靑天, 然後圖南. 且適南冥也, 斥鷃笑之曰 : "彼且奚適也? 我騰躍而上, 不過數仞而下, 翶翔蓬蒿之間, 此亦飛之至也, 而彼且奚適也?"〕"라고 한 데서 온 말이다. 세상사에 초탈하게 되면 세속의 시비(是非), 귀천(貴賤), 다소(多少) 등을 구분하는 것이 의미가 없다는 뜻이다.

객사 주인의 시축에 제하여 주다
題贈舍館主人軸

성안에 집이 수백 호인데	城中數百戶
해 뜰 제 기와가 흐르듯 빛나네	日出瓦如流
어렵사리 이 집에 들어와 사노니	辛勤入此室
죽서루와 가장 가까이 있다네	最近竹西樓

두 번째 其二

저녁 무렵 찾아오는 사람 없고	日夕無來人
시서만이 고단한 나를 위로하네	詩書慰岑寂
부들방석에 앉아 한 가닥 향 피우면	蒲團一炷香
때로 산승이 찾아와 자고 가네	時與山僧宿

세 번째 其三

문이 동쪽 바다를 향해 열렸으니	門對東溟出
아침 해가 떠오름이 늦지 않아라	曉旭來不遲
동이를 머리에 인[106] 충정 품은 객이	衷情戴盆客

106 동이를 머리에 인 : 사마천(司馬遷)이 임안(任安)에게 보낸 글에 "동이를 머리에 이고서 어떻게 하늘을 바라볼 수나 있겠는가［戴盆何以望天?］"라고 한 데서 유래한 말로, 억울하고 울적한 심정을 뜻한다. 《文選 卷41 報任少卿書》

머리를 조아리며 함지[107]에 절을 하네 稽首拜咸池

네 번째 其四

적선[108]이 오히려 익힌 음식을 먹어서 謫仙猶火食
그대로 하여금 애를 쓰게 하였구려 教汝費經營
먼 옛날의 삼려자에게 부끄럽나니 遠愧三閭子
그 사람은 국화 꽃잎만 먹었던 것을[109] 但能餐菊英

다섯 번째 其五

문밖 작은 시냇물이 흐르는 곳엔 門外小溪水
봄 깊어 버들은 나란히 꽃을 피우고 春深楊柳齊
나뭇가지 끝에는 별과 달이 가득한데 枝頭星月滿
까막까치가 평화로이 둥지를 틀었네 烏鵲穩成棲

107 함지(咸池) : 해가 목욕을 한다는 곳이다. "해가 양곡에서 나와 함지에서 목욕한다.〔日出於暘谷, 浴於咸池.〕"라는 말이 있다. 《淮南子 卷3 天文訓》

108 적선(謫仙) : 번암이 자신을 귀양 온 신선에 비유한 말이다.

109 먼 옛날의……것을 : 삼려자(三閭子)는 삼려대부(三閭大夫)의 벼슬을 지냈던 굴원(屈原)을 가리킨다. 굴원이 지은 〈이소(離騷)〉에 "아침에는 모란의 떨어진 이슬방울을 받아 마시고, 저녁에는 가을 국화 떨어진 꽃잎을 주워서 먹네.〔朝飮木蘭之墜露兮, 夕餐秋菊之落英.〕"라는 구절이 있다.

여섯 번째 其六

눈보라가 텅 빈 창에 가득 몰아치니	風雪滿虛牖
책 읽는 겨울밤이 더디게 흐르누나	讀書冬夜遲
그대가 정성스레 떡을 만들어 줌은	殷勤造餠餌
새벽마다 허기져하는 나를 염려함이라	每度念晨飢

일곱 번째 其七

울타리 곁 방초 핀 길은	籬邊芳草路
오십천으로 향해 가는 길	是向五十川
매일 그 길로 갔다가 돌아오니	朝朝往復返
방초가 무성해질 새가 없다오	芳草不成芊

여덟 번째 其八

사흘만 머물러도 애착하게 되거늘[110]	三宿猶堪戀
어느덧 한 해를 머물렀음에랴	於焉況一期
교인이 두 줄기 눈물을 짜내어[111]	鮫人兩行淚

110 사흘만……되거늘 : 《후한서(後漢書)》 권30 〈양해열전(襄楷列傳)〉에 "부처는 뽕나무 아래에서 사흘을 묵지 않는다. 이것은 오래 머무는 동안에 애착이 생기지 않게 하고자 함이니, 정진의 극치라고 할 것이다.〔浮屠不三宿桑下, 不欲久生恩愛, 精之至也.〕"라고 한 데서 온 말이다.

111 교인(鮫人)이……짜내어 : 교인은 전설상에 나오는 남해(南海)에 사는 인어(人

그대에게 오언시로 남겨 주노라 付與五言詩

魚)로, 쉴 새 없이 베를 짜는데, 울 때마다 눈물방울이 모두 진주로 변한다고 한다. 언젠가 세상에 나왔다가 인가(人家)에 머물렀는데, 집주인과 이별할 때에 한 그릇 가득 눈물을 쏟아 진주로 만들어 선물했다는 이야기가 남조(南朝) 양(梁)나라 임방(任昉)의 《술이기(述異記)》에 전한다. 번암이 자신이 묵던 집주인에게 시를 지어 준 것을 비유한 말이다.

송라정[112]사후가

松羅亭射帿歌

아득해라 구름 낀 바다	茫茫雲海
울창하다 바람 이는 솔	鬱鬱風松
해당화는 불타는 듯 백사장은 눈 내린 듯	棠花如燒沙如雪
하얀 과녁이 그 사이에 높다랗게 걸렸도다	粉帿高掛於其中
척주의 뭇 장교들은 뛰어난 기예 뽐내려고	陟州列校矜妙藝
새벽부터 활집과 활을 허리에 묶었도다	平明結束腰韔弓
날랜 모습 모두가 호랑이 사냥하던 솜씨요	飛騰一一獵虎手
늘어선 사람마다 버들잎 꿰뚫는 짝이로다[113]	羅列箇箇穿楊耦
구름 좇아 휙 날아가는 것은 금복고[114] 화살이요	緣雲颯鳴金僕姑
활을 세며 제창하는 이들은 한단의 미녀로다[115]	報籌齊唱邯鄲姝

112 송라정(松羅亭) : 송라정(松蘿亭)이라고도 한다. 삼척의 북쪽 바닷가 소나무 숲에 있던 정자의 이름이다.

113 버들잎 꿰뚫는 짝이로다 : 《사기(史記)》 권4 〈주본기(周本紀)〉의 "초(楚)나라에 사는 양유기(養由基)라는 사람은 활을 잘 쏘는 사람이다. 백 보(步) 떨어진 곳에 있는 버들잎에 화살을 쏘면 백 번 발사에 백 번을 맞힌다."라는 '백보천양(百步穿楊)'의 고사에서 온 말로, 활 솜씨가 매우 뛰어난 것을 말한다. 활을 쏘는 예법은 두 사람이 한 조(組)가 되어 쏘기 때문에 '짝〔耦〕'이라고 한 것이다.

114 금복고(金僕姑) : 《춘추좌씨전》 장공(莊公) 11년 조에 "승구의 전쟁에서 장공이 금복고로 송나라 대부 남궁장만을 쏘아 맞혔다.〔乘丘之役, 公以金僕姑射南宮長萬.〕" 하였는데, 그 주석에 "금복고는 화살 이름이다." 하였다. 이후 좋은 화살을 가리켜 말할 때에 쓰인다.

진영의 장군은 비단 전복을 입었는데 鎭營將軍錦戰服
활 솜씨가 출중하다고 다들 칭송하네 齊言射法衆中殊
긴 고래 솟구치지 않아 바다는 잔잔하고 長鯨不起滄溟息
장군은 변고가 없어 날마다 즐기누나 將軍無事日歡娛
뭇 사내들 소리치며 큰 그물을 내던지니 百夫叫讙投大網
달아나는 신룡을 안 놓치려는 기세로다 氣勢不欲神龍逋
군막 앞에다 일만 물고기를 산 채로 올리니 幕前生獻萬魚隊
막걸리를 상으로 내려 포구 아전이 절을 하네 賞賜白酒津吏拜
큰 솥에다 쪄서 내고 회로도 썰어 내자 或炰大鼎或割鮮
장정들은 우레처럼 씹으며 호쾌함을 뽐내누나 健兒雷嚼誇豪快
술 거나하니 즐거운 흥취는 봉호[116]보다 높고 酒半樂動殷蓬壺
미인들의 절묘한 춤사위는 그림처럼 곱다 美人妙舞如畫圖
그대는 못 보았나 실직[117]으로 쫓겨 온 객의 초췌한 행색을
君不見悉直遷客色憔悴
살았어도 활과 화살을 힘껏 당길 수 없어 生不能力彎弧與矢
과녁을 맞히려 해도 맞힐 수 없기에 意欲射帿射不得
이내 크게 웃으며 스스로 그만두었네 俄頃大笑還自止
비록 그러해도 이 자리에 이런 사람 없을 수 없도다

115 활을……미녀로다 : 기녀(妓女)들이 과녁에 적중한 화살의 수를 세며 노래하는 모습을 형용한 것이다. 한단(邯鄲)은 전국 시대 조(趙)나라의 수도로 미녀가 많았다고 전한다.

116 봉호(蓬壺) : 동해(東海) 가운데 있다는 삼신산(三神山) 중의 하나인 봉래산(蓬萊山)의 별칭이다.

117 실직(悉直) : 국명(國名)이다. 136쪽 주73 참조.

雖然座上不可無此物

조금 취하면 상에 걸터앉아 시를 지을 수도 있나니

也能微醉據床詩以記

죽서루에서 더위를 피하다
竹樓避暑

늦여름 찌는 더위 참으로 괴로워라	杪夏苦熱蒸
이글거리는 태양이 불에 타는 듯해	赫日光如爇
오막살이 낮은 처마는 땅을 뒤덮고	蝸屋簷覆地
뚝뚝 땀방울이 흘러내려 번들거리네	滴滴汗瀋滑
문밖을 나서자 대지가 끓어올라	出門厚地沸
발걸음이 더딜까 오직 두려울 뿐	惟恐步不疾
죽서루는 덩그러니 높고 툭 트여서	西樓洞軒豁
바람이 항상 세차게 불어온다네	風氣常吸欻
전날 큰비가 한바탕 지나가더니	前日雨大過
푸른 물에 모래톱이 반쯤 잠겼네	碧水沙半沒
붉은 난간에 기대니 상쾌하여라	快哉憑朱檻
이내 뼛속에 스미는 서늘한 기운	俄頃凉到骨
동자 녀석도 일을 익히 아는지라	童子也解事
몇 되의 먹물을 잘 갈아 두었구나	磨墨數升潑
고을 사람들이 나에게 글을 구하니	邑人求我書
쌓인 종이가 구름 같고 눈과 같도다	委紙如雲雪
한번 웃은 뒤에 의관을 벗어 두고서	一笑脫衣巾
지체 없이 붓 휘둘러 글을 쓰노라	揮灑不淹刻
글의 곱고 추함을 어찌 족히 논할쏜가	姸媸何足論
그저 내 맘에 맞으면 되는 것이지	聊以適其適

글 다 쓰고서 팔을 베고 누웠더니	書罷枕臂臥
저녁도 되기 전에 잠에 푹 빠졌네	未夕眠已熟

밤에 읊다

夜吟

밤이 깊어지자 바람이 소슬하니	夜久颯凉意
가을이 오려 함을 벌써 알겠어라	已知秋欲來
어찌하여 한 문제와 같은 시대를 맞아[118]	如何漢文代
홀연 초수처럼 슬퍼하는 신세 되었나[119]	淹作楚囚哀
강직하여 거스르는 일 많음이 서글프고	骯髒傷多忤
실의한 처지인지라 끌어 주는 이 적어라	棲遲苦少媒
어버이 그리며 흘린 두 해 눈물이	思親二年淚
망향대를 흠뻑 적시었도다	裛盡望鄕臺

118 한 문제(漢文帝)와……맞아 : 번암이 자신을 한나라 문제(文帝) 때 총애를 받다가 주발(周勃)과 관영(灌嬰) 등의 시기를 받아 장사왕(長沙王) 태부(太傅)로 좌천되어 울분에 죽은 가의(賈誼)에 비유한 구절이다.

119 초수(楚囚)처럼……되었나 : 곤경에 처해서 어찌하지 못하고 슬퍼만 하고 있다는 의미이다. 진(晉)나라 때 오호(五胡)의 난리에 나라를 잃고 쫓겨 온 인사들이 새로 지은 정자에 모여 슬퍼하며 눈물을 짓자 승상(丞相) 왕도(王導)가 "함께 힘을 합쳐서 신주(神州)를 회복할 생각은 하지 않고, 어찌하여 초나라 죄수〔楚囚〕들처럼 서로 마주보며 눈물만 흘리는가."라고 꾸짖었다는 고사가 있다. 《世說新語 言語》

감회가 있어 짓다

有感

살쩍을 뽑는 일이 이미 습관이 된 뒤로는	鬢毛鑷已慣
새로 난 백발은 점차 그러려니 여기네	稍欲例新霜
병든 육체는 쑥대 문 깊숙이 감추고	病殼深蓬戶
서울 편지는 미역 장수에게 맡기노라	京書倚藿商
이별의 정회를 누구에게 말할거나	離懷誰說道
돌아오는 객점에서 미리 헤아려 보네	歸店預商量
꾀꼬리 떠나고 매미가 처음 대신했구려	鶯謝初蟬代
시절은 본래 절로 바삐 돌아가는 법이라네	天時本自忙

벽에 제하다

題壁

성곽은 진주부[120]를 에워싸고	城郭眞珠府
시내 다리에는 아전의 집이 있네	溪橋小吏家
주인의 환대에 맘이 부끄럽거니와	情慙主人厚
사군의 많은 은혜도 감사하구려	恩感使君多
뱀이 찾아들까 수풀을 짧게 치고	薙草防蛇入
호랑이 찾아올까 울타리 덧대었네	添籬畏虎過
서가를 채운 서책은 천백 축이나 되고	架書千百軸
뛰어난 기상은 아직 뽐낼 만하네	奇氣尙堪誇

120 진주부(眞珠府) : 삼척부(三陟府)의 별칭이다.

같은 고을에 사는 선비 수십 명과 능파대[121]에서 노닐다가 이어 배를 띄우고 바다로 나가 노래를 부르다

同邑中諸生數十人遊凌波臺 仍泛舟 出海放歌

나는 적선이로다	我是謫仙人
신선 고을로 와서 객이 되더니	來作仙區客
어진 사군을 떠나보낸 뒤로는	自送賢使君
문을 닫고 고적한 사람이 되었네	閉戶成幽獨
고을에 사는 홍씨 최씨 선비들이	邑中佳士有洪崔
호의를 베풀어 능파대에서 나를 맞았네	好意邀我凌波臺
능파의 누대가 바위로 골격을 삼아	凌波之臺石作骨
바다 골짝에 만 가지 형상을 높이 펼치니	谽谺萬族穹崇開
호표가 숲에서 먹이를 낚아채듯 맹렬하고	怒如虎豹林藪攫
나한이 천축에서 찾아온 듯 정연하도다	整如羅漢天竺來
기괴한 형상이 실로 한두 가지가 아니요	厥狀奇怪信非一
귀신 도끼가 깎아 이루어 천지를 진동하였네	鬼斧鑿成轟八垓
그 가운데 기둥 하나가 우뚝 우두머리인데	中有孤標業成霸
아래로는 만고의 파도가 일렁인다네	其下萬古滄溟䃂

121 능파대(凌波臺) : 삼척(三陟) 바닷가에 있는 경승지이다. 《신증동국여지승람(新增東國輿地勝覽)》에 "부(府)에서 동쪽으로 10리 해안에 있으며, 예전에는 추암(秋巖)이라 하였다. 바위 두어 가지가 물 가운데에 섰고, 높이는 5, 6길쯤이다. 그 벼랑 위에는 수십 명이 앉을 만한데, 상당(上黨) 한명회(韓明澮)가 이름을 능파대라 고쳤다." 하였다.

때로 강풍이 불면 태양도 뒤집힐까 근심하건만　有時剛風日車愁
흰 파도가 꼭대기에 튀어 올라도 꺾이지 않도다　白波騰頂頂不摧
용란이며 경태가 기둥뿌리 주변에 문드러지고[122]　龍卵鯨胎爛匝根
빛나는 기운이 한낮에도 금빛 은빛 물결 위로 솟구치네
光氣晝昇金銀堆

사람들이 말하길 십 년 전　人言十年前
천둥 우레 크게 치는 어느 날 밤에　一夜大霆雷
육정[123]이 첫 번째 기둥을 깨부수었다 하네　六丁搓碎第一莖
아마도 기이한 물건을 조물주가 시기하였으리라　奇物或者眞宰猜
내가 와서 한바탕 웃고 꼭대기에 앉으니　我來一笑席其頂
여러 선비가 나에게 유하주[124]를 권하도다　諸子勸我流霞杯
술 거나하자 배를 타고 너른 바다로 나아가니　酒酣乘舟出漭瀁
어부들 뱃노래 부르며 서로들 재촉하네　漁唱棹謳迭相催
허공 속 사람 그림자는 만 길 물속에 거꾸로 비치고　空裏人影萬丈倒

122 용란(龍卵)이며……문드러지고 : 용란은 홍합과 같은 조개를, 경태(鯨胎)는 미역과 같은 해초를 비유한 것이다. 능파대 아래 바위에 홍합이나 미역 같은 해산물이 많은 모양을 형용한 듯하다.

123 육정(六丁) : 도교(道敎)에서 이른바 정묘(丁卯), 정사(丁巳), 정미(丁未), 정유(丁酉), 정해(丁亥), 정축(丁丑)의 여섯 정신(丁神)을 가리키는데, 이들은 본래 천제(天帝)의 부림을 받는 신들이다. 도사(道士)도 부록(符籙)을 사용하면 이들을 불러서 부릴 수가 있다고 한다.

124 유하주(流霞酒) : 신선(神仙)이 마신다는 술이다. 항만도(項曼都)라는 사람이 산중에 들어가서 신선술을 배우다 10년 만에야 돌아왔다. 집안사람들이 까닭을 물으니 "선인(仙人)이 있어서 다만 유하주 한 잔을 나에게 주었는데 그것을 마셨더니 문득 배고프지도 목마르지도 않았다." 하였다. 《論衡 道虛》

석양은 찬란히 빛나며 티끌조차 없다　夕陽輝煥無氛埃
해부의 긴 갈래창은 민첩하기 귀신같아　海夫長叉捷若神
큰 전복 따서 오니 어찌 그리 기이한고　摘上大鰒何奇哉
부상이 여기에서 얼마나 멀리 있는지　扶桑此距知幾許
생학[125]이 마치 이리저리 오가는 듯하네　笙鶴彷彿來又去
영랑의 신선들[126]이　永郎之仙人
은하수 물가에서 나를 부르며　招我銀浦渚
나의 유배살이가 끝나기를 기다리노니[127]　待我謫限滿
훌쩍 하늘로 올라 옥황상제를 조회하리라　猋擧朝玉皇
옛날 노닐던 동해를 굽어보리니　俯視東溟舊遊處
쓸쓸한 능파대는 마치 털끝처럼 보이겠지만　凌波蕭瑟如毫芒
그렇더라도 홍씨 최씨 여러분을 잊을 수 없어　雖然洪崔諸子不可忘
아득한 아홉 점의 연기[128]를 슬피 바라보리라　悵望九點煙蒼茫

125 생학(笙鶴) : 신선이 타는 학을 가리킨다. 103쪽 주18 참조.

126 영랑(永郎)의 신선들 : 영랑을 비롯한 술랑(述郎), 남랑(南郎), 안상(安詳) 등 네 명의 신선을 가리킨다. 이들은 신라 때에 금강산 일대의 명승(名勝)을 유상(遊賞)했던 것으로 유명한데, 동해안 각처에 그들의 유적이 남아 있다.

127 나의……기다리노니 : 번암이 죽어서 적선(謫仙)의 생활을 끝내고 천상으로 돌아오기를 영랑의 신선들이 기다린다는 의미이다.

128 아홉 점의 연기 : 높은 하늘 위에서 바라보이는 세상이 아홉 점의 운무(雲霧)처럼 작게 보인다는 말이다. 당나라 이하(李賀)의 시 〈몽천(夢天)〉에 "중국을 멀리 바라보니 아홉 점의 연기 같고, 한 웅덩이 바닷물도 한 잔 물을 쏟아부은 듯하네.〔遙望齊州九點煙, 一泓海水杯中瀉.〕"라는 구절이 있다.

소옥탄

掃屋歎

내가 병들고 게을러　吾病且性懶
여름 석 달을 집 청소 아니 하니　三夏不掃屋
교만한 전갈이 잔약한 나를 깔보아　驕蝎欺我孱
버젓이 암독을 쏘았도다　公然逞暗毒
밤새도록 잠들지 못하였나니　竟夜不交睫
백 개 가시가 등에 박혀 있는 듯하였네　百芒如背束
날이 밝자 분한 마음 견딜 수 없어　天明憤不堪
마침내 여러 종복과 계책을 세워　遂乃謀諸僕
왕골자리는 탈탈 털어 내고　翻翻披莞席
이불은 일일이 검사하였네　一一搜衾褥
아 좀과 개미라는 놈들이　吁嗟蠹與蟻
서로 끌어들여 소굴을 만들었도다　招引作窟宅
그 나머지는 기괴한 놈들인데　它餘怪怪產
참으로 그 종족이 번성하구나　寔繁其朋族
힘센 놈은 사람의 살을 실컷 먹어　雄者飫人肌
배가 볼록해지고 의기양양도 하구나　腹高兼氣得
흉악하고 완악한 놈들 두려움도 없어　獰頑無所畏
서로 뒤엉켜 독기를 뿜어내누나　結糾恣肆虐
이라는 놈이 가장 가소로워라　蟣蝨最堪笑
강한 놈에 붙어서 서로 부르고 따르는데　麗附强徵逐

어린놈은 교활한 짓을 업으로 삼으니	稚者業奸黠
좋아하고 따름에 특별한 지조가 없네	羶慕操無特
한 번 물고 한 번 놀라 돌아보다가	一噬一驚顧
옷 솔기 속에 숨어 엎드리기도 하네	縫裏竄以伏
하늘이 참으로 지극히 인자하여	皇天儘至德
이러한 미물조차도 함께 생육하도다	此物竝生育
한방에 각각 종류별로 모여 살아	一室各類聚
치고 박는 형세를 추측하기 어렵고	撞搪勢難測
형상이 비록 만 가지로 다르지만	厥狀雖萬殊
피부를 빨아먹고 사는 것은 한가지로다	均是吮膚革
내가 보고는 처음엔 물러섰다가	我見始却立
한참 뒤에 한 번 탄식하였도다	良久一歎息
생물을 죽임은 내 바람이 아니지만	殄物非我欲
너희들의 독침을 미워하는 바로다	所惡爾毒螫
너희들이 그토록 횡행하지 않았더라면	微爾太橫濫
재앙을 어찌 스스로 재촉했겠는가	殃咎豈自速
동자로 하여금 한 쌍 비를 잡고서	敎童手雙篲
속히 쓸어 내어 남은 자취 없게 했는데	快掃無留跡
팔짝 뛰기도 하고 달아나 숨기도 하니	或跳或走藏
도적을 잡듯이 좇아가 잡아 버렸네	追獲如捕賊
방 안이 말끔해져 먼지 하나 없거니	房闥廓無塵
단정히 정리된 서책이 백 축이라오	整整書百軸
향을 사르고 가만히 앉았더니	焚香坐自如
사체가 편안하고 흡족해지네	四體康且適

정신은 분발함을 귀하게 여기나니 精神貴奮發
한번 노력하면 온갖 해가 제거되네 一勞除害百
이것을 적어서 후대에 경계하노니 書此警來後
내가 이 시를 괜히 쓰는 것이 아니라오 我詩非漫錄

종자 안득문을 전송하다 병서

送從者安得文 幷序

내가 지난해 봄에 엄한 견책(譴責)을 받아 동쪽으로 나오게 되었는데, 종자(從者) 득문(得文)이 따라오기를 원하였다. 내가 기특하게 여겨 허락하였다. 관동(關東)은 천하에서도 험준한 곳이다. 큰 고개가 곳곳에 있어서 나처럼 병들고 초췌한 사람일지라도 말을 놓아두고 도보로 가야 하는 곳이 태반이다. 당시는 또한 장마철이라 만나는 하천마다 모두 물살이 매우 사납고 깊이를 헤아릴 수 없을 정도여서 목숨을 잃을 염려도 있었다. 매번 돈을 써서 강을 잘 건너는 사람을 구해 목말을 탔다. 무릎 아래는 급류 속에 맡겼는데, 몸이 흔들거려 지탱할 수 없을 듯하면 좌우에서 부축해 주었다. 덕분에 거의 죽을 뻔하다가 살아난 경우가 또한 몇 번이었는지 모른다.

득문은 16세이다. 서울에서 생장하여 수십 리 밖으로 나가 본 적이 없다가 하루아침에 부모와 이별하고 나를 위해 길을 나섰다. 나의 힘으로는 득문을 말에 태워 따르게 할 수 없었으니, 내가 득문에게 이 점에 대해 매우 부끄러웠다. 며칠을 가다 보니 득문의 발이 과연 부어올라 부종(浮腫)이 되어 잘 움직이지 못하였다. 하지만 어찌할 방도가 없었기에 그도 죽을 고통을 참고 따라왔다. 앞서거니 뒤서거니 하였는데, 내가 말 위에서 그를 볼 때면 피가 아랫도리에 스며들어 참을 수 없을 듯하였으나, 득문은 앞으로 나아가는 데 마음이 있어 고통도 느끼지 못하였다. 밤에 비로소 여관에 이르니, 나는 사지가 아팠고 득문 역시 발이 아팠기에 신음 소리로써 서로 화답하며 밤새 잠들지 못하였다.

그 고생이 어떠하였겠는가. 나는 조금이나마 고인의 책을 읽은 사람인지라 장자후(章子厚)[129]를 원망하지 않는 것도 본래 그리 어렵지 않은 일이다. 하지만 득문의 경우에는 자신의 잘못이 아닌데 온갖 어려움을 이토록 다 겪으면서도 얼굴에 원망하는 기색을 띠거나 입에 욕설을 올리는 것을 볼 수 없었으니, 이는 단지 나에게 정성스럽고 독실하기에 그러한 것이었다.

척주(陟州)는 대해(大海)를 끼고 있어서 가을과 겨울 사이에는 파도 소리가 매우 웅장한데, 밤이면 더욱 심하다. 또한 큰 눈이 많이 내려서 비록 이웃 마을이라도 서로 왕래할 수 없는 경우가 있다. 매번 깊은 밤에 책을 읽다 덮을 때면 환난(患難)에 담담한 나로서도 임금님과 부모님에 대한 그리움에 터져 나오는 탄식을 멈출 수 없었다. 이러한 때면 득문은 이미 나의 곁에서 코를 골면서 자고 있었으니, 어찌 내가 탄식하는 모습을 볼 수 있었겠는가. 비록 보았다 하더라도, 나의 탄식이 곤경에 빠져서 생긴 울적한 심사에서 나온 것이 아님을 어찌 알겠는가. 하지만 득문이 아니었다면 나는 외로운 그림자와 같은 신세였을 뿐이니, 또한 어떻게 견딜 수 있었겠는가.

이듬해 가을에 득문이 서울에 일이 있어 장차 서쪽으로 돌아가려고 하였다. 내가 그와 함께 왔다가 함께 돌아가지 못하는 것을 한탄하고서, 다시 그가 돌아갈 때에 겪을 온갖 어려움이 지난가을에 오던 때와

129 장자후(章子厚) : 송나라 때의 문신 장돈(章惇)으로, 자가 자후이다. 사마광(司馬光), 여문저(呂文著), 문언박(文彦博), 소식(蘇軾), 정이(程頤), 황정견(黃庭堅) 등 왕안석(王安石)의 신법(新法)을 반대한 사람들을 채경(蔡京), 채변(蔡卞)과 함께 몰아냈다. 번암이 자신을 무함하여 귀양 오게 만든 사람을 비유한 말이다.

다르리라는 것을 장담할 수 없음을 가련히 여겼다. 그런데도 내가 도움을 줄 수 없기에 더욱 부끄럽다. 이에 시를 지어 준다.

지난해 엄한 견책을 당해	去年遭嚴譴
창망히 관동으로 나왔을 적에	蒼黃出關東
관동이라 칠백 리 길을	關東路七百
그 누가 나와 함께 동행했던고	我行誰與同
득문도 따라오길 울며 청했으니	文也泣請從
표정과 말이 진심에서 우러나왔네	色辭由至衷
서로 끌며 깎아지른 협곡을 들어가니	提携入絶峽
산빛은 푸른 하늘에 쌓인 듯하였고	嶺色積蒼穹
높은 잔도가 뾰족한 바위를 뚫고 지나니	危棧鑿石角
높이 나는 새조차 통과하지 못하였다네	高鳥飛不通
너는 눈물 흘리고 나는 장탄식하면서	爾涕我吁長
서로 따르며 깊은 숲에서 쉬곤 하였지	相隨歇深叢
당시에 큰 장마가 지던 때라	時天大霖雨
하천이 불어 하늘에 닿을 듯 흘렀는데	川腹欻穹崇
남의 도움으로 초어 밥 신세를 면하니[130]	須人免楚魚
그 공적을 동전으로 갚았노라[131]	厥績酬靑銅

130 초어(楚魚)……면하니 : 멱라수(汨羅水)에 빠져 죽은 초나라의 굴원(屈原)처럼 물에 빠져 죽는 것을 면하였다는 말이다.

131 공적을 동전으로 갚았노라 : 장마철 물살이 셀 때에는 돈을 주고 사람을 사서 물을 건넜다는 말이다.

천신만고 겪느라 발에는 피가 흘렀고	千辛爾脚血
아랫도리는 선홍색 피로 물들었네	衣袴露殷紅
어둠 속에 주막을 찾아 유숙하니	瞑尋村店宿
흉년이라 백성 집엔 먹을 것 없어	歲荒民舍空
돈을 주어도 쌀을 구할 수 없는지라	持錢米不得
밥을 굶은 채 앉아서 밤을 지새웠네	闕食坐夜中
길을 가고 또 가서 척주에 도착해 보니	行行到陟州
바다를 굽어보는 궁벽한 땅이라	地維臨海窮
안개비가 한낮에도 흩날려서	霧雨晝屑窣
모자에는 비린내가 진동하였네	冠幘腥濛濛
죽서루가 요동치며 날아가려는 듯	竹樓欲簸走
구월이면 바람이 가장 거세고	九月最猛風
쌓이는 눈은 참으로 놀라워서	積雪吁可駭
평원이 화산과 숭산처럼 솟아오르네	平陸立華嵩
희미한 등불이 초가를 뒤덮을 때면	衰燈掩白屋
온갖 감회에 밤을 지새우기 어렵고	百感夜難終
바다 파도는 우레와 북이 함께 우는 듯	溟濤疊雷鼓
오경이면 그 소리 더욱 웅장해지네	五更聲轉雄
이때를 묵묵히 마주 대하는 이는	此時默相對
내 한 몸과 동자인 그대 하나로다	一身與一童
둘의 형체와 그림자가 가련하여라	形影兩可憐
새장에 갇혀 날개를 파닥이는 신세요	拍拍鎖樊籠
마갈[132]에 매인 운명이로다	磨蝎之所累
학질 귀신이 너의 몸을 괴롭혀	瘧鬼困汝躬

한열이 여러 달 지속되었으나　寒熱跨數月
부적이며 주문도 끝내 효험 없었지　符詛竟無功
가을바람이 어느새 이르러　秋風轉頭至
우물가 오동잎을 다시 떨구는데　又落金井桐
어떻게 해야 너를 보내지 않을까　安可不送爾
삼성이 주렴 걸린 창에 있도다[133]　三星在簾櫳
먼 길에 쇠약한 몸을 상할까　長途損病骨
내 마음이 근심스럽구나　使我心忡忡
오늘 밤 눈물을 흘리지 않을 수 있으랴　今夕得無淚
홀로 누워 어둠 속 벌레 소리 듣노라　獨臥聞暗蟲
나는 실로 세상 환난이 두렵도다　吾實惕世患
그림자를 쏘는 화살이 물에 많음이라[134]　射影多水工
돌아가면 마땅히 몇 이랑 땅을 사서　歸當買數頃
몸소 밭을 갈아 기름지게 하리라　躬耕土膏融

132 마갈(磨蝎) : 마갈궁(磨蝎宮)의 약칭으로, 좌절이나 비방의 운을 상징하는 별자리이다.

133 삼성(三星)이……있도다 : 삼성은 심성(心星)으로, 부부의 만남을 비유하는 말로 쓰이는데, 여기서는 득문(得文)과의 만남과 헤어짐을 상징하는 시어로 쓰였다. 《시경》 〈주무(綢繆)〉에 "칭칭 감아 섶을 묶을 적에, 삼성이 하늘에 떠 있도다. 오늘 밤은 어떤 밤인가? 이 양인을 만났노라. 그대여 그대여, 이 양인을 어쩌리오.〔綢繆束薪, 三星在天. 今夕何夕? 見此良人. 子兮子兮, 如此良人何!〕"라고 한 데서 온 말이다.

134 그림자를……많음이라 : 《논형(論衡)》 〈언독(言毒)〉에 의하면, 고대에 중국 남부 지방의 강물 속에 자라처럼 생긴 동물이 살았는데 눈이 없고 귀가 매우 밝아서 사람이 지나가는 소리를 들으면 모래를 머금었다가 쏘기도 하고 물에 비친 사람이 그림자를 향해 독을 쏘기도 하였다 한다. 타인을 중상모략하는 것을 뜻하는 말로 쓰인다.

너는 길이 게으름이 없으리니 爾能永無怠
나를 짝하여 초야에 살자꾸나 伴我居蒿蓬

회포를 풀다
遣懷

향기로운 두약[135] 쓸쓸하고 모래톱엔 비 가득하건만	芳杜蕭蕭雨滿洲
근래 들어 병이 많아 누대 오르길 그만두었네	近來多病廢登樓
궁벽한 처지에 어딘들 외롭고 울적하지 않으랴마는	窮途無處非孤憤
오랜 타향살이인지라 가을맞이가 가장 시름겹다네	久客逢秋是最愁
산 부엉이는 어두워지니 대숲을 찾아와 울고	山鵩暝尋幽竹語
풀벌레는 날 추워지니 작은 등잔 옆에 머무는데	草蟲寒傍小燈留
산승이 떠난 뒤엔 문을 닫고 깊이 들어앉아	林僧去後門深掩
밤 휘장 가까이로는 낡은 책만 허여하였네	獨許殘編襯夜幬

135 두약(杜若) : 두약은 향초(香草)의 일종으로 팥배나무이다. 《초사(楚辭)》〈산귀(山鬼)〉에 "산중의 사람이 향기로운 두약을 캐고, 바위틈의 물을 마시고 솔배이 그늘에서 쉬도다.〔山中人兮芳杜若, 飮石泉兮蔭松柏.〕"라고 하였다.

흑악사[136]를 방문하려는데 비가 올 듯하다. 밤에 앉아 시를 읊다

將訪黑岳寺 有雨意 夜坐却吟

산사에 새로 사귄 벗이 있으니	蕭寺有新契
유배를 와서도 내 삶이 맑도다	謫來吾事淸
산에 가는 날이 내일이거니	山行在明日
한밤에 일어나 날씨 묻노라	夜起問陰晴
짚신은 파선이 방랑하며 신던 것이요[137]	草履坡仙放
먼지바람은 굴자가 떠나며 일으킨 것이라네[138]	埃風屈子征
새장 속 새가 높이 나는 새로 변하여	籠禽化莽眇
곧바로 동천을 향해 가로질러 날리라	直向洞天橫

136 흑악사(黑岳寺) : 삼척 두타산(頭陀山)에 있던 절이다. 133쪽 주69 참조.

137 짚신은……것이요 : 파선(坡仙)은 동파(東坡) 소식(蘇軾)의 별칭이다. 소식이 죄를 지어 황주 단련부사(黃州團練副使)로 좌천되었을 때 지은 〈답이단숙서(答李端叔書)〉에 "죄를 지은 이후로 스스로 몸을 깊이 숨긴 채 나룻배를 타고 짚신을 신고 산수 사이를 방랑하였다."라고 한 데서 온 말이다. 《唐宋八大家文鈔 卷126 答李端叔書》

138 먼지바람은……것이라네 : 굴자(屈子)는 굴원(屈原)을 가리킨다. 굴원의 〈이소(離騷)〉에 "옥으로 장식한 말에 멍에를 메우고 봉황을 타고서, 홀쩍 먼지바람을 일으키며 나는 날아오르네.〔駟玉虯以乘鷖兮, 溘埃風余上征.〕"라고 한 데서 온 말이다.

비를 무릅쓰고 흑악사로 들어가다

冒雨入黑岳

보슬비도 좋다 할 만하여라	微雨亦云好
옷 위에 쌓인 먼지를 씻어 주니	洗來衣上塵
연하는 짙어서 말에 가득 실려 가고	煙霞濃載馬
기장은 길게 자라 사람 키를 넘어가네	黍稷長踰人
홀로 가는 길에 누가 나를 따르는고	獨往誰從我
예전에 놀러 왔던 봄날이 생각나네	曾遊憶在春
글 읽는 소리 홀연 어느 기슭에서 들리더니	書聲忽何岸
초가집이 깊은 덤불 사이로 어른거리네	茅屋暎深榛

은선암[139]

隱仙菴

거대한 바위가 둘러 있는데	巨石周遭立
중간이 트여 한 자리가 비었네	中開一席空
구름 머무는 곳에 나그네 오니	客來雲宿處
암자는 무너졌고 새가 우는구나	庵廢鳥啼中
산허리에서 먼저 바다를 상봉하니	半嶺先逢海
초가을에 이미 순풍이 불어오네	新秋已善風
스님 말에 여기 오십정[140]에다	僧言五十井
비를 빌면 바로 영험 있다 하네	祈雨輒靈通

139 은선암(隱仙菴) : 암자의 이름이다. 허목(許穆)의 《척주지(陟州誌)》에 의하면, 두타산(頭陀山) 동쪽 기슭이 취병산(翠屛山)인데, 그 서쪽이 신흥(新興)이라는 곳이며, 은선암은 바로 신흥의 위쪽에 있다고 한다.

140 오십정(五十井) : 두타산 기슭에 있는 우물이다. 《신증동국여지승람(新增東國輿地勝覽)》 강원도 삼척도호부(三陟都護府) 조에 "두타산 중턱에 돌우물 50곳이 있으므로 오십정이라 부른다. 그 곁에 신사(神祠)가 있는데, 고을 사람이 봄과 가을에 제사하며, 날씨가 가물면 비를 기원한다."라고 하였다.

밤에 읊다

夜吟

벌레들도 잠이 없는지	蟲亦無眠者
밤새 월음[141]에 화답하누나	終宵和越吟
달이 뜨니 나무 그림자 기울고	月來欹樹影
반딧불 지나니 성 그림자 부서지네	螢度碎城陰
영욕이 누구에겐들 운명이 아니랴	榮悴誰非命
문장만 나 홀로 고심할 뿐이네	文章獨苦心
나의 집 여러 번 이사를 하여	吾家屢遷次
꿈에 찾아가도 찾기 어려우리라	夢去也難尋

141 월음(越吟) : 월나라의 노래를 말한다. 전국 시대 월나라의 장석(莊舃)이 일찍이 초(楚)나라에 가서 벼슬을 하다가 병이 들었을 때, 고향을 그리워하며 월나라의 노래를 불렀다는 고사에서 온 말로, 전하여 고향에 대한 그리움을 의미한다.

여관에서 무료하기에 장난삼아 풍속을 기록하는 문체로 척주 사실을 갖추어 기록하다

旅館無聊 戱用記俗體 以備陟州事實

날마다 조각배에 운명을 맡기니　　日日扁舟載死生
가련해라 삶의 터전이 바다로구나　　可憐家計是滄瀛
순박한 백성들은 치도곤이 두려워서　　淳氓酷怕朱紅棍
맛난 것은 가장 먼저 진영에 올리누나　　雋味先將納鎭營

이상은 어부를 읊은 것이다.

다양한 관청 패문[142]이 해마다 더해지는데　　名色官牌逐歲加
감영(監營)이 점퇴[143]하니 고을 아전은 책망하네　　營關點退府差訶
법으로 정해진 상공이야 마련이 어렵지 않으나　　上供惟正非難辦
인정채[144]가 많은 것이 무엇보다 어렵다네　　最是人情債物多

이상은 인정채(人情債)를 읊은 것이다.

남쪽 나루와 북쪽 나루에 살면서　　家住南津與北津
생선 들고 미역 이고 성안에서 파네　　携魚戴藿賣城闉

142 패문(牌文) : 상급 관청에서 하급 관청에 내리는 공문이다.

143 점퇴(點退) : 받을 물건을 조사하여 문제가 있는 물건은 수령하지 않고 물리치는 것을 말한다.

144 인정채(人情債) : 사정을 봐주는 대가로 관리에게 주는 뇌물이다.

백발에도 오히려 양쪽 귀를 뚫고서 白頭猶自穿雙耳
청옥(青玉)을 매달아 남부끄럽지 않게 꾸몄네 懸得青瑤不愧人

이상은 나루의 여인을 읊은 것이다.

골짜기에 황장목[145]이 마처럼 울창한데 跨峽黃腸鬱似麻
대놓고 도벌하는 일이 근자에 있었다네 公然偸斧近來加
가련하다 관리가 어찌 막을 수 있을까 可憐官吏禁何得
이런 사람 모두가 재상가에서 시킨 것을 盡是人從宰相家

이상은 금산(禁山)[146]을 읊은 것이다.

훈련청 문을 열어 푸른 잔디로 에워싸니 訓鍊廳開繞碧莎
호미 잡던 농부로서 사부가 된 이 많도다 把鋤人化射夫多
다들 말하길 고을의 운수가 매우 형통하여 爭言邑運亨通甚
이백 년 이래로 두 번 무과가 있었다 하네 二百年來兩武科

이상은 사부(射夫)를 읊은 것이다.

맑은 밤 죽서루에 달빛이 새로운데 淸夜西樓月色新
교방의 가무가 바야흐로 무르익누나 教坊歌舞正氛氳
좋은 자리에 마지막으로 온 사람 참 곱더니 芳筵末至春嬌甚

145 황장목(黃腸木) : 나무의 결이 좋고 오래 묵어서 속이 누렇게 된, 고급 관재(棺材)로 쓰이는 소나무를 말한다. 누런색의 단단한 속 부분을 황장(黃腸)이라 하고, 흰색의 무른 바깥 부분을 백변(白邊)이라 하는데, 이 황장목에 대해서는 함부로 벌채하지 못하도록 하는 금법(禁法)이 있었다.

146 금산(禁山) : 나라에서 나무를 베지 못하도록 금지하는 산이다.

알고 보니 금당[147]을 가까이 모시는 사람이로다　　認是琴堂近侍人

이상은 습악(習樂)을 읊은 것이다.

147 금당(琴堂) : 고을의 수령이 정사를 보는 동헌(東軒)을 가리키는 말인데, 전하여 수령을 의미한다.

8월에 사면을 받아 병산의 관아로 돌아가려는데,[148] 기생 연이 시를 청하기에 말을 세우고 써서 주었다. 연은 옥호를 모시던 아이이다

八月蒙宥 還屛山衙 蓮妓請詩 立馬草贈 蓮是侍玉壺者

진주[149]를 떠나는 발걸음 참으로 더디어라	眞珠歸爲苦遲遲
슬프게도 외로운 성을 홀로 떠나가는 때	惆悵孤城獨去時
훗날 금당께서 만약에 묻거들랑	它日琴堂如有問
교인이 두 줄기 눈물을 그대 위해 흘렸다[150] 하게	兩行鮫淚爲君垂

148 병산(屛山)의 관아로 돌아가려는데 : 병산은 경상도 비안현(比安縣)의 별칭으로, 지금의 경상북도 의성군 비안면이다. 당시에 번암의 부친 채응일(蔡膺一, 1686~1765)이 비안 현감으로 재직하고 있었다.

149 진주(眞珠) : 삼척(三陟)의 별칭이다.

150 교인(鮫人)이……흘렸다 : 번암이 떠나며 기생 연(蓮)에게 시를 지어 준 것을 비유한 말이다. 166쪽 주111 참조.

죽서루와 작별하다
別竹西樓

삼척부에서 사면되어 돌아가면서 태백산 정상으로 길을 잡아 곧바로 병산 관아로 달려갔다. 두 해를 노닐며 시를 읊었던 터라 죽서루의 여러 명승지를 되돌아 바라보며 세 걸음마다 고개를 돌리고 다섯 걸음마다 멈추어 앉았다. 어찌 잠시 머물렀던 곳에 대한 사랑일 뿐이겠는가. 출발을 앞두고 시를 지어 남겨 벗과 서로 작별하듯 하였으니, 나중에 이 시를 보는 사람이 혹시라도 정에 약한 사람이라고 비웃지나 않을지 모르겠다.

봉황대[151]는 바다를 가린 채 산수 수려하고 鳳臺遮海湖山麗
죽서루라 이 누대는 천하에 드문 경치로다 竹西之樓天下稀
세상에 문장 잘하는 선비가 몇이나 있었던고 宇宙幾閱文章士
시와 누대가 기이함을 다툰다는 말 들어보지 못하였네 未聞詩與樓爭奇
내가 옥경으로부터 작년에 여기 오니[152] 我從玉京去年來
누대를 감도는 물과 달이 광채를 내뿜었네 環樓水月生光輝

151 봉황대(鳳凰臺) : 삼척부 치소(治所) 내 봉황산(鳳凰山) 위에 있던 누대이다. 136쪽 주72 참조.

152 옥경(玉京)으로부터……오니 : 옥경은 원래 천제(天帝)가 사는 곳인데, 번암이 서울에서 유배된 자신을 적선(謫仙)에 비유한 말이다.

시편은 대부분 죽서루에서 지은 것이요	詩篇多在竹裏得
먹고 자기도 항상 죽서루 위에서 하였다네	眠食常於樓上爲
봉래 바다에 유배된 신선이 돌아갈 기한 되니	蓬海仙謫謫限滿
붉은 난간을 세 번 맴돌고 이로써 작별하노라	三繞朱欄從此辭
훗날 죽서루의 진면목이 보고 싶어지면	他時欲見樓眞面
주머니 속의 시 몇 수를 한번 꺼내 보리라	試閱囊中幾首詩

응벽헌[153]과 작별하다

別凝碧軒

고래로 몇이나 나처럼 유배 생활 하였던고	終古幾人如我謫
아침이면 죽서루에 저녁이면 응벽헌에 노닐었네	朝遊竹西暮凝碧
물 밑 깨끗한 모래는 자세히 셀 수 있을 정도이고	水底明沙細可數
아스라한 붉은 난간은 푸른 벼랑을 누르고 섰네	縹緲朱欄壓蒼壁
미수 노인의 큰 글자 편액은 지금 어디로 갔나[154]	眉翁大字今何去
달과 구름 백 년 세월에 자못 적막해졌도다	雲月百年頗寂寞
사군이 술동이 열면 적선이 따라나서니	使君開樽謫仙隨
이곳에서 즐거운 일들을 조석으로 다하였지	此中樂事窮曛旭
시가 완성되면 늙은 용은 뿔을 떨구고 듣고	詩成老龍解角聽
음악이 울리면 새들은 물가 잠자리를 꺼렸네	樂動幽禽妨水宿
인생은 인연을 따라가니 어찌할 수 있으랴	人生隨緣可奈何
저물녘 돌아가는 말 타고 쉬지 않고 떠나가네	日暮歸驂去不息

153 응벽헌(凝碧軒) : 죽서루(竹西樓) 북쪽에 있던 건물의 이름이다. 158쪽 주98 참조.

154 미수(眉叟)……갔나 : 응벽헌에는 본래 편액이 없었는데, 삼척 부사로 나갔던 미수 허목(許穆)이 1662년(현종3)에 갈필(葛筆)을 사용하여 '응벽헌' 세 글자를 크게 써서 벽에다 걸었다.《記言 卷13 中篇 凝碧軒題額記, 韓國文集叢刊 98輯》이 구절에 따르면, 번암이 유배를 왔던 1751년(영조27) 무렵에는 허목이 쓴 편액이 이미 사라지고 없었던 것으로 보인다.

태을의 그림배[155]와 작별하다

別太乙畫舫

태을의 생황 소리가 드넓은 창공으로 퍼지는데	太乙鸞笙度遼廓
덩그러니 연잎이 가을바람에 떠가누나	空餘蓮葉泛秋風
적선이 영지를 얻어 마음껏 노닐었나니	謫仙得芝恣遊戲
오십천 흐르는 물결이 무지개와 같았어라	五十川流來若虹
너의 뱃속이 속 좁은 인간세보다 낫구나	爾腹勝於浮世狹
미치광이를 이 안에다 능히 포용해 주었으니	能許疎狂容此中
묶어 두지 않고 때로 백로더러 지키게 하매	不繫時敎白鷺守
완연히 사군과 더불어 길이 함께할 듯하였네	宛在長與使君同
강가 성에서 나의 말은 느릿느릿 떠나가고	江城我馬遲遲發
지난날을 회고하니 부질없는 꿈과 같구나	回頭往事如夢空
어찌해야 너와 영원히 서로 함께하면서	安得與爾長相隨
물 위 집으로 삼고 동서로 노닐 수 있을는지	浮家泛宅西復東

155 태을(太乙)의 그림배 : 번암이 삼척에 유배되었을 때 오십천에서 타고 놀았던 배를 가리킨다. 142쪽 주81 참조.

오십천과 작별하다

別五十川

구불구불한 모습은 멀리서 보면 용이 노니는 듯	屈折遠疑遊龍至
맑게 비치는 강물은 가을 거울을 닦아 놓은 듯	瀅澈還如秋鏡拭
죽서루 높은 누대 아래로 굽이쳐 흘러내려	盤到竹西高樓下
높은 암벽을 끼고 도니 깊고 또 푸르도다	抱得層巖深更綠
고을 동쪽 십 리를 흘러가면 대양이 광대한데	州東十里滄海大
어찌하여 한 굽이에다 맑은 호수를 열었는고	何得明湖開一曲
외로운 신하는 〈회사부〉[156]를 아니 짓고서	孤臣不作懷沙賦
밤낮 물결 희롱하여 사랑이 끝이 없었네	日夕弄波情未極
때로는 스스로 일어나 노를 잡고 저으면	有時自起持畫檝
태을의 배가 갈매기 백로 곁을 가벼이 스쳐갔지	太乙舟輕鷗鷺側
한 번 웃으며 물속 바위에다 이름을 새겼나니	一笑題名水中石
후인들이 신선이 유배된 일을 길이 알게 함이라	長使後人知仙謫

156 회사부(懷沙賦) : 초나라 굴원(屈原)이 멱라수(汨羅水)에 몸을 던져 죽을 때 지었다는 절명시(絶命詩)이다. 《초사(楚辭)》에 수록되어 있다.

무릉계와 작별하다

別武陵溪

슬퍼라 구름 낀 달빛 아래 진주부[157] 경치	怊悵眞珠雲月色
그중에 작별하기 어려운 건 무릉계라오	就中難別武陵溪
흰 비단이 허공을 가로지른 듯 백천은 날고	素練橫空百川飛
붉은 햇무리 봄볕 아래 온갖 꽃 나란히 피네	赤暈蕩日千花齊
바위는 서리와 눈을 머금어 밤새도록 밝고	石銜霜雪終夜明
길이 안개와 놀 속에 드니 낮에도 길을 잃네	路入煙霞當晝迷
내가 와서 몇 번이나 돌아가지 않았던고	我來幾度不歸去
스님도 나를 맞이하여 마음이 잘 맞았네	僧亦相迎無齟齬
물은 동으로 흘러가고 구름은 북으로 돌아가거니	流水東逝雲北歸
세상일이 많고 많아 정처 없어라	人事悠悠無定所
고마워라 산새들은 이별이 아쉬운 듯	多謝山禽如惜別
해 질 무렵 솔숲 깊은 곳에서 울고 있구나	夕陽啼在松深處

157 진주부(眞珠府) : 삼척부(三陟府)의 별칭이다.

고적령[158]

古積嶺

조령(鳥嶺)은 아들 손자가 옹위한 듯하고	鳥峙兒孫拱
계림의 고을들은 둥그러니 에워 있도다[159]	雞林郡國圓
나는 구름이 도리어 땅에 있나니	飛雲還在地
필마를 타고 곧바로 하늘 오르네	匹馬直登天
붕새 바다라 남으로 가기 좋은데[160]	鵬海南圖好
교인의 눈물 진주는 북쪽 보고만 쏟네[161]	鮫珠北望偏
가련해라 잠시 머문 곳에 대한 사랑이	猶憐桑宿戀
온통 죽서루 가에 남아 있구나	渾是竹西邊

158 고적령(古積嶺) : 고적령(高積嶺) 또는 고적령(孤積嶺)이라고도 한다. 《여유당전서(與猶堂全書)》 〈강역고(疆域考)〉에는 "태백산 동쪽의 한 갈래가 남쪽으로 뻗어 춘양(春陽)의 고적령(孤積嶺)이 된다."라고 하였는데, 지금의 지명은 상고할 수 없다.

159 계림(雞林)의……있도다 : 계림은 신라의 별칭이다. 고적령이 강원도와 경상도의 경계에 위치하므로, 산마루에서 바라보이는 옛 신라의 땅인 경상도를 묘사한 것이다.

160 붕새……좋은데 : 《장자》 〈소요유(逍遙遊)〉에 "북쪽 바다에는 곤이라는 물고기가 있는데, 그 크기가 몇천 리나 되는지 알 수가 없다. 이 물고기가 변하여 붕이라는 새가 되는데, 붕새의 등은 그 크기가 몇천 리나 되는지 알 수가 없다.……붕새가 남쪽 바다로 옮겨 갈 때에는 수면을 삼천 리나 치고 나간 뒤에 회오리바람을 타고 구만 리를 올라가서 여섯 달을 날아가서야 쉰다.〔北冥有魚, 其名爲鯤, 鯤之大不知其幾千里也. 化而爲鳥, 其名爲鵬, 鵬之背不知其幾千里也.……鵬之徙於南冥也, 水擊三千里, 摶扶搖而上者九萬里, 去以六月息者也.〕"라고 한 데서 온 말이다.

161 교인(鮫人)의……쏟네 : 북쪽에 있는 삼척 죽서루를 그리는 마음을 표현한 것이다. 교인은 166쪽 주111 참조.

병아잡영
屛衙雜詠

우로에 젖은 정원 훤초에 기쁜 얼굴 펴지더니[162] 雨露庭萱喜色開
사면령 새로 내려 쫓겨났던 신하가 돌아왔네 鵲書新放逐臣廻
색동옷 소매 위로 교인이 눈물을 떨구노니[163] 斑爛袖上鮫人淚
헌수의 술잔 높이 들고서 북대를 바라보네[164] 獻壽杯高望北臺

두 번째 其二

대숲 속으로 술동이 옮기니 바로 별당인데 竹裏移樽是別堂
천륜의 즐거운 일인 데다 날씨도 참 좋아라 天倫樂事又辰良
아리따운 여인들이 노란 국화를 따 와서는 嬌娥摘得黃花至
금향로 향해 웃으며 향 가루 삼아 뿌리누나 笑向金爐作屑香

162 우로(雨露)에……펴지더니 : 훤초(萱草)는 망우초(忘憂草) 또는 원추리라고 하는데, 모친을 상징하는 풀이다. 번암이 유배에서 풀려나자 기뻐하시는 모친을 비유한 말이다. 당시에 번암의 모친은 비안 현감으로 부임한 남편을 따라 비안에 머무르고 있었다.

163 색동옷……떨구노니 : 색동옷은 춘추 시대 초나라의 은사(隱士)인 노래자(老萊子)가 70의 나이에도 부모님을 기쁘게 해 드리기 위하여 색동옷을 입고 재롱을 떨었다는 고사에서 온 것으로, 부모를 뵙게 된 번암이 자신을 비유한 말이다.《初學記 卷17 引 孝子傳》 교인(鮫人)도 삼척의 바닷가에서 유배 생활을 하고 온 자신을 비유한 말이다. 교인은 166쪽 주111 참조.

164 헌수(獻壽)의……바라보네 : 부모에게 헌수의 술잔을 올리면서 한편으로는 북쪽을 바라보며 임금의 은혜를 기린다는 말이다.

세 번째 其三

식사 뒤에 화당[165]에다 촛불 환히 밝히고서　飯後華堂燭焰開
저포놀이[166]하며 출중한 재주 자랑하누나　摴蒱誇說衆中才
노루 새끼는 내기판 소리에 익숙해졌는지　獐兒慣聽呼盧響
잔디밭 곁에서 한가롭게 자며 두려워 않네　眠傍晴莎穩不猜

네 번째 其四

대자리 위에 술병 두어도 단정히 기울지 않아라　簟上安壺整不攲
화려한 집에 가을 고요하니 아가투호할 때로다[167]　畫堂秋靜雅歌時
색동옷 입은 아봉[168]이가 너무도 사랑스러워　斑衣阿鳳嬌癡甚

165 화당(華堂) : 본래 화려한 집을 지칭하는 말인데, 여기서는 관아의 건물을 가리키는 듯하다.

166 저포놀이 : 옛날 놀이의 일종이다. 나무로 만든 주사위 다섯 개를 가지고 하는데, 다섯 개의 주사위마다 양면의 한쪽에는 흑색을 칠하고 송아지를 그렸으며, 또 한쪽에는 백색을 칠하고 꿩을 그렸다. 이 다섯 개 주사위를 한 번 던져서 모두 흑색을 얻으면 노(盧)라 외치는데 이것이 가장 승채(勝彩)가 되고, 다섯 개의 주사위를 던져서 모두 백색을 얻으면 백(白)이라 외치는데 이것이 그다음의 승채가 된다고 한다. 이 밖에도 저포놀이에 대해서는 여러 가지 설이 있는데, 후세에는 쌍륙(雙陸)놀이나 윷놀이를 가리키기도 한다.

167 대자리……때로다 : 대자리 위에 술병을 놓고 투호(投壺)하는 모습을 표현한 구절이다. 아가투호(雅歌投壺)는 투호를 하면서 고상한 시를 읊조리며 노는 것을 말하는데, 후한(後漢)의 장군 채준(祭遵)이 술을 마시면서 음악을 들을 때면 반드시 아가투호를 했다는 기록이 있다. 《後漢書 卷20 祭遵列傳》

168 아봉(阿鳳) : 번암의 딸 이름으로 보인다. 《번암집》 권5 〈동원(東園)〉 시에 "아

겹주렴 속에서 불러내매 화살 더디 주워 오네	呼出重簾拾矢遲

다섯 번째 其五

작렬하는 여름 볕이 숲 언덕에 가득한데	炎炎夏日滿林丘
찬 대자리에 제호[169] 마시니 가을 기운이 도네	氷簟醍醐一氣秋
저녁 무렵에 동헌에서 군령판을 쓰노니	薄暮公堂書令板
내일 아침엔 범성루에서 더위를 피하리라	明朝避暑泛星樓

여섯 번째 其六

양쪽 기슭에 핀 국화 그림자 거꾸로 비치는데	夾岸黃花影倒開
자리 옆의 가을 강물은 누대를 휘감아 흐르네	席邊秋水繞亭臺
맑은 노래 거문고 소리 늘어짐이 오히려 싫어	淸歌寶瑟猶嫌慢
기생 아이에게 특별히 명하여 검무를 재촉하네	別飭兒姬劍舞催

일곱 번째 其七

홀로 멀리 견여 타고 국화꽃을 쫓아가니	肩輿孤逈躡寒花
소나무 속 이름난 절로 오솔길 비껴 있네	松檜名藍細路斜

봉은 머리칼 늘어뜨린 겨우 여섯 살인데, 억지로 이웃 여자 따라 그네를 배우게 하였네.〔阿鳳髧毛纔六歲, 强隨隣女學鞦韆.〕"라는 구절이 나온다.

169 제호(醍醐) : 우유를 이용해 만드는 음료로 여름철 소갈증에 효험이 있다고 한다.

비단 무늬 봉우리는 맑은 경치 빚어내고 錦纈峯巒生霽景
골짝 문 안개 속엔 피리 소리 울려 퍼지네 篴聲吹散洞門霞

여덟 번째 其八

산이 돌아내리고 물이 에워싼 이씨 집 정자 山廻水抱李家亭
고목에다 처마 높고 바위 기운이 번뜩이네 老樹簷虛石氣熒
방공이 가족 데리고 은거했듯이 살려 하거니[170] 已分龐公携盡室
흰 갈매기야 여뀌꽃 물가를 아끼지 말지어다 白鷗休惜蓼花汀

공경히 아버님[171]의 절구 여덟 수를 첨부하다 敬附家大人八絶

반령[172]의 임지 천 그루 나무에 연무 어리는데 潘令縣中千樹霞

170 방공(龐公)이……하거니 : 방공은 후한(後漢) 때의 은사(隱士)로 현산(峴山) 남쪽에서 농사를 짓고 살았는데, 일찍이 형주 자사(荊州刺史) 유표(劉表)가 그를 찾아가 벼슬하기를 권하자, 처자를 다 거느리고 녹문산(鹿門山)으로 들어가 약초를 캐면서 끝내 나오지 않았다.《後漢書 卷83 逸民列傳 龐公》이씨 정자의 주인이 방공처럼 벼슬을 사양하고 물러나 정자를 짓고 사는 것을 비유한 말이다.

171 아버님 : 번암의 부친 채응일(蔡膺一, 1686～1765)이다. 자는 경언(敬彦)이다. 1717년(숙종43) 진사시에 합격하고, 단성 현감(丹城縣監)과 비안 현감(比安縣監)을 역임하였다.

172 반령(潘令) : 하양 영(河陽令)을 지낸 진(晉)나라의 문인 반악(潘岳)을 가리킨다. 하양 영이 되어 임지 곳곳에 복숭아를 많이 심었다고 한다. 20세에 처음 벼슬하여 낭관(郎官)이 된 뒤로 50세가 되기까지 여덟 번 벼슬을 옮기는 동안 품계가 단 한 번 올랐으나 반악은 벼슬살이에 재주가 없다고 체념하고 불만을 품지 않았다고 한다.《文選 卷16 閑居賦》번암의 부친 채응일이 자신을 반악에 비유한 것이다.

동풍 부는 별관의 봄 경치가 가장 아름답다네　　東風別館最韶華
잔칫상에 음식 쌓여 있고 담 그늘은 정오이거니　　芳筵飣餖墻陰午
문무화가 처음으로 불 속의 연꽃을 이루었도다[173]　　文武初成火裏花

두 번째 其二

대자리 물결무늬 엉긴 곳에 기녀 향기 떠돌고　　簟波凝處妓香浮
버들가지 위의 꾀꼬리 소리 들리다 문득 멈추네　　金縷鶯簧聽乍休
붉은 떡 다 빚고서 수놓은 난간을 굽어보노라니　　團罷紅餻臨繡檻
꽃 그림자가 옮겨 가서 옥소두[174]로 올라가누나　　花陰移上玉搔頭

세 번째 其三

성헌의 홰나무가 하늘 높이 솟았는데　　星軒槐樹氣翔天
비단신 신고 날아오르며 푸른 안개 박차네[175]　　繡舃飄揚蹴綠煙

173 문무화(文武火)가……이루었도다 : 번암이 유배에서 풀려나서 부모를 만나 잔치를 벌이는, 이루기 어려웠던 일이 실현되었음을 비유한 말인 듯하다. 문무화는 약이나 차를 달일 때에 적당한 시간과 농도 등을 맞추기 위해 화력을 높였다 낮췄다 하는 것을 말한다. 《유마경(維摩經)》 〈불도품(佛道品)〉에 "불 속에서 연꽃이 나는 것은 참으로 드문 일이라 하겠거니와, 번뇌 속에서 선을 행하는 것 또한 드물기가 이와 같다.〔火中生蓮花, 是可謂稀有, 在欲而行禪, 稀有亦如是.〕"라고 하였다.

174 옥소두(玉搔頭) : 옥비녀의 별칭으로 미인을 뜻하는데, 여기서는 기녀를 가리킨다.

175 성헌(星軒)의……박차네 : 성헌 앞에 선 거대한 홰나무에 그네를 매고 아녀자가 그네를 타는 모습을 형용한 구절이다. 성헌은 비안(比安)의 동헌(東軒) 또는 그 주변의 건물 이름인 것으로 보이나 자세하지 않다.

본디 두꺼비는 육일 것을 꺼리는지라 自是蟾蜍嫌六日
다시 난촉을 잡고 그네 타기 구경하네[176] 更持蘭燭賞鞦韆

네 번째 其四

청동 술병 재촉하여 지저귀는 꾀꼬리 곁에 두니 銅壺催進傍流鶯
소리 없는 석류꽃은 비단 기둥을 비추네 寂寂榴花照綺楹
안에서 잠자던 여종 아이를 깨워 불렀거니 驚起丫鬟簾內睡
투호 소리는 왁자지껄한데 갠 날이 길고 기네 矢聲多少長新晴

다섯 번째 其五

쇠 냄비 안의 갈분은 촉촉함이 연유 같아서 金鐺葛粉潤如酥
도기가 깃든 모옥에 살아도 외롭지 않아라 道氣茅家也不孤
차가운 대자리 위에 외치는 소리 오고 가는데 喝去喝來氷簟上
배회하는 한낮 태양은 저포판 위를 맴도누나 裵徊晝日繞摴蒱

176 본디……구경하네 : 5월 5일 단오의 즐거움을 놓치지 않으려 밤에 촛불을 들고 그네 타기를 구경하는 모습을 형용한 구절이다. 단오에 잡은 두꺼비를 그늘에서 말려 몸에 차고 다니면 오병(五兵)의 재앙을 물리칠 수 있지만, 이날에서 하루만 지나도 효력이 없다는 속설(俗說)이 있다. 송(宋)나라 진여의(陳與義)의 〈대섬여(帶蟾蜍)〉 시에 "육일의 두꺼비는 세상의 쓰임에 어긋난다.〔六日蟾蜍乖世用.〕"라고 한 데서 온 말이다. 《山堂肆考 卷11》 난촉(蘭燭)은 시어에 상용하는 초의 미칭(美稱)이다.

여섯 번째 其六

서늘한 등불 주렴 장막에 첫서리 내리는데	涼燈簾幕有新霜
집집마다 다듬이소리 밤새도록 그치지 않네	砧杵千家夜未央
지난해 조도 오르던 일을 한가로이 말하거니	閒說去年登鳥道
하늘 가득한 단풍이 기우는 해를 감싸 안았지	滿天紅樹擁斜陽

일곱 번째 其七

향운[177] 앉은 겹장막에서 잔 데워 마시는데	香雲複帳熱樽罍
호숫가의 붉은 정자에는 눈꽃이 막 피어나네	湖上紅亭雪正開
보석 치장한 두 줄 미인들은 석양에 환히 밝고	珠翠兩行明薄暮
생황 노래에 둘러싸여 보여를 타고 돌아오네	笙歌方擁步輿廻

여덟 번째 其八

동생과 누이가 쓸쓸히 이역에 떨어져 살아	弟妹蕭條隔異方
끊임없는 슬픔과 기쁨에 둘 다 늙어 가더니	悲歡袞袞兩頹光
십 년 만에 하늘이 빌려준 중당의 촛불이	十年天借中堂燭
오늘 밤 귀밑머리 백발을 함께 비추어 주네[178]	同照今宵鬢上霜

177 향운(香雲) : 젊은 여인들의 두발을 비유하는 말로 쓰이는데, 여기서는 기생들을 표현한 말이다.

178 십 년……주네 : 십 년 만에 누이를 만나 촛불을 켜 놓고 정담을 나누는 광경을 묘사한 구절이다.

준희루[179]십육영. 군위 남 사군 태보 을 위해 짓다
峻喜樓十六詠 爲軍威南使君 泰普 作

안개 언덕 이슬비에 땅이 윤택해지고 煙坡微雨土膏流
들판 강가 창포잎은 비로소 싹이 트네 野水菖蒲葉始抽
봄날 파종을 권농관이 권할 것도 없어라 春種不須田畯勸
사군은 종일토록 높은 누대에 기대었도다 使君終日倚高樓

이상은 '매탄의 봄 밭갈이〔梅灘春耕〕'를 읊은 것이다.

연기 오르는 농가에서 기장밥 더디 지으니 煙火田家炊黍遲
살구나무 울타리 곁에 정오 닭이 우는 때로다 杏花籬畔午雞時
촌 아낙이 들밥 차려 서쪽 밭으로 내가는데 村婆饁向西疇去
늙은 개는 앞서가고 어린아이는 뒤따르네 老犬前行後稚兒

이상은 '추동의 한낮 들밥〔楸洞午饁〕'을 읊은 것이다.

이곳에 연연하여 양수의 동쪽 서쪽에 사노니[180] 依依家住瀼西東

179 준희루(峻喜樓) : 남태보(南泰普)가 군위 현감(軍威縣監)으로 재임할 때 현(縣)의 치소(治所) 안에 세운 누대이다. 신유한(申維翰, 1681~1752)이 남태보의 부탁을 받고 지은 〈준희루기(峻喜樓記)〉가 전한다. 남태보는 자가 숙도(叔燾), 본관은 의령(宜寧)이다. 군위 현감, 공조 정랑, 울산 부사(蔚山府使) 등의 관직을 역임하였다. 1748년(영조24)부터 1753년 무렵까지 군위 현감으로 재직하였던 것으로 보이는데, 당시에 영남 암행 어사 이득종(李得宗)이 순리(循吏)라고 왕에게 보고하여 승서(陞敍)되기도 하였다. 《青泉集 卷5 峻喜樓記, 韓國文集叢刊 200輯》《承政院日記》

석양에 나무꾼 피리 소리가 초나라 풍경 속에 들리네　落日樵笳楚色中
문밖 봄날 진창길은 작은 외나무다리로 이어지고　門外春泥連細彴
시골 늙은이는 지팡이 짚고 아이들을 걱정하네　野翁扶杖念兒童

이상은 '백전의 저녁 나무꾼〔柏田夕樵〕'을 읊은 것이다.

백성들이 즐거워하며 우물 파고 밭을 가니[181]　熙熙鑿井與耕田
풍속에는 상고의 순박함이 고스란히 남아 있네　民俗猶全上古天
가을걷이 뒤에 두 동이 술의 연향[182]을 마치니　我稼旣收朋酒罷
가을 깊어 남은 일이라곤 통발 손질뿐이로다　秋深餘事理魚筌

이상은 '율림의 가을 고기잡이〔栗林秋漁〕'를 읊은 것이다.

봄 밭두둑에 비 그치자 처음으로 물이 붇고　春畦雨歇水初肥
맑고 밝은 그림 누각은 석양 속에 떠 있도다　畫閣澄明泛夕暉

180 양수(瀼水)의……사노니 : 양수는 사천성(四川省) 봉절현(奉節縣)에 있는 시내인데, 두보(杜甫)가 일찍이 기주(夔州) 지방에서 노닐 때 그곳 산천을 몹시 좋아하여 차마 떠나지 못하고 양수의 동쪽, 서쪽 등으로 세 번이나 집을 옮겨 살면서 서재를 모두 고재(高齋)라 명명했다고 한다. 자세한 내용은 111쪽 주45 참조.

181 우물……가니 : 태평성대를 구가(謳歌)한다는 말이다. 요(堯) 임금 때 어느 노인이 지었다는 〈격양가(擊壤歌)〉에 "해가 뜨면 일어나고 해가 지면 쉬면서 내 우물 파서 물을 마시고 내 밭을 갈아서 밥을 먹나니, 임금의 힘이 나에게 무슨 상관이 있겠는가.「日出而作, 日入而息, 鑿井而飮, 耕田而食, 帝力於我何有哉?」"라고 한 데서 온 말이다.

182 두 동이 술의 연향(宴饗) : 추수를 마친 뒤에 여는 잔치를 가리킨다. 《시경》 〈칠월(七月)〉에 "시월에 마당을 깨끗이 쓸고, 두 동이 술로 연향을 베풀어, 새끼 양을 잡아 놓고, 저 공당으로 올라가서, 저 뿔잔 들어 축수드리니 만수무강하리로다.〔十月滌場, 朋酒斯饗. 曰殺羔羊, 祭彼公堂. 稱彼兕觥, 萬壽無疆.〕"라고 한 데서 온 말이다.

방울 소리며 거문고 소리는 너무도 쓸쓸한데　鈴舌琴徽渾寂寂
사군은 말을 잊고 해오라기는 나는 걸 잊었네　使君忘語鷺忘飛

이상은 '무논에 거니는 해오라기〔水田行鷺〕'를 읊은 것이다.

대나무 문은 한가롭고 풀빛 짙은데　看竹門閒草色稠
연무 낀 동쪽 비탈에 몇 줄 소 떼가 있네　東陂煙薄數行牛
삼춘 농사에 밭 가는 일을 감당하더니　耕犂幹當三春事
남기 나무 풍광 속에 한가로이 쉬는구나　嵐樹光中自在休

이상은 '연무 낀 비탈에 흩어져 있는 소〔煙陂散牛〕'를 읊은 것이다.

가을 객사 쓸쓸한 가운데 깊이 정좌하거니　秋館蕭蕭宴坐深
새로 심은 대나무는 따로 숲을 이루었도다　新栽幽竹別成林
무단히도 들 학들이 한가히 서로 희롱하며　無端野鶴閒相攪
서리 가지를 뒤집어 땅에 가득 그늘 지우네　翻動霜梢滿地陰

이상은 '섬돌에 어리는 대나무 그림자〔暎堦竹陰〕'를 읊은 것이다.

굽은 못은 가을 맞아 새로 간 거울처럼 맑고　廻塘秋淨鏡新磨
그림배는 물결에 넘실대며 이슬에 젖어 있네　畫舫溶溶濕露華
객이 이르자 그윽한 향이 먼저 코를 찔러오니　客至暗香先鼻觀
주렴 발 걷지 않아도 지레 연꽃인 줄 알겠어라　未開簾箔聖知荷

이상은 '주렴에 스며드는 연꽃 향기〔入簾荷香〕'를 읊은 것이다.

소나무 사이 성긴 별들이 달이 뜨길 재촉하여　松際稀星生白催
빙륜[183]이 가을 하늘을 굴러 푸른 산에 찾아왔네　氷輪秋輾碧山來

겹난간 너머로 허명한 세계가 홀연 펼쳐지니　　重欄忽作虛明界
열두 겹 누런 비단 주렴을 마음껏 열어젖히네　　十二緗簾盡意開

이상은 '높은 산봉우리에서 토해 낸 달〔天嶽吐月〕'을 읊은 것이다.

금탕[184]의 형세가 산하에 웅장하여라　　金湯形勢壯山河
나는 새 너머로 아득히 일만 성첩(城堞)이 비끼었네　　鳥外蒼茫萬雉斜
남쪽 지방에 백 년 동안 병화가 그쳤거니　　南國百年兵氣歇
고을 누대가 한가히 적성의 노을[185]을 거느렸도다　　郡樓閒領赤城霞

이상은 '가암에 깃든 노을〔架巖棲霞〕'을 읊은 것이다.

하늘 위 기성의 정기가 아득히 반짝이고　　天上箕精一渺茫
남계의 매화는 옛 사당 곁에서 늙어 가누나[186]　　南溪梅老古祠傍

183 빙륜(氷輪) : 얼음으로 된 수레바퀴처럼 생긴 밝은 달을 비유하는 시어이다.

184 금탕(金湯) : 금성탕지(金城湯池)의 준말로, 굳건한 요새지를 가리킨다.

185 적성(赤城)의 노을 : 적성은 중국 천태산(天台山) 남쪽에 있는 산 이름으로, 토석의 색깔이 붉어 항상 노을이 낀 것 같으며, 산의 모양이 성첩과 같이 생겼으므로 이런 이름이 붙었다고 한다. 진(晉)나라 손작(孫綽)의 〈천태산부(天台山賦)〉에 "적성에 붉은 노을이 일어 표치를 세우고, 폭포는 날아 흘러서 길을 나누었도다.〔赤城霞起而建標, 瀑布飛流以界道.〕"라고 한 데서 온 말로, 노을이 낀 가암(架巖)의 경치를 적성에 비유한 것이다.

186 하늘……가누나 : 기성(箕星)은 현인(賢人)의 죽음을 상징하는 별로, 《장자(莊子)》〈대종사(大宗師)〉에 "부열(傅說)이 죽어 별이 되어 기미(箕尾)를 타고 열성(列星)과 나란하게 되었다."라고 한 데서 온 말이다. 여기서는 선조 때의 명재상인 유성룡(柳成龍)을 비유하는 것으로 보인다. 남계(南溪)는 지금의 경상북도 군위읍에 있는 남계서원(南溪書院)을 가리키는 것으로 보인다. 남계서원은 본래 유성룡이 재실(齋室) 겸 서당(書堂)으로 지은 건물인데, 광해군 때에 이르러 후학들이 유성룡의 위패를 봉안

외로운 꽃을 봄바람에 감히 꺾지 못함은 孤英不敢臨風折
선생의 자취 향이 스미어 있을까 해서라오 恐是先生杖屨香

이상은 '남계에 핀 이른 매화〔南溪早梅〕'를 읊은 것이다.

찬 연무 속 울창한 산엔 고을 성곽이 깊이 자리하고 寒煙疎翠郡城深
십 리 뻗은 소나무 숲에는 푸른 강물이 흘러가네 十里行松帶碧潯
산수 빼어난 고을의 서리 눈을 이겨 낸 나무가 山水縣中霜雪幹
예로부터 본디 독서하기 좋은 숲을 이룬다오[187] 古來元是讀書林

이상은 '서곤의 저녁 무렵 소나무〔西崑晩松〕'를 읊은 것이다.

모옥이 숲에 깃들어 일만 잎사귀에 덮였는데 茅屋棲林萬葉紆
어둠 속에 희미하게 등불 하나 켜져 있네 暝中依約一燈孤
누대에 숨은 관리라도 외려 할 일 많아라 樓臺隱吏猶多事
낮에는 농부 독려하고 밤엔 선비 독려하네 晝課耕夫夜課儒

이상은 '양정의 독서하는 등불〔羊亭書燈〕'을 읊은 것이다.

아전 물러간 가을 뜰에 푸른 봉우리 마주하니 秋庭吏散對青峯
주렴 밖 이내 낀 소나무는 생동하는 그림일레 簾外松嵐活畫濃
외로운 새와 돌아오는 스님이 산사로 다가오니 獨鳥歸僧蕭寺近

하고 서원으로 승격시켰다. 서원 옆의 암벽에는 '서애유선생장구지소(西厓柳先生杖屨之所)'라는 각자(刻字)가 아직도 남아 있다.

187 산수……이룬다오 : 한유(韓愈)의 시 〈현재독서(縣齋讀書)〉에 "산수 빼어난 고을의 원으로 나가, 솔과 계수 숲에서 글을 읽누나.〔出宰山水縣, 讀書松桂林.〕"라고 한 데서 온 말이다.

흰 구름도 두 끼 식사 종소리를 가두기 어려워라　白雲難鎖二時鍾

이상은 '마정에 울리는 식사 종소리〔馬井飯鍾〕'를 읊은 것이다.

소와 양이 다 돌아오자 울타리에 어둠 내리고　牛羊歸盡暝生籬
고목 선 마을 빈터엔 작은 불빛 서서히 켜지네　老樹村墟細火遲
짐작건대 농가에서 밭 가는 일이 다급한지라　斟酌農家耘事急
한밤에 쌀을 찧어 새벽밥 지을 준비하리라　夜來舂米備晨炊

이상은 '백하의 쌀 찧는 불빛〔白下舂火〕'을 읊은 것이다.

거친 덤불에 피운 봄 불이 구름 놀에 비치는데　荒榛春燒烘雲霞
호미 쟁기 들고 별빛 아래 높은 언덕 올라가네　鋤耒侵星上絶阿
명부께서 고을에 부임한 뒤로 부세를 줄이시니　明府到官輕賦稅
밭 일구는 연기가 지난해보다 날로 많아졌다네　畬煙日比去年多

이상은 '적안의 화전 연기〔赤岸畬煙〕'를 읊은 것이다.

계유년(1753, 영조29) 정월에 호서 암행 어사의 명을 받들고 여관에서 읊다

癸酉正月奉暗廉湖西之命 旅店有吟

소의간식하신 지 삼십 년이 되자[188]	旰食通三紀
봉서가 높은 하늘에서 내려왔도다[189]	封書下九霄
신의 몸이라도 제 몸이 아닌지라	臣身不自有
역로를 어찌 감히 멀다고 말하랴	驛路敢言遙
살쩍 무른 살을 모래 먼지가 때리고	鬢脆沙塵撲
화창한 봄기운은 시내 골짝을 뒤흔드네	春融澗壑搖
한밤중에도 잠을 이루기 어렵나니	難成中夜寐
성명한 조정을 저버릴까 저어함이라	恐負聖明朝

188 소의간식(宵衣旰食)하신……되자 : 번암이 충청도 암행 어사에 임명되었을 때인 1753년(영조29)이 영조가 즉위한 지 30년이 되는 해이기 때문에 이렇게 말한 것이다. 소의간식은 날이 새기 전에 일어나 옷을 입고 해가 진 뒤에야 늦게 저녁을 먹는다는 뜻으로, 임금이 나라를 걱정하며 정사에 부지런한 것을 말한다.

189 봉서(封書)가……내려왔도다 : 번암이 암행 어사의 명을 받은 것을 일컫는다.

도중에 일을 적다

途中記事

낡은 갓 거친 핫옷으로 외모를 가리우니　　敝笠麤袍外面遮
서울 사람 모양새를 드러낼까 두려워라　　形儀終恐露京華
지나는 내 행색을 행여 알아챌 수 있기에　　經行物色工猜得
길가에 있는 기생집을 가까이하지 않노라　　莫近街頭妓女家

두 번째 其二

나그네와 곤궁한 선비인 양 분장을 하고는　　扮成行旅與窮儒
고요한 곳에서 사람 만나면 매번 어물쩍대네　　靜處逢人每囁嚅
문서는 하나같이 깊이 있어 찾기 어렵더니　　文書箇箇深難得
관가에 쟁여 놓았다 베개 귀퉁이로 물려 두었네　　藏在官家退枕隅

도중에 비가 내림을 기뻐하다

途中喜雨

당시에 병산으로 근친하러 가는 길이었다.

이 비는 천금의 가치가 있도다 此雨千金直
기쁜 우레가 팔방에 고루 퍼지네 歡雷八表均
산천은 온통 은혜로움에 젖어들고 山川渾惠澤
새들도 또한 생기가 도는구나 禽鳥亦精神
무더운 연무는 한여름을 맑게 하고 暑靄淸朱夏
어진 하늘은 임금님께 화답하네 仁穹答紫宸
거리에서 노래하며 평온히 밭 갈고 우물 파니[190] 衢歌穩耕鑿
태평성대 사람임을 깊이 축하하노라 深賀太平人

190 거리에서……파니 : 태평성대를 구가(謳歌)한다는 말이다. 212쪽 주181 참조.

소명을 받들고 병산 관아를 떠났는데, 도중에 소나기를 만나다
承召發屛衙 道中遇急雨

피리 소리 갑자기 찢어지듯 돌풍이 치더니　　笳聲乍裂急風廻
역마가 멀리서 달려오듯 빗기운이 닥쳐왔네　　馹騎遙衝雨色來
성상께서 잘못 아시고 궁궐 자리 비워 두셨으나　　聖主誤虛金殿席
썩은 선비인지라 옥당 인재에 본디 부끄럽다네　　腐儒元愧玉堂才
운무 갠 아득한 들판은 물처럼 서늘한데　　氛消逈野涼如水
구름 덮인 어느 산에서 홀연 우레가 치나　　雲罨何山忽送雷
언덕 너머에 주막이 가까운 줄 은연중 알겠어라　　隔岸暗知村店近
축축한 연기가 강가 서쪽 홰나무에 비껴 있구나　　濕煙橫抹水西槐

북평사로 부임하려던 차에 어머니 병환이 위중하다는 소식을 들었다.[191] 병산의 관아로 바삐 달려가느라 새벽에 달천을 출발하였다

將赴北評事 聞慈候沈重 忙趨屛衙 㺚川曉發

나그네는 닭이 울어 오래 머물기 어려운데	行子雞鳴難久留
장군의 사당[192] 가에는 새벽별이 떠 있구나	將軍祠畔曙星浮
예부터 충효를 누가 겸하여 얻었던고	古來忠孝誰兼得
세모에 말 달리니 한없이 시름겨워라	歲暮驅馳莽自愁
들판 밖 언 강물은 추위에 버석거리고	野外氷江寒淅淅
말 앞 구름 나무엔 아득히 바람 스치네	馬前雲木逈颼颼
어찌해야 천억 개의 몸으로 변화하여	那由化作身千億
모친 모시게 남겨 두고 옥루[193]로 떠날 수 있나	留侍萱闈去玉樓

191 북평사(北評事)로……들었다 : 번암이 1753년(영조29) 10월 북평사에 제수되었으므로 그 무렵의 일이다. 《承政院日記》

192 장군의 사당 : 충청도 충주 달천(㺚川)에 있는 충렬사(忠烈祠)를 가리키는 듯하다. 충렬사는 무신 임경업(林慶業, 1594~1646) 장군을 제향하는 사당이다.

193 옥루(玉樓) : 본래는 전설상에 나오는 천제(天帝) 혹은 신선이 거처하는 누대를 가리키나, 여기서는 임금이 계신 궁궐에 대한 비유로 쓰였다.

번암집

제8권

詩 시

갑술년(1754, 영조30) 정월에 북평사(北評事)로서 임금님께 하직하고 북관(北關)으로 달려갔다. 회령(會寧)에서 증광감시(增廣監試)를 관장하고, 부령(富寧)에서는 동당시(東堂試)를 관장하였다. 이어 육진(六鎭)[1]을 두루 순시하면서 서수라(西水羅)[2]에 다다라서야 비로소 발길을 돌렸다. 경성(鏡城)에 머문 지 열흘 만에 옥서(玉署)에 임명하는 소지(召旨)를 받들고[3] 5월에 도성으로 돌아왔다. 이번 행차가 무릇 6000여 리였는데, 길을 따라가며 지은 시가 비록 태사(太史)가 채집하는 풍요(風謠)[4]에 채워지기에는 부족할지라도, 서검(書劍)의 감개(感

1 육진(六鎭) : 세종 때 여진족(女眞族)이 남하하는 것을 막기 위하여 김종서(金宗瑞)를 시켜서 두만강 가에 설치한 여섯 진으로, 경원(慶源), 경흥(慶興), 부령(富寧), 온성(穩城), 종성(鍾城), 회령(會寧)이다.

2 서수라(西水羅) : 지금의 함경북도 경흥군 노서면으로, 두만강 하구 남서쪽에 있는 항구이다. 우리나라 최동북단(最東北端)에 위치한 군사적 요충지이므로 보(堡)를 쌓아 권관(權管)을 두었다. 김창협(金昌協)의 시 〈서수라〉의 주석에 "경흥(慶興) 남쪽 60리 지점에 있는데, 지세가 외지고 바다 속으로 곧장 뻗어 있다. 육진의 막다른 곳이다."라고 하였다.

3 옥서(玉署)에……받들고 : 옥서는 홍문관의 별칭이다. 번암이 북평사로 외지에 있던 1754년(영조30) 2월 홍문관 부교리에 제수되었다. 《承政院日記》

4 태사(太史)가 채집하는 풍요(風謠) : 주(周)나라 이전에는 채시관(采詩官)을 각지에 파견하여 민요를 채집하게 하고 이를 풍토(風土)와 민정(民情)을 살피는 근거로

慨)[5]와 관방(關防)[6]에 대한 의견 또한 한두 가지 취할 만한 것이 없지 않기에 마침내 '재필록(載筆錄)'[7]이라 이름을 붙였다.

달천 노중에

獺川路中

당시에 병산 관아에서 서울로 들어가고 있었다.[8]

서리 내린 물가에서 피리 부니 북풍 이는데　　霜洲吹角北風生
연나라 축은 달천 강가에서 아련히 우누나[9]　　燕筑依俙獺水鳴

삼았다. 이것이 바로 풍요이다. 《시경(詩經)》의 15국풍(國風)이 대표적인 풍요라고 할 수 있다. 태사는 사관(史官)을 가리키는데, 여러 가지 전적(典籍)과 풍속 등을 살펴 역사를 편찬하므로 이렇게 말한 것이다.

5 서검(書劍)의 감개(感慨) : 서검은 문인이 칼을 잡고 종군(從軍)하는 것을 의미한다. 번암이 문신(文臣)으로서 무관직에 임명되어 변경(邊境)으로 파견되었으므로 이렇게 말한 것이다. 북평사는 함경도 병영(兵營)에 파견된 문신으로, 명망이 있는 인사가 파견되었는데, 병사(兵使)에 소속되어 첨사(僉使)나 만호(萬戶) 등이 군졸들을 침학(侵虐)하는 것을 감시하는 역할을 하였다. 《大典會通 兵典》

6 관방(關防) : 관문을 세워 수비하는 변방을 말하는데, 여기서는 함경도의 육진을 가리킨다.

7 재필록(載筆錄) : 《예기》 〈곡례 상(曲禮上)〉에 "사관은 붓을 싣고 간다.〔史載筆〕"라 하여, 사관이 문구(文具)를 휴대하고 국사(國事)를 기록하는 것에서 유래한 말이다.

8 병산(屛山)……있었다 : 번암은 북평사로 제수될 당시 모친의 병환이 위중하였으므로 병구완을 위해 병산에 머물고 있었다. 병산은 곧 비안(比安)으로, 번암의 부친 채응일(蔡膺一)이 비안 현감으로 재직하고 있었다.

임경업 장군의 쇠갑옷은 지금도 전해 오고[10]	金甲尙傳林慶業
조원평[11]에는 푸른 하늘이 끝없이 펼쳐지네	靑天不盡棗垣坪
해를 이은 정역에 말 달리니 절로 우스워라[12]	驅馳自笑連年役
날의 장단을 견주는 마음[13]을 누가 가련해하랴	長短誰憐較日情
서기[14]의 공명을 이루려 처음으로 검 배우니	書記功名初學劍
앞으로는 문장의 명성을 진정 후회하련다	向來端欲悔文聲

9 연(燕)나라……우누나 : 전국 시대 연나라 태자 단(丹)의 부탁을 받고 형가(荊軻)가 진 시황(秦始皇)을 죽이러 떠날 때 그의 절친한 벗 고점리(高漸離)가 축(筑)이란 악기를 두드리며 "바람이 소슬함이여, 역수 물이 차도다. 장사가 한번 떠남이여, 다시 돌아오지 않는도다.〔風蕭蕭兮易水寒, 壯士一去兮不復還.〕"라고 했던 고사에서 온 말이다. 《史記 卷86 刺客列傳 荊軻》 번암이 북평사로 부임하면서 마침 달천(㺚川)을 지나게 되었으므로 비장한 감개를 이렇게 표현한 것이다.

10 임경업(林慶業)……오고 : 충주(忠州) 달천(㺚川)은 조선 후기의 무신 임경업(1594~1646) 장군이 태어난 곳이다. 1697년(숙종23) 임경업 장군을 기리는 사당이 세워졌고, 1727년(영조3)에는 충렬사(忠烈祠)로 사액(賜額)되었다. 이 시구에 따르면, 번암 당시에 임경업 장군의 갑옷이 전해 오고 있었던 것으로 보인다.

11 조원평(棗垣坪) : 어디인지 미상이나, 현재 충주시 신니면에 '원평(院坪)'이라는 지명이 남아 있으므로 그 부근을 지칭하는 것으로 추정된다.

12 해를……우스워라 : 전년인 1753년(영조29) 1월에 충청도 암행 어사가 되었다가 지금 다시 북평사에 임명되어 변방으로 가는 신세이기 때문에 이렇게 말한 것이다.

13 날의……마음 : 부모님은 연로하여 모실 날이 얼마 남지 않았고 군주를 섬길 날은 앞으로 많은 상황에서 항상 관직에 매여 있는 심정을 표현한 말이다.

14 서기(書記) : 북평사가 무관(武官)인 병사(兵使)의 휘하에 있는 문관이기 때문에 서기라고 표현한 것이다.

숭선 들판[15]

崇善野

우뚝하게 미륵불이 서 있나니	亭亭彌勒立
이것으로 오가는 여정을 확인하네	憑記往來程
하늘 형세는 중원이라 원대하고[16]	天勢中原大
바람 먼지 날려 달천이 어두워라	風埃㺚水冥
문 나서니 먼 수자리도 거뜬하고	出門輕遠戍
붓을 실으니 서생 포부 장대하네	載筆壯書生
무엇보다 애석한 건 신 원수로다	最惜申元帥
병법의 학문을 이루지 못하였구려[17]	兵韜學不成

15 숭선(崇善) 들판 : 조선 시대 숭선참(崇善站)이 있던 지금의 충청북도 충주시 신니면 숭선 마을 인근이었을 것으로 추정된다. 그 부근인 원평리에는 지금도 미륵불이 남아 있다.

16 하늘……원대하고 : 충주의 옛 이름이 중원(中原)이므로 이렇게 말한 것이다.

17 무엇보다……못하였구려 : 신 원수(申元帥)는 조선 중기의 장수인 신립(申砬, 1546~1592)을 가리킨다. 1592년(선조25) 4월 임진왜란이 발생하여 왜적이 조령(鳥嶺)까지 진출하였을 때 신립이 충주성 서북쪽 남한강변의 탄금대(彈琴臺)에 배수진(背水陣)을 치고 접전을 벌였으나, 패하고 말았다. 전투에 패하자 신립은 남한강에 투신하여 자결하였다.

도로원에서 꿈에서 깨어 감회를 읊다

道路院夢起感吟

낭군이 지금 만리로 정역 떠나감을	郎今萬里役
혼령[18]은 구원에서 혹시나 아시는지	靈或九原知
꿈에 만남이 못 만난 것보단 나으나	夢見猶賢已
정담의 시간이 괴로이도 빨랐구려	談交苦不遲
정녕 붙잡을 수 있을 듯하였는데	丁寧如可挽
홀쩍 다시 어디로 갔단 말이오	倏忽復何之
결국 황천으로 같이 돌아가리니	畢竟還同穴
슬피 읊조리는 나도 어리석구려	悲吟我亦癡

18 혼령 : 번암이 1751년(영조27) 1월에 별세한 부인 동복 오씨(同福吳氏)를 두고 한 말이다.

죽산 도중에

竹山道中

흉년에 성상께서 성덕을 베푸시어	荒歲君王聖
봄을 맞아 사자가 길을 왕래하더니	方春使者交
성심으로 묵은 곡식 풀어 구휼하매	誠心發紅腐
생기가 푸른 교외에 흘러넘치도다	生意溢青郊
화평해라 모두들 밥 짓는 연기 피우고	藹藹皆煙火
즐거워라 스스로 가축 몰고 나무하네	熙熙自牧樵
떠났던 새들도 은택을 기뻐하여	羈禽悅和澤
옛 숲 둥지를 앞다투어 차지하네	爭占故林巢

평사로서 하직 인사를 하고 저물녘 동문을 나서다

評事辭朝 暮出東門

동쪽으로 청문[19] 나서니 역로가 아득한데	東出靑門驛路賖
준마를 비껴 타고서 백사장을 건너노라	橫騎駿馬涉平沙
봄 별빛 아래 담비 갖옷 떨치고 가니	貂裘試拂春星下
저물녘 삼산[20]에 눈 많이 내렸어도 두렵지 않네	不怕三山暮雪多

19 청문(靑門) : 도성의 동쪽 문을 가리킨다.

20 삼산(三山) : 삼각산(三角山)을 가리키는 듯하다.

녹양[21]을 출발하다

發綠楊

양주에 해가 떠서 행인을 비추는데	楊州日出照行人
대로엔 날이 개어 먼지도 아니 이네	白道新晴不起塵
성은이 중하니 아득히 먼 곳도 지척과 같고[22]	恩重窮荒如尺地
시대가 맑으니 북쪽 변방에 문신을 보내누나	時淸北漠用詞臣
성 모퉁이엔 양관[23]의 버들빛이 흘러넘치고	城隅柳洩陽關色
피리 소리 속에 한해[24]의 봄 매화가 흩날리네	笛裏梅飄瀚海春
서글피 편지를 적으니 글자가 세세하여라	惆悵作書書字細
길 떠나는 자식 소식을 부모님께 알리고저	啓程消息報吾親

21 녹양(綠楊) : 조선 시대 양주목(楊州牧)에 있던 녹양평(綠楊坪)을 가리키는 것으로 보인다. 그곳에 녹양역(綠楊驛)이 있었다. 지금의 의정부시 녹양동 부근일 것으로 추정된다.

22 성은이……같고 : 먼 곳까지도 임금의 은혜가 미치고 있음을 말한 것이다.

23 양관(陽關) : 옛 관명(關名)으로, 고인(古人)들이 흔히 이곳에서 나그네를 전송하였다. 왕유(王維)의 시 〈송원이사안서(送元二使安西)〉에 “위성의 아침 비가 가벼운 먼지를 적시니, 객사는 푸르고 푸르러 버들빛이 새롭구나. 한잔 술 더 기울이라 그대에게 권한 까닭은, 서쪽으로 양관 나가면 친구가 없기 때문일세.〔渭城朝雨浥輕塵, 客舍靑靑柳色新. 勸君更進一杯酒, 西出陽關無故人.〕”라고 하였다.

24 한해(瀚海) : 몽고의 항원산(杭爰山)에 대한 음역(音譯)이다. 한나라 때 곽거병(霍去病)이 이곳에 여섯 번 출정하여, 멀리 사막을 건너고 봉선(封禪)을 행하며 한해에 등림(登臨)하였다는 기록이 전한다.《史記 卷111 衛將軍驃騎列傳》 여기서는 번암이 변경인 함경도로 부임하기 때문에 인용한 것이다.

철원 도중에

鐵原道中

외로운 칼 차고 성문 나서니 갈 길은 먼데　　孤劍出門行邁遙
골짝 구름이 햇볕과 뒤섞이어 썰렁도 하네　　峽雲和日冷蕭蕭
외진 곳이라 장정에는 본래 이정표가 없고　　長亭地僻元無堠
얕은 여울엔 얼음이 얼어 다리를 대신하네　　淺步氷生替作橋
어느 고을 장날인지 장사꾼은 서둘러 가고　　何郡趁虛忙板賈
몇 집엔 호랑이 막으려 솔가지를 꽂았구나　　數家防虎揷松條
긴 들판 일대에는 연무 자욱한 숲속 풍경　　脩郊一帶煙林色
이름난 정자의 평소 초대를 저버려 부끄럽네[25]　　愧負名亭夙見招

25 이름난……부끄럽네 : 갈 길이 바빠 주변의 이름난 정자를 방문하지 못하는 아쉬움을 표현한 것이다.

신안[26]에서 묵고 회양으로 떠나는데, 이날 날씨가 갑자기 추워졌다

宿新安 向淮陽 是日猝寒

철령[27]이 가까워진 걸 알겠어라　心知鐵嶺近
낮인데 갑자기 한기가 도는 걸 보니　當晝急寒生
눈 쌓인 길에는 인적도 없는데　積雪無人境
황량한 숲엔 변방 가는 수레 지나네　荒林出塞輧
모래 먼지 멀리 날아와 말에 부딪히고　沙氛遙擊馬
바람 거세니 정기가 괴로이 펄럭이네　風力苦粼旌
등 뒤로는 화천 길을 가리키고　背指花川路
금강산에선 아득한 정취 우러나오네　金剛生遠情

26 신안(新安) : 회양도호부(淮陽都護府) 치소(治所) 남쪽 30리에 있던 역(驛)의 이름이다.

27 철령(鐵嶺) : 강원도 고산군과 회양군 경계에 있는 고개이다. 《신증동국여지승람》 회양도호부 조에는 "부의 북쪽 39리에 있다. 돌성〔石城〕의 남은 터가 있다."라고 하였고, 《대동지지(大東地志)》에는 "고려 고종(高宗) 9년 철령에 성을 쌓고 관문을 만들었다. 좌우로 산등성이를 따라 성을 쌓아 동북의 웅관(雄關)이 되었는데 예터가 남아 있다."라고 하였다.

회양의 객관에서 큰 바람을 만났다. 밤에 시를 읊어 주인 사또인 임 영공[28] 순 에게 올리다

淮陽館遇大風 夜吟呈主倅任令公 珣

나그네가 회양에서 묵는데	客子淮陽宿
비렴[29]이 한밤중에 돌아오니	飛廉半夜回
일천 봉우리에는 쌩쌩 눈발이 날리고	千峯劃散雪
일만 잣나무는 부딪쳐 우렛소리 나네	萬柏軋成雷
북방의 기운이 서로 끌어당기는지	朔氣如相引
관문의 별빛도 끝내 열리지 않는데	關星遂不開
타향에서 반갑게 만나 정담 나누려	異鄉傾蓋話
외로운 촛불 아래 사군이 찾아왔네	孤燭使君來

28 임 영공(任令公) : 임순(任珣, 1692～?)은 자가 경진(景珍), 본관은 풍천(豐川)이다. 승지 임수간(任守幹)의 아들이다. 1742년(영조18) 문과에 급제한 뒤 집의, 승지, 회양 부사(淮陽府使) 등을 역임하였다.

29 비렴(飛廉) : 전설상의 바람을 주관하는 신의 이름이다.

철령[30]

鐵嶺

금가[31]라 애절하게 북방 소리 흐르는데 金笳切切朔聲流
철령이라 높은 구름 말 옆으로 떠가누나 鐵嶺高雲傍馬浮
산봉우리 눈 휘날려 붉은 비단 깃발에 부딪히고 峯頂雪蒸紅錦旆
나무 끝에 바람 찢어져 흑담비 갖옷에 스미네 樹梢風裂黑貂裘
국사를 담당한 이 몸 항상 죽음을 각오하니 身當國事常思死
변경 성루에 이르러서도 시름하지 않으련다 地到邊城未欲愁
학 나는 들판 아득하고 고래 바다 드넓어라 鶴野渺茫鯨海闊
내 평생 두 눈으로 처음 이 경치를 보노라 百年吾始有雙眸

두 번째 其二

남여 타고 새처럼 숲 위를 스쳐 지나 籃輿如鳥掠林端
절정에 이르러 흉금이 또 확 트이네 絶頂胸襟也許寬
북으로 바로 통하는 대지를 보노라니 大地試看通直北
썩은 선비가 어찌 감히 삼한을 작다 하랴 腐儒那敢小三韓
구름은 뒤엉키어 아득한 창공을 아우르고 雲容錯莫兼天海
들판은 드넓게 펼쳐져 산봉우리 솟아 있네 野勢開張拔地巒

30 철령(鐵嶺) : 강원도 고산군과 회양군 경계에 있는 고개이다. 234쪽 주27 참조.

31 금가(金笳) : 옛날 중국 북방의 민족들이 불던 관악기로, 호가(胡笳)라고도 한다.

종소리 들으며 출사하는 일이 하찮은 줄 알면서도 鍾漏珮簪知齷齪

청유막 속에서 준의관을 새로 만드누나[32] 碧油新製鵔鸃冠

32 종소리……만드누나 : 무관(武官)의 직책을 띠고 변방으로 가면서도 한편으로는 서울에서의 관직 생활을 잊지 못하는 자신을 책망하는 말인 듯하다. 청유막(靑油幕)은 청유(靑油)라는 기름을 바른 장막이라는 뜻으로, 장군(將軍)의 막사를 가리킨다. 준의관(鵔鸃冠)은 진한(秦漢) 초기에 시중(侍中)이 쓰던 깃이 달린 관이다.

고원 도중에 눈보라를 만나 말 위에서 읊다

高原道中遇風雪 馬上有吟

한 번 웃고 군장 차리니 살쩍 아직 쌩쌩하고	一笑戎裝鬢未殘
해마다 왕명을 받드니 말타기도 익숙하다	年年王事慣征鞍
하늘과 연이은 사막에는 저물녘 눈 내리고	天連沙漠暮還雪
땅은 바다와 가까워서 봄인데도 차가워라	地迫滄溟春亦寒
삭풍이 불어와 깃발 끝에서 돌아 나아가고	朔吹嘯從旗尾轉
봉수대는 어둠에 묻혀 꿈결에 보는 듯하네	烽臺黯似夢中看
객수 속에 남에서 오는 기러기 소리 홀연 들으니	羈愁忽聽南歸鴈
혹시 고향 편지 떨구어 부모님 안부 전하려는지	倘許鄉書報萬安

원산가

元山歌

원산의 수려한 풍광이 용산[33]과 비슷하여라 元山佳麗似龍山
길가 수많은 집에 버들이 한가히 늘어졌네 夾路千家垂柳閒
울 밖에서 노 젓는 소리가 저물녘 들리더니 籬外櫓聲乘薄暮
어선들이 큰 바다 한가득 항구로 돌아오네 捕魚船匝大洋還

두 번째 其二

마을 앞 큰 바다는 영남으로 통하거니 村前瀛海嶺南通
쌀 실은 돛배에 부는 바람 모두 다 순풍일레 載米雲帆盡順風
흉년이면 임금님 은혜로 널리 서로 구제하니[34] 荒歲君恩交濟廣
번화함이 오래도록 옛 시절과 다름없어라 繁華長與舊時同

33 용산(龍山) : 서울의 용산을 가리킨다. 번암의 서울 집이 용산에 있었다.

34 흉년이면……구제하니 : 1737년(영조13)에 처음으로 함경도 덕원(德源) 원산(元山)에 교제창(交濟倉)을 설치하여 강원도와 경상도의 기근(饑饉)을 구제하였던 일을 가리킨다. 교제창은 이후에 더 증설되어 1742년에는 함흥(咸興)과 이원(利原)에 설치되었고, 정조(正祖) 때에 이르러 북관(北關)의 각 읍에도 설치되었다.《萬機要覽 財用6 諸倉》

세 번째 其三

푸른 바닷빛은 우거진 평원으로 이어지고　　蒼蒼海色際平蕪
십 리에 펼쳐진 인가는 도읍처럼 모였는데　　十里人煙聚似都
하고많은 집 문 앞에 늘어선 버드나무에는　　多少門前楊柳樹
대상인이 타고 온 제주마가 매여 있네　　豪商來繫濟州駒

네 번째 其四

물고기 잡는 이익은 관북이 으뜸이요　　魚族利爲關北最
면화 실은 짐바리는 영남에서 많이 오네　　綿花駄自嶠南多
때를 살펴 사 두었다 때에 따라 파노라니　　乘時買取隨時賣
이익의 절반이 원산 부호가에 떨어지네　　半是元山留富家

함흥의 노기 가련은 나이가 84세로, 〈출사표〉를 노래로 부르고 고인의 시편을 외는데 한 글자도 틀리지 않는다. 간혹 담소를 나누어 보면 조리가 분명해서 사람으로 하여금 족히 자신을 경계하고 반성하게 하니, 사대부들이 여협이라고 칭찬하는 것이 당연하다. 하지만 내가 가련을 칭찬하고 아끼는 것은 그에게 남다른 감회가 있기 때문이다. 이는 응당 가련과 나만이 알 뿐이다

咸興老妓可憐年八十有四 唱出師表 誦古人詩什不錯字 間以譚諧皆理勝 足令人警省 薦紳士以女俠稱之固也 然余所以賞愛可憐 蓋有所感者存焉 此則當憐與余知之爾

봄 별 반짝이는 외로운 객관에 한참을 앉았더니　　春星孤館坐迢迢
종소리 그치고 번잡한 거리 마침내 적막해졌네　　鍾罷街塵遂寂寥
비장하게 부르는 그대의 〈출사표〉 한 곡조여　　悲壯出師歌一闋
팔순에도 호탕한 기운이 다 사라지진 않았구려　　八旬豪氣未全消

두 번째 其二

사귀는 세태를 천고 전에 적공이 잘 알았고[35]　　交情千古翟公知

35 사귀는……알았고 : 한나라 때 적공(翟公)이 정위(廷尉) 벼슬을 할 때에는 찾아오는 빈객들이 문전성시를 이루다가, 파직을 당한 뒤에는 참새 그물을 쳐 놓을 정도로 문 앞이 한산하기만 하였다. 그러다가 다시 복직된 뒤에 빈객들이 서로 앞다투어 찾아오려고 하자, 대문에 "한 번 죽고 한 번 사는 데에서 교제하는 정을 알겠고, 한 번 가난해지

전씨 두씨 권문의 다툼에 만사가 변했건만[36] 田竇朱門萬事移
가련한 백발의 여인이 홀로 여기에 있어 獨有可憐頭白女
한평생 옛 마음의 기약을 그대로 간직하였네 百年猶自舊心期

세 번째 其三

대궐의 조정 양반들 바둑판처럼 다투어서 青瑣朝班似奕棋
장주 되었다 나비 되었다 때때로 바뀌었지[37] 莊周蝴蝶各隨時
아득해라 천보 때의 화려했던 사연들이여 茫茫天寶繁華事
동성의 부로들만이 오직 아노라[38] 惟許東城父老知

고 한 번 부자가 되는 데에서 교제하는 태도를 알겠으며, 한 번 귀해지고 한 번 천해지는 데에서 교제하는 정이 드러난다.〔一死一生, 乃知交情; 一貧一富, 乃知交態; 一貴一賤, 交情乃見.〕"라고 써 붙이고는 빈객을 일절 사절하였다고 한다.《史記 卷120 汲鄭列傳》

36 전씨(田氏)……변했건만 : 전씨는 한(漢)나라 효경제(孝景帝)의 황후(皇后)의 아우인 무안후(武安侯) 전분(田蚡)을, 두씨(竇氏)는 두 황후(竇皇后)의 조카인 위기후(魏其侯) 두영(竇嬰)을 가리킨다. 두 사람이 모두 한나라 왕실의 외척으로서 서로 권력 다툼을 벌였다.《史記 卷107 魏其武安侯列傳》 번암 당시에 조정에서 외척 간에 권력 다툼이 있었던 것을 비유한 말인 듯하다.

37 장주(莊周)……바뀌었지 :《장자》〈제물론(齊物論)〉에 "언젠가 장주가 꿈속에서 나비가 되었다. 나풀나풀 잘 날아다니는 나비의 입장에서 스스로 유쾌하고 만족스럽기만 하였을 뿐 자기가 장주인 것은 알지도 못하였는데, 조금 뒤에 잠을 깨고 보니 엄연히 만족해하는 장주라는 인간이었다. 장주의 꿈속에 나비가 된 것인가, 나비의 꿈속에 장주가 된 것인가? 하지만 장주와 나비 사이에는 분명히 구분이 있을 것이니, 이것을 일러 물의 변화라고 한다.〔昔者莊周夢爲胡蝶, 栩栩然胡蝶也. 自喩適志與, 不知周也. 俄然覺, 則蘧蘧然周也. 不知周之夢爲胡蝶與, 胡蝶之夢爲周與? 周與胡蝶, 則必有分矣. 此之謂物化.〕"라고 한 데서 온 말이다.

네 번째 其四

변방의 바람은 칼날처럼 매서웁고 關塞風頭似劍鋩
수주[39] 북으로 가는 길에 눈보라 거세어라 愁州北去雪茫茫
객수에 〈상림곡〉[40] 짓는 것도 게으르거니 羈懷懶作常林曲
노파의 타이르는 긴 말도 기다리지 않네 不待阿婆警戒長

38 아득해라……아노라 : 천보(天寶, 742~756)는 당 현종(唐玄宗) 집권 말기 때의 연호이다. 양 귀비(楊貴妃)에게 빠져 정사를 돌보지 않다가 안녹산(安祿山)의 난을 만나 나라가 어지럽게 된 시기가 바로 이때이다. 당나라 때 진홍(陳鴻)이 지은 전기(傳奇) 소설인 《동성부로전(東城父老傳)》은 가창(賈昌)이라는 주인공을 통해 당나라 현종 연간의 흥망성쇠를 묘사하였다. 가창이 어려서 입궁하여 현종의 총애를 입고 화려한 궁중 생활을 하다가 안사(安史)의 난에 휘말려 세상을 떠돌고 끝내는 출가하여 승려가 된다는 줄거리이다. 이 구절은 아마도 궁중과 관련이 있던 노기(老妓) 가련(可憐)의 화려했던 젊은 시절을 비유하는 말인 듯하다.

39 수주(愁州) : 함경북도 종성(鍾城)의 옛 이름이다.

40 상림곡(常林曲) : 악부(樂府) 서곡가(西曲歌)의 일종인 〈상림환(常林歡)〉을 가리키는 듯하나, 자세한 것은 미상이다.

함관령[41]

咸關嶺

북으로 함관령을 오르매	北上咸關嶺
괴로워라 기나긴 고갯길이여	艱哉嶺路長
험준한 산길 천백번 꺾이니	崎嶇千百折
걸어 하늘로 드는 듯하여라	仰步入穹蒼
어제가 봄날 대한이었거늘	昨日春大寒
깊이 쌓인 눈에 말고삐 젖어 드네	厚雪漲馬韁
일만 섬 눈길을 수레가 밟고 가니	輿踏萬斛屑
세찬 물결 날리는 듯한 소리가 나네	聲若波洶揚
홀연 머리 위에 울리는 호각 소리는	角聲忽我頂
옥황상제 곁에서 들려오는 풍악인가	疑出玉宸傍
깎아지른 비탈길엔 다행히 바람 아니 불고	絶磴幸不風
둥그레 둘러친 바다는 평탄하고 아득한데	圓海熨淼茫
기운이 솟아올라 괴이한 구름으로 맺히니	氣騰結怪雲
거대한 몸체가 태양빛을 감싸 안았네	輪囷抱日光
눈을 돌려 주변을 다시 굽어보니	回復頫身邊
만 길 절벽이라 마루 끝에 앉은 듯 두려워라[42]	萬仞凜垂堂

41 함관령(咸關嶺) : 홍원과 함흥 사이에 있는 고개로, 높이는 450미터이다. 《신증동국여지승람》 함경도 함흥부(咸興府) 조에 "본부 동쪽 70리 지점에 있다."라고 하였다.

42 마루……두려워라 : 《한서(漢書)》 권49 〈원앙전(爰盎傳)〉에 "천금의 자식은 마루

귀중한 이 몸이 떨어짐을 면한 것은	免墜不貲軀
왕령[43]께서 부지하고 도우신 덕택이로다	王靈所扶將
나의 종놈은 세상의 사리를 몰라서	我僕不解事
아아 두고두고 서글퍼하려네	吁駭欲永傷
한 번 웃고는 바로 말을 몰라고 꾸짖으니[44]	一笑便叱馭
비탈진 절벽 길이 평탄한 큰길 같아라	仄壁如康莊

끝에 앉지 않고, 백금의 자식은 난간에 걸터앉지 않는다.〔千金之子不垂堂; 百金之子不騎衡.〕"라고 한 데서 온 말이다. 마루 끝에 앉으면 처마의 기왓장이 떨어져 다칠 수 있으므로 위험한 상황을 비유하는 말로 쓰인다.

43 왕령(王靈) : 왕조(王朝)의 높은 덕을 말한다.

44 말을 몰라고 꾸짖으니 : 한나라 왕양(王陽)이 익주 자사(益州刺史)로 부임하는 길에 험난한 구절판(九折阪)을 넘으면서 혹시 몸을 다쳐 어버이에게 누를 끼칠까 염려하여 그냥 돌아왔다. 뒤에 왕존(王尊)도 자사가 되어 이 고개를 넘으면서 왕양의 일을 상기하며 마부를 꾸짖기를 "빨리 말을 몰아라. 왕양은 효자요, 왕존은 충신이니라."라고 했던 고사에서 온 말이다. 《漢書 卷76 王尊傳》

북청 도중에

北青道中

농수[45]가 흘러 사방으로 물결쳐 내려가니	隴水流離波四下
애절한 물소리가 철석강장도 끊을 듯하네	可能嗚咽斷剛腸
거센 바람 불어와 쌓인 눈을 연기처럼 흩날리고	急風挑雪似煙起
하늘 높이 길가 버들은 바다를 길게 가리고 섰네	行柳拂天遮海長
달은 밝고 밝은데 나그네는 집 돌아가는 꿈을 꾸고	客夢還家月皎皎
구름 아득히 흐르는데 검가 부르며 변방을 나서네	劍歌出塞雲茫茫
시중께서 세상을 떠난 뒤로 삼한이 미약해지니[46]	侍中一去三韓弱
황극전[47] 높은 곳에다 폐백 바치느라 바쁘구나	皇極殿高皮幣忙

45 농수(隴水) : 농수는 섬서성(陝西省) 농현(隴縣) 서북쪽에 있는 농산(隴山)에서 발원하는 물인데, 이 지역은 중국 서쪽 변경의 요해처이므로 흔히 변경 지방에 있는 하천을 뜻하는 말로 쓰인다.

46 시중(侍中)께서……미약해지니 : 시중은 고려 중기 때의 문신으로 문하시중(門下侍中)을 지낸 윤관(尹瓘, ?~1111)을 가리킨다. 1107년(예종2)에 17만 대군을 이끌고 우리나라 동북 지방에 출진(出鎭)하여 여진을 평정하고 함주(咸州), 영주(英州), 웅주(雄州), 복주(福州), 길주(吉州), 공험진(公嶮鎭), 숭녕(崇寧), 통태(通泰), 진양(眞陽)의 9성을 쌓았다. 윤관의 사후에는 국위를 떨치지 못하였으므로 이렇게 말한 것이다.

47 황극전(皇極殿) : 명나라 궁궐의 전각(殿閣) 이름으로, 본명은 봉천전(奉天殿)이다. 여기서는 청나라를 가리키는 말로 쓰였다.

시중대[48]

侍中臺

바다를 들이마실 듯한 높은 누대의 형세	高臺勢飮海
마치 인두 자루를 꽂아 놓은 것 같네	如揷熨斗柄
푸른 절벽이 높다랗게 장벽을 이루니	蒼壁嶪成障
층층 파도가 감히 함부로 범하지 못하누나	層濤不敢橫
늙고 커다란 천만 그루 소나무가	老大萬千松
이리저리 땅을 나누어 흩어져 자라고	落落分地迸
우람한 비석이 그 위에 세워져 있나니	豐碑其上有
우러러 읽으매 엄숙하고 경건하도다	仰讀頗肅敬
아득한 옛날 윤 시중[49]께서는	伊昔尹侍中
초목조차 그 이름을 알고 있었네	草木知名姓
군사를 이끌고 호랑이 굴을 치니	提兵擣虎穴
살기가 온 천하에 진동하였지	殺氣天宇竟
시중의 행차가 이 누대에 이르러	樹羽臨此臺
백일 아래 풍악 소리 울려 퍼지니	白日笳鼓競
포부와 기상은 어룡을 굴복시켰고	意氣魚龍伏

48 시중대(侍中臺) : 윤관(尹瓘)이 여진을 정벌할 때에 머물렀다는 곳으로, 북청(北青)에 있다.

49 윤 시중(尹侍中) : 문하시중(門下侍中)을 지냈던 윤관을 가리킨다. 246쪽 주46 참조.

공훈과 업적은 기린각[50]에 성대했도다　勳業麒麟盛
하지만 본디 서생인 나는　而我本書生
북쪽 변방에서 잘못 명을 받드니　北塞謬膺命
격문은 그런대로 지을 수 있어도　飛檄猶可草
긴 밧줄은 끝내 청할 수 없었네[51]　長纓不曾請
말을 내려 누대에 올라 굽어보는데　下馬一登眺
녹로검[52]이 봄 술잔에 비치는도다　鹿盧春酒暎
고깃배는 점점이 포구로 돌아오고　漁舠點點還
하늘과 물은 맑기가 거울 같아라　天水澄如鏡
큰 전복을 따 오라 분부를 하니　分付摘大鰒
군령처럼 명령을 따르는도다　趨命如軍令
이번 유람도 넉넉히 즐거웁거니　玆遊亦足樂
상쾌한 마음을 창 비낀 채 읊조리노라　快意橫槊詠

50 기린각(麒麟閣) : 한 선제(漢宣帝)가 일찍이 곽광(霍光), 장안세(張安世), 소무(蘇武) 등 공신 11인의 초상을 그려서 걸게 했던 전각으로, 기린각에 걸렸다는 것은 곧 국가에 큰 공훈을 세워 공신에 책록된 것을 말한다.

51 긴 밧줄은……없었네 : 직접 전쟁터에서 적과 싸워 나라에 보답할 수 있는 무인(武人)의 자질은 없다는 말이다. 한(漢)나라 간의대부(諫議大夫) 종군(終軍)이 남월(南越)에 사신으로 나가기를 자청하면서, 긴 밧줄〔長纓〕 하나만 주면 남월 왕을 묶어서 궐하(闕下)에 바치겠다고 한 고사에서 온 말이다. 《漢書 卷64下 終軍傳》

52 녹로검(鹿盧劍) : 옛날 진(秦)나라 왕이 사용하던 칼로, 손잡이에 묶은 긴 끈에 도르래 모양이 옥으로 새겨져 있다고 해서 생긴 이름이라고 한다.

이성의 솔밭

利城松田

‘성(城)’ 자는 나중에 ‘원(原)’ 자로 고쳤다.[53]

하늘같이 너른 대로는 깊은 솔숲을 꿰뚫고 가고 　如天官路貫深松
지는 해는 구름 물결 속에 일만 겹으로 비치누나 　落日雲濤暎萬重
거나해져 휘두르는 금채찍에 눈이 울며 날리거니 　酒後金鞭鳴拂雪
붉은 기 그림자 아래 치닫는 말은 용처럼 날래도다 　紅旗影下馬如龍

53 성(城)……고쳤다 : 정조(正祖)의 어휘(御諱)인 ‘祘’ 자는 본래 ‘산’으로 읽혔으나, 1796년(정조20)에 간행하여 반포한 《규장전운(奎章全韻)》에서 ‘성’으로 음이 개정되었다. 이에 따라 정조의 사후에 어휘와 음이 같은 이성(尼城)과 이성(利城)이 각각 노성(魯城)과 이원(利原)으로 개칭되었다. 《承政院日記 純祖 卽位年 9月 7日》

곡구의 월파헌[54]에서 판상 위 제공의 운에 차하다
谷口月波軒次板上諸公韻

누대에 바야흐로 날이 개고	樓臺方霽色
막부도 장차 밝아지려는 때	幕府且明時
의기는 허리춤의 칼처럼 날카롭고	意氣腰間劍
산하는 말 위의 시구(詩句)로 들어오네	山河馬上詩
무성한 구름은 조도 곁에 이웃하고	雲霏隣鳥道
기이한 태양은 붕해 위로 떠오는데	光怪挹鵬池
왕사에 화각 소리 듣기를 재촉하니	王事催聞角
감히 난간에 기대어 지체하지 못하겠네[55]	憑欄不敢遲

54 월파헌(月波軒) : 곡구역(谷口驛)의 객관(客館)이다. 이명환(李明煥, 1718~1764)의 《해악집(海嶽集)》 권3 〈관산지행(關山之行)〉에 "단천(端川)에서 50리 거리의 마운령(磨雲嶺) 아래에 있다."라고 하였다.

55 왕사(王事)에……못하겠네 : 변방에서 공무(公務)로 바빠 좋은 경치를 즐기기 못하는 아쉬움을 표현한 말이다.

마운령[56]

磨雲嶺

동쪽으로 서쪽으로 구불구불 서린 산줄기에	盤盤東折復迤西
잘게 뚫고 구름 걸어 오솔길 억지로 닮게 했네	細鑿懸雲强學蹊
하늘은 화이를 나누어 경계를 엄정히 하였거늘	天爲華夷嚴閫臬
산은 모두 작은 언덕이라 높고 낮음 잃었구나	山皆培塿失高低
산꼭대기 울리는 군악 소리에 강풍은 흩어지고	鐃笳殷頂剛風散
큰 바다에는 몸을 휘감는 안개 자욱이 쌓였네	溟渤縈身積氣迷
듣자니 봉수군이 한가로워 절로 잠든다 하더니	見說烽軍閒自睡
팔방에 글 읽는 소리뿐 변방 북소리 고요해라	八方絃誦靜邊鼙

56 마운령(磨雲嶺) : 함경남도 이원군 동면과 단천군 부귀면 사이에 있는 고개이다. 해발 416미터이다. 《신증동국여지승람》 단천군(端川郡) 조에 "본군 남쪽 37리에 있다. 옛날에는 두을외대령(豆乙外大領)이라 일컬었다."라고 하였다.

마천령[57]

磨天嶺

둘러친 험준한 지세가 성과 해자를 대신하니	周遭關阨替城壕
태곳적에 상제께서 만들며 고생하셨으리라	設此當時上帝勞
두성과 우성을 하나하나 손으로 딸 만하도다	箇箇斗牛堪手摘
망망한 하늘과 땅 사이에 몸이 문득 높아 가네	濛濛天地却身高
산 중턱엔 눈이 잔뜩 쌓여 지나는 사람 적고	中峯雪壯通人少
구름 깔린 벌판 굽어보며 칼 기대어 호기롭다	絶漢雲長倚劍豪
끊임없이 부는 해풍에도 넘어지지 않았나니	無限海風吹不倒
작은 정자가 여기에 또한 굳건히 뿌리박았네	小亭斯亦着根牢

57 마천령(磨天嶺) : 함경남도 단천시와 함경북도 성진시 사이에 있는 고개이다. 해발 709미터이다. 《신증동국여지승람》 단천군 조에 "본군 동쪽 66리에 있다. 옛날에는 이판령(伊板嶺)이라 불렀다."라고 하였다.

성진
城津

자욱한 황사에 꽃다운 얼굴 상하는데	黃沙莽莽損朱顏
옛 수자리라 웅성[58]에서 말을 달리네	躍馬雄城古戍間
들판이 끊기니 바다를 밟고 달리는 듯	野斷定如趨蹈海
봉우리 열리니 홀연 관문을 이루었네	峯開忽爾趯成關
황량한 연무는 한낮에도 어룡수를 뒤덮고	荒煙晝罨魚龍水
한바탕 눈은 봄인데도 말갈산에 쌓였누나	大雪春藏靺鞨山
수많은 군사들과 군례를 마친 뒤에	無數櫜鞬軍禮罷
장단에서 시 읊조리니 밤이 한가로워라	將壇吟嘯夜來閒

58 웅성(雄城) : 함경도 길주(吉州)의 별칭이다.

달밤에 조일헌[59]에 앉아

月夜坐朝日軒

성진의 성곽 뿌리가 용궁에 꽂혔으니	城津城脚揷龍宮
너른 바다 흰 파도가 수시로 통하누나	瀚海雲濤坐臥通
천지에 달이 뜨자 일망무제 펼쳐지고	天地月生無際色
누대에 걸터앉으니 태허 바람 불어오네	樓臺人跨太虛風
천 종 노주[60]를 마시며 노래를 부르거니	千鍾蘆酒歌吟裏
오경 모두[61] 뜬 밤에 강개한 맘 북받치네	五夜旄頭慷慨中
태평성세인지라 중문격탁[62]하지 않나니	聖世重門休擊柝
서생이 한가롭게 뭇 사내의 우두머리 되었네	書生閒作萬夫雄

59 조일헌(朝日軒) : 성진진(城津鎭)의 산성(山城) 안에 있던 객관(客官)이다.

60 노주(蘆酒) : 갈대의 줄기를 술통에 꽂아 마시는 술이다.

61 모두(旄頭) : 묘수(昴宿)의 다른 이름으로 호성(胡星)이며, 오랑캐를 상징한다고 한다.

62 중문격탁(重門擊柝) : 《주역》 〈계사전 하(繫辭傳下)〉에 "문을 겹으로 설치하고 목탁을 치며 밤에 순찰을 하여 도적에 대비한다.〔重門擊柝, 以待暴客.〕"라고 한 데서 온 말로, 국경의 방비를 튼튼히 하는 것을 비유한다.

깊은 밤에 성첩에 걸어 올라 기대다
夜深步倚城堞

옛 수자리 안개 끼고 바다엔 달 뜨는데	古戍煙空月上溟
북으로 온 내 마음엔 청평검[63]을 품었어라	北來心事有青萍
유신은 의기롭고 흰머리가 아닌지라	儒臣意氣非蒼鬢
한밤 오랑캐 하늘에 뜬 태백성[64]을 바라보네	夜看胡天太白星

63 청평검(青萍劍) : 옛 보검 이름이다.

64 태백성(太白星) : 금성(金星)의 옛 이름이다. 저녁에는 서쪽에 떴다가 새벽에는 동쪽에 뜬다.

명천에서 음산하고 쌀쌀한 바람 부는 날을 만나 말 위에서 읊다

明川遇風日陰冷 馬上有吟

변방에 지는 해는 겹관문 너머로 어둑한데	悠揚塞日曖重關
눈 내린 뒤 명천 길은 험하기도 하네	雪後明川道路艱
벌판 멀리 인가는 수자리인 양 썰렁하고	磧遠人家寒似戍
석양 비추는 성가퀴에 먹구름 산처럼 이네	堞曛雲墨湧如山
하늘 아득한 곳 수척한 객은 아직 병이 많고	天長瘦客仍多病
술 부족한 일행들은 얼굴이 펴지질 않네	酒薄征徒未解顏
부끄럽구나 조정에서 잘못 선발한 이 몸	慙愧聖朝隆簡誤
썩은 선비가 평소 활쏘기 배우지 않았으니	腐儒生不學弓彎

경성 도중에

鏡城道中

용성[65]으로 서기[66]가 훌쩍 달려가는 동안	龍城書記去翩翩
변방의 달은 벌써 두 번이나 둥글어졌네	關月途中已再圓
다함없는 산의 한기는 벌판 밖까지 발산되고	不盡山寒生磧外
어디서 온 바닷빛인지 옷깃 앞에 가득하네	何來海色滿襟前
공을 세워 비석에 새겨진 분은 윤 원수[67]요	功成勒石尹元帥
시를 이루어 종군한 사람은 왕중선[68]이로다	詩就從軍王仲宣
귀문관 보고 웃곤 바로 말을 몰라 꾸짖나니[69]	一笑鬼門輕叱馭

65 용성(龍城) : 본래 경성(鏡城)과 부령(富寧) 사이에 있는 성(城)의 이름인데, 여기서는 경성의 별칭으로 쓰였다.

66 서기(書記) : 관찰사(觀察使)나 절도사(節度使)의 부관(副官)으로, 문서의 기록을 담당하는 관리이다. 여기서는 북평사(北評事)로 임명된 번암 자신을 가리킨다.

67 윤 원수(尹元帥) : 고려 중기 때의 문신으로 문하시중(門下侍中)을 지낸 윤관(尹瓘)을 가리킨다. 246쪽 주46 참조.

68 왕중선(王仲宣) : 한나라 말기의 문인 왕찬(王粲, 177~217)으로, 중선은 그의 자이다. 일찍이 한 헌제(漢獻帝) 때 난리를 피해 형주(荊州)의 유표(劉表)에게 15년 동안 의탁해 있다가 나중에 조조(曹操)의 수하에 들어가 관내후(關內侯)에 봉해졌다. 조조가 위(魏)나라를 세우자 시중(侍中)이 되었고, 손권(孫權)을 정벌하는 조조를 따라갔다가 도중에 병사하였다. 박식하고 문장이 뛰어나 건안칠자(建安七子) 중의 한 사람으로 꼽힌다.

69 귀문관(鬼門關)……꾸짖나니 : 임금이 명령한 임무를 완수하기 위해서는 귀문관의 험준함도 문제 될 것이 없다는 말이다. 귀문관은 함경북도 명천(明川)과 경성(鏡城) 사이에 있는 관문이다. 중국의 광서성(廣西省)에도 같은 이름의 관문이 있는데, 산세가

평생 온갖 역경 속에서도 내 마음은 굳세다오　　　百年夷險寸心堅

험준한 데다 장려(瘴癘)가 만연하여 생환(生還)하는 자가 드물었으므로 "귀문관에 가면 열에 아홉은 못 돌아온다.[鬼門關十人九不還]"라는 말이 유행했다고 한다.《舊唐書 卷41 地理志4》'말을 몰라고 꾸짖는다'는 말에 대해서는 245쪽 주44 참조.

주촌의 달밤

朱村月夜

젊어서 집 떠나 먼 곳을 떠돌더니	年少辭家事遠征
귀문관 밖 목랑성에 이르렀네	鬼門關外木郎城
봉화 연기는 외로운 마을 마주해 걷히고	烽煙正對孤村霽
달빛은 오히려 고향처럼 밝아 오네	月色還同故國明
강토는 치우친 땅 동해의 변경	版籍壤偏東海界
말발굽 하늘에 드는 북병영[70]이라	馬蹄天入北兵營
오만 생각하며 빈 뜰에 창망히 섰으니	空庭萬念蒼茫立
호가[71] 불어 북방 가락을 울리게 말지어다	莫遣胡笳動朔聲

70 북병영(北兵營) : 함경도 경성(鏡城)에 있던, 북병사(北兵使)가 주둔하던 영문(營門)이다.

71 호가(胡笳) : 호가는 오랑캐의 피리이다. 흔히 쓸쓸한 변방의 정서를 표현할 때에 사용된다.

수성관[72]

輸城館

심원하다 천하를 평정하려는 남아의 포부	悠哉四方志
종군한 걸 감히 후회 않노라	不敢悔從軍
바다 한가운데는 들판보다 높고[73]	海腹高於野
마을은 무덤처럼 점점이 펼쳐졌네	村容點似墳
말에게 차가운 시냇물을 먹일 제	寒流飮我騎
봄 벌판에는 오랑캐 구름 일어나네	春磧漲胡雲
만약 연연산의 장수[74]를 만난다면	若遇燕然帥
어찌 비문 짓는 일을 사양하리오	那辭勒石文

72 수성관(輸城館) : 경성도호부(鏡城都護府) 내 수성역(輸城驛)의 객관(客館)으로 추정된다.

73 바다……높고 : 바다에 파도가 높이 일렁여서 육지의 벌판보다 높아 보이는 것을 형용한 말이다.

74 연연산(燕然山)의 장수 : 후한 화제(後漢和帝) 때 거기장군(車騎將軍) 두헌(竇憲, ?~92)을 가리킨다. 서기 89년에 두헌이 군사를 거느리고 출병하여 북선우(北單于)를 크게 격파한 뒤 오늘날 몽고의 애항산(愛杭山)인 연연산에 올라가 공적을 기록한 비석을 세우고 돌아왔다. 그 비문이 바로 〈연연산명(燕然山銘)〉으로, 당시 두헌의 참모(參謀)로 종군하였던 반고(班固)가 지은 것이다. 《後漢書 卷23 竇憲列傳》

풍산진에서 회령으로 가다가 길에서 대설을 만나다
自豐山鎭向會寧 路遇大雪

외로운 성에서 부는 호각 소리 일만 봉우리 울리거늘	孤城吹角萬峯間
들 기운 아득하고 멀어 분간할 수 없네	磧氣蒼茫逈不分
날을 헤아려 보매 오주[75]에 왕사가 급한지라	計日鰲州王事急
눈보라 속에 말을 달려 음산[76]을 넘어가네	雪中驅馬度陰山

75 오주(鰲州) : 회령(會寧)의 별칭으로, 흔히 오산(鰲山)이라고 불렀다.

76 음산(陰山) : 본래 중국 북쪽 변경의 산들을 가리키는데, 여기서는 우리나라 변경의 산을 뜻하는 말로 쓰였다.

행영
行營

풍악은 시끌벅적 동이엔 술이 가득	笙笳沸屋酒盈缸
서른에 종군하여 그림 깃발 둘러쳤네	三十從軍擁畫杠
맑은 날 구름은 현도[77] 변방에 자욱하고	晴日雲屯玄菟塞
괴이한 바람은 흑룡강으로 모래를 날리누나	怪風沙走黑龍江
서생은 의기 높아 붓 가벼이 던졌으나	書生有氣輕投筆
약소국이라 이름난 누대에서 항복받기 부끄러워라	弱國名樓愧受降
듣자니 선우[78]가 가을에 내려오려 한다는데	聞說單于秋欲下
조정은 둘도 없는 국사[79]를 중하게 여기는지	廟謨能急士無雙

77 현도(玄菟) : 고조선(古朝鮮) 시대에 한나라 무제(武帝)가 우리나라 북부 지역에 설치한 사군(四郡) 가운데 하나인 현도군(玄菟郡)을 말한다. 현도군의 위치 및 강역에 대해서는 자세한 기록이 전하지 않아 학자들 사이에 오랜 논의의 대상이 되어 왔다.

78 선우(單于) : 한나라 때 흉노족의 군장(君長) 칭호로, 흔히 오랑캐의 우두머리를 뜻한다.

79 둘도 없는 국사(國士) : 임금을 보필할 뛰어난 인재를 가리킨다. 한(漢)나라 승상 소하(蕭何)가 한 고조(漢高祖)에게 한신(韓信)을 천거할 때 했던 말 가운데 "여러 장수는 얻기가 쉽지만, 한신 같은 사람은 둘도 없는 국사입니다.〔諸將易得耳, 至如信者, 國士無雙.〕"라고 한 데서 온 말이다. 《史記 卷92 淮陰侯列傳》

황제총[80]

皇帝塚

간악[81]의 일은 누구를 허물하랴　艮嶽曾誰咎
황량한 벌판이 비로소 처량해졌네　荒原始欲凄
신주는 부질없이 스스로 크기만 했지　神州空自大
작은 무덤조차도 깃들기 어려웠어라　抔土亦難棲
황천에는 진나라 닭 울음소리 끊기고[82]　地下秦鷄斷

80 황제총(皇帝塚) : 회령부(會寧府)에 있다고 전하는 송나라 휘종(徽宗, 1082~1135)의 능이다. 《해동역사(海東繹史)》 속집(續集) 지리고(地理考)에 "회령부의 보을하진(甫乙下鎭) 서쪽에 대총(大塚)이 있는데, 예로부터 이곳을 황제총이라고 칭하였다. 그리고 여러 개의 소총(小塚)이 대총의 주위를 둘러싸고 있는데, 이를 시신총(侍臣塚)이라고 부른다. 지금 밭을 가는 자들이 가끔씩 숭녕전(崇寧錢)을 발견하고 있으니, 이곳이 어찌 휘종을 장사 지낸 곳이 아니겠는가."라는 기록이 있다. 휘종은 신종(神宗)의 아들로 이름은 조길(趙佶)이고, 도교를 몹시 숭상하여 스스로 교주 도군 황제(教主道君皇帝)라 일컬었다. 흠종(欽宗) 2년(1127) 금나라 태종(太宗)에게 수도 변경(汴京) 즉 지금의 개봉(開封)이 함락되자, 아들 흠종과 함께 금나라 군사에게 사로잡혀 북으로 갔다가 돌아오지 못하고 마침내 오국성(五國城)에서 죽었다. 《宋史 卷19 徽宗本紀》

81 간악(艮嶽) : 지금의 중국 하남성(河南省) 개봉(開封)에 있던 인공으로 만든 산으로 만세산(萬歲山)이라고도 부른다. 도성의 간방(艮方)에 있으므로 간악이라고 이름한 것이다. 송나라 정화(政和) 7년(1117) 휘종(徽宗)이 이 산을 조성하고 〈간악부(艮嶽賦)〉를 지었다. 강남의 기화 괴석을 징발하여 간악을 치장함으로써 막대한 노동력과 재화가 소모되었으므로 북송이 금나라에게 멸망하게 된 하나의 빌미가 되었다. 《宋史 卷470 佞幸列傳 朱勔》

82 황천에는……끊기고 : 어둠의 황천 세계에 다시는 새벽이 오지 않는다는 말이다. 진(秦)나라 닭은 맹상군(孟嘗君)의 식객 중에 닭 울음소리를 잘 내는 사람이 있어 한밤

인간 세상에는 촉백[83]이 슬피 우누나	人間蜀魄啼
청구[84]는 청정한 땅에 속하거니	青丘屬乾淨
혼을 기탁한 걸 경하할 만하여라	堪賀托魂兮

에 굳게 닫힌 함곡관(函谷關)의 성문을 열어 진나라에서 벗어날 수 있었다는 계명구도(鷄鳴狗盜)의 고사에서 온 말이다.

83 촉백(蜀魄) : 두견이의 별칭이다. 전국 시대 촉(蜀)나라에 이름이 두우(杜宇)인 망제(望帝)라는 임금이 신하에게 양위(讓位)하고 숨어 살다가 죽어 두견이가 되었는데, 봄이면 밤낮으로 슬피 운다는 전설에서 비롯된 명칭이다. 촉혼(蜀魂), 촉조(蜀鳥), 귀촉도(歸蜀道), 두백(杜魄), 망제혼(望帝魂)이라고도 한다.

84 청구(青丘) : 본래 해외에 있는 전설상의 나라인데, 일반적으로 우리나라를 지칭한다.

회령의 척수헌[85]에서 오국성[86]을 바라보며 감회를 읊다
會寧滌愁軒望五國城 感吟

화석의 풍류[87]가 여기에 와서 참 가련하였지　花石風流此可憐
배고프면 삭설을 먹고 목마르면 호천을 마셨네　飢餐朔雪渴胡泉
강남에서 제일가는 진 승상[88]은　江南甲第秦丞相
나라가 기울도록 부귀를 잘도 독차지했거늘　好是傾邦富貴專

85 척수헌(滌愁軒) : 회령부 관아(官衙) 안에 있던 건물의 이름으로 추정된다.

86 오국성(五國城) : 회령(會寧) 부근에 있던 옛 성이다. 송(宋)나라가 1127년 정강(靖康)의 난(難)을 당하여 수도 변경(汴京)이 함락되자, 휘종(徽宗)과 흠종(欽宗)이 금(金)나라 군사들에게 사로잡혀 북으로 끌려가 오국성에 갇혀 죽었다. 《宋史 卷22 徽宗本紀》

87 화석(花石)의 풍류(風流) : 송나라 휘종(徽宗)이 기화(奇花)와 괴석(怪石)으로 정원 꾸미는 것을 좋아하자, 신하들이 강남(江南)의 기화와 괴석을 징발하여 진상하였는데, 그것을 수송하는 배가 회수(淮水)와 변수(汴水)에 서로 잇대었던 것을 '화석강(花石綱)'이라고 불렀다. 《宋史 卷470 佞幸列傳 朱勔》

88 진 승상(秦丞相) : 남송(南宋)의 재상 진회(秦檜)를 가리킨다. 자는 회지(會之)이고, 강녕(江寧) 사람이다. 고종(高宗)의 신임을 받아 19년간 국정을 전단(專斷)하였다. 충신 악비(岳飛)를 죽이고 주전파(主戰派)를 탄압하여 금나라와 굴욕적인 화약(和約)을 체결하였으므로 뒤에 간신으로 평가되었다.

부령에서 시험이 끝나 무산으로 향하다
富寧試罷 向茂山

농판[89]은 아득하고 농판의 나무 푸르른데	隴坂悠悠隴樹蒼
농두에서 말에게 물 먹이며 석양을 마주하였네	隴頭飮馬對斜陽
김공[90]이 육진을 개척했던 공적 어찌 그리 위대한가	金公拓鎭功何壯
남상[91]이 변방을 열었던 뜻이 또한 유장하도다	南相開邊意亦長
만 리에서 부는 바람은 영고탑[92]을 진동하고	萬里風連靈塔動

89 농판(隴坂) : 본래 섬서성(陝西省) 농현(隴縣) 서북쪽에 있는 산인 농산(隴山)을 가리키는데, 여기서는 변경의 산을 뜻하는 말로 쓰였다. 농두(隴頭) 또는 농수(隴首)라고도 한다.

90 김공(金公) : 조선 초기의 문신 김종서(金宗瑞, 1383~1453)를 가리킨다. 자는 국경(國卿), 호는 절재(節齋), 본관은 순천(順天)이다. 도총제(都摠制)를 지낸 김추(金錘)의 아들이다. 1405년(태종5) 문과에 급제하여 사간원 우정언(司諫院右正言), 지평(持平), 집의(執義), 우부대언(右副代言) 등을 지냈다. 1433년(세종15) 함길도 관찰사(咸吉道觀察使)가 되어 육진(六鎭)을 개척하여 두만강을 경계로 조선의 국경선을 확정하였다. 1435년 함길도 병마도절제사(咸吉道兵馬都節制使)를 겸직하면서 확장된 영토에 조선인을 정착시켰고 북방의 경계와 수비를 7년 동안 맡았다. 좌의정으로 있던 1453년(단종1) 수양대군에 의하여 두 아들과 함께 집에서 살해되어 계유정난의 첫 희생자가 되었다. 시호는 충익(忠翼)이다.

91 남상(南相) : 조선 전기의 무신 남이(南怡, 1441~1468)를 가리킨다. 본관은 의령(宜寧)이다. 1457년(세조3) 무과(武科)에 급제하였다. 1467년 함경도 일대에서 이시애(李施愛)의 난이 일어나자 대장으로서 난을 평정하여 적개 공신(敵愾功臣) 1등에 책록되고, 의산군(宜山君)에 봉해졌다. 이어 건주위(建州衛)의 여진족(女眞族)을 정벌할 때에 큰 공을 세워 공조 판서에 오르고 병조 판서가 되었다. 역모를 꾀한다는 유자광(柳子光)의 모함 때문에 처형당하였다. 시호는 충무(忠武)이다.

92 영고탑(靈古塔) : 지명(地名)이다. 지금의 흑룡강성(黑龍江省) 송화강(松花江)

천년 동안 쌓인 눈은 백두산을 누르누나　千年雪壓白頭荒
홀로 수고롭다고 감히 병든 몸을 핑계 대랴　賢勞敢說微軀病
칼 고리 손에 쥐고서 고향 생각을 말아야지[93]　莫把刀環念故鄉

부근으로, 청나라의 발상지이다. 다른 이름으로 영고탑(寧古塔), 영고특(寧古特), 영고대(寧古臺) 등이 있다.

93 칼 고리……말아야지 : 고향으로 돌아가고 싶은 마음이 간절해도 참겠다는 말이다. '칼 고리〔刀環〕'는 고향으로 돌아가고 싶은 마음을 비유한 것으로, 칼에 달린 고리인 환(環)이 돌아간다는 뜻인 환(還)과 음이 같으므로 취해서 쓴 것이다.

무산
茂山

창공을 찌르는 만 그루 나무 쭉쭉 뻗은 길 　參霄萬木路脩脩
하늘 끝닿은 변방 영토 바깥의 고을 　天盡輿圖以外州
달팽이 같은 골짝 집은 밭이랑을 나눠 섰고 　峽屋似蝸分壟畝
관아는 사슴들과 숲 언덕을 함께 가졌네 　官居與鹿共林丘
봄 강은 옛 그대로 나루까지 얼었는데 　春江依舊氷連渡
맑은 날 무단히 부는 바람은 누대를 흔드누나 　晴日無端風震樓
태평성대라 고기 먹는 자들[94] 많기도 하건마는 　聖代昇平多肉食
완항과 허항[95]을 버려둔 실책이 가장 근심스러워라 　緩虛遺策最堪愁

94 고기 먹는 자들 : 지위가 높고 녹을 많이 받는 관리를 지칭하는 말로 쓰인다. 《춘추좌씨전(春秋左氏傳)》 장공(莊公) 10년 조에 "고기를 먹는 자들은 안목이 좁고 낮아서 원대한 계획을 세우지 못한다.〔肉食者鄙, 未能遠謀.〕"라는 말이 나온다.

95 완항(緩項)과 허항(虛項) : 완항령(緩項嶺)과 허항령(虛項嶺)을 가리킨다. 완항령은 허항령에서 멀지 않은 곳으로 추정되나 정확한 위치를 알 수 없다. 허항령은 지금의 양강도 삼지연군에 있는 고개로, 백두산과 북포태산의 사이에 있으며, 높이는 1401미터이다. 《연려실기술(燃藜室記述)》 〈지리전고(地理典故)〉에는 "(백두산이) 북쪽으로 뻗친 한 줄기가 두 강을 끼고 영고탑(寧古塔)이 되고, 남쪽으로 뻗어 나간 한 줄기가 조선 산맥의 맨 첫째가 된다. 산꼭대기에 있는 큰 못〔池〕으로부터 분수령이 되어 남쪽으로 내려간 것은 연지소봉(燕脂小峯), 백산(白山)이 되고 허항령, 보다회산(寶多會山), 완항령, 설령(雪嶺)이 된다. 이곳으로부터 동쪽으로 뻗쳐서 장백산이 되고, 한 줄기는 북쪽으로 달려 경성, 부령(富寧)을 지나 두만강을 끼고 동쪽으로 뻗어 경흥에서 그친다. 설령으로부터 남쪽으로 달려서 두리산(豆里山), 참두령(斬頭嶺)이 되며, 서쪽으로 꺾여 남쪽으로 가서 황토령(黃土嶺), 천수령(天守嶺), 조가령(趙可嶺), 후치령(厚致

골짜기의 풍속은 자신들의 밭두둑에다 오두막을 지어 경작에 편리하도록 하므로 세 번째 구절에서 언급한 것이다. 완항(緩項)과 허항(虛項) 두 재〔嶺〕에 갑산(甲山)과 북청(北青) 등지로 곧바로 통하는 길이 있으나, 산이 깊고 험준해서 살기 불편하다는 이유로 수백 리 사이에 진보(鎭堡)를 설치하지 않아 버린 곳처럼 되어 버렸다. 그래서 낙구(落句)에 언급한 것이다.

嶺)이 되고, 북쪽으로 꺾여 태백산이 되며, 그 중간에 뻗친 한 줄기는 서남쪽으로 내려와서 함흥부가 된다."라고 하였다.

백고조 호주 선생[96]께서 일찍이 북평사가 되어 북관에서 동종연을 베푸셨는데, 성대했던 일이 가승에 실려 지금까지 칭송된다. 지금 내가 여기에 와서 동종 제현들과 무산의 객관에서 주연을 열고 술자리에서 이전의 일을 생각하며 시를 지어 준다

伯高祖湖洲先生曾以評事設同宗宴於北關 盛事載家乘 至今稱之 今余之來 與同宗諸賢觴茂山客館 酒席感念前事 詩以贈之

일천 산맥에게 묻고파라	欲問千山脈
어느 산인들 백두가 조종이 아니더냐	誰非祖白頭
다행히도 동성의 빈객을 상봉하여	幸逢同姓客
타향의 객수를 그나마 떨치도다	聊破異鄉愁
선조의 유묵에 눈물을 자아내고	遺墨堪成淚
산뜻한 시구 보곤 다시 눈 비비네	淸詞更拭眸
술잔과 술동이엔 옛일이 담겼나니	杯樽有古事
나그네 깃발을 그대들 위해 멈추노라	征旆爲君留

96 호주(湖洲) 선생 : 채유후(蔡裕後, 1599~1660)를 가리킨다. 자는 백창(伯昌), 호는 호주, 본관은 평강(平康)이다. 진사 채충연(蔡忠衍)의 아들이다. 1623년(인조1) 문과에 합격하였다. 사가독서(賜暇讀書)를 거친 뒤, 교리(校理), 이조 좌랑, 대사헌, 이조 판서, 대제학 등의 관직을 역임하였다. 문집으로 《호주집(湖洲集)》이 전한다. 채유후가 북평사로 부임했던 때는 1630년이다.

무산에서 달밤에 성첩을 걸어 순시하다가 문루에 돌아 올라 시를 읊다

茂山月夜步巡城堞 逌登門樓 口占

봉화 오르는 요해처에 도호주를 신설하니[97]	煙火新成都護州
차유령[98] 너머로 오랑캐 요기(妖氣)가 걷히었네	車踰嶺外虜氛收
거센 바람 고각 소리에 추위는 더해 가고	終風鼓角寒增厲
외로운 달은 관산 위로 어둠 속에 절로 뜨네	孤月關山黯自浮
정북으로 세운 정기는 중국 변경 굽어보는데	直北旌旗臨漢塞
태평성대라 갖옷 입고 변방 누대에 기대었도다	太平裘帶倚邊樓
강토를 봉한 목책이 구리 기둥[99]이 아니거늘	封壃木柵非銅柱
천고의 나라가 부끄러이 백두산에 그쳤구나	千古邦羞滯白頭

97 봉화……신설하니 : 요해처이기 때문에 부(府)를 설치해야 한다는 함경도 관찰사 이세화(李世華)의 건의에 따라, 1684년(숙종10)에 병마첨사진(兵馬僉使鎭)이었던 무산(茂山)을 무산부(茂山府)로 승격하였던 일을 가리킨다. 《만기요람(萬機要覽)》 함경도 부령(富寧) 조에 "숙종 10년 갑자에 차유령(車踰嶺) 이북을 떼어서 따로 치소(治所)를 만들고 도호부(都護府)로 승격한 것이 지금의 무산이다."라고 하였다.

98 차유령(車踰嶺) : 함경북도 부령군과 무산군 사이에 있는 고개로, 높이는 914미터이다.

99 구리 기둥 : 후한(後漢) 때 복파장군(伏波將軍) 마원(馬援)이 교지국(交趾國)을 원정(遠征)한 뒤에 중국과 남방 외국의 경계선을 표시하기 위해 세운 두 개의 구리 기둥〔銅柱〕을 말한다. 《後漢書 卷24 馬援列傳》

무산을 출발하여 서치에 오르다

發茂山登西峙

가까이 마주한 봉우리는 단짝과 같고	襯對峯如耦
아득히 뚫린 오솔길은 실발 같아라	遙穿徑若絲
들불은 주인 없는 나무로 번져 가고	燒延無主木
봄눈은 겨울 지난 가지에 남아 있누나	雪宿過冬枝
벌판 기운은 저녁도 아닌데 어리었고	磧氣凝非暮
골짝 바람은 시도 때도 없이 일어난다	谷風生不時
수레 멈추고 하늘 끝에서 발돋움하니	停輿企天末
살짝 드러난 백두산 자태 바라보이네	微出白山姿

폐무산진[100]

廢茂山鎭

만호가 허리에 궁시를 차고서	萬戶腰弓矢
오 리를 달려와 공손히 맞이하네	趨迎五里恭
외로운 성은 일만 나무에 기대었고	孤城依萬木
몇 집이 뭇 봉우리에 흩어져 있네	數屋落群峯
토졸들은 대부분 오랑캐 말을 하는데	土卒多胡語
감영에선 관문 띄워 녹용을 찾는구나[101]	營關覓鹿茸
변방의 위세가 너무도 보잘것없으니	邊威太草率
적의 흉봉을 능히 막을 수 있겠는가	能責禦凶鋒

100 폐무산진(廢茂山鎭) : 진보(鎭堡)의 이름이다. 《대동지지(大東地志)》에 "성의 둘레는 2764척이고, 문(門)이 2개, 우물이 하나 있다. 병마만호(兵馬萬戶)가 1인이다."라고 하였다.

101 토졸(土卒)들은……찾는구나 : 토졸은 해당 지역민으로 이루어진 병사들을 가리킨다. 당시 폐무산진(廢茂山鎭)의 병졸이 대부분 북방에서 귀화한 이민족으로 이루어져 있어서 국방을 믿고 맡기기 어려웠던 상황임에도, 감영(監營)에서는 녹용과 같은 뇌물만을 요구하던 실상을 비판하는 말이다.

오국성[102]에 오르다

登五國城

산천이 천 겹으로 변경[103]을 가로막으니	溟嶽千重遮汴京
천자는 이곳 외로운 성에서 눈물이 다 말랐네	靑衣淚盡此孤城
간악(艮嶽)의 기화괴석[104]은 새 주인에게 돌아갔고	艮岺花石歸新主
남으로 간 고관대작들은 태평시절 누렸도다	南渡軒裳樂太平
말고삐 잡던 떠도는 혼은 밤비에 울부짖는데	執靮覊魂啼夜雨
모래에 묻혔던 통보는 봄밭에서 찾아지네[105]	沈沙通寶拾春耕
야선은 오히려 군신의 의리를 알았는지라	也先猶解君臣義

102 오국성(五國城) : 회령(會寧) 부근에 있던 옛 성이다. 265쪽 주86 참조.

103 변경(汴京) : 북송(北宋)의 수도이다. 지금의 하남성(河南省) 개봉시(開封市)이다.

104 간악(艮嶽)의 기화괴석(奇花怪石) : 지금의 중국 하남성(河南省) 개봉(開封)에 있던 인공산이다. 자세한 내용은 263쪽 주81 참조.

105 모래에……찾아지네 : 오국성이 북송의 황제 휘종(徽宗)과 흠종(欽宗)이 유폐되어 세상을 떠난 곳이므로 송나라 때의 유물이 간혹 발견된다는 말이다. 통보(通寶)는 중국 옛 돈에 쓰이던 이름이다. 《임하필기(林下筆記)》에는 이와 관련하여 다음과 같은 기록이 있다. "오국성(五國城)은 송나라 두 임금이 구류되어 있던 곳으로서, 지금의 회령부(會寧府) 보라진(甫羅鎭)이다. 금나라가 도읍한 곳에서 동북쪽 1000리쯤에 있다고 한다. 황제의 무덤은 행영(行營) 서북쪽 25리 화풍산(花豐山)에 있는데, 구릉처럼 큰 무덤이다. 옆에는 작은 무덤 100여 개가 있는데, 그것을 시신총(侍臣塚)이라 한다. 농부가 밭을 갈다가 종종 송나라 때의 엽전을 얻었다. 이계(耳溪) 홍양호(洪良浩)가 4매(枚)를 얻었는데, 황송통보(皇宋通寶), 경덕원보(景德元寶), 원풍통보(元豐通寶), 원우통보(元祐通寶)였다."《林下筆記 卷32 旬一編》

능히 영황을 명나라로 돌려보냈지[106] 能送英皇返大明

106 야선(也先)은……돌려보냈지 : 야선은 몽고(蒙古) 와랄부(瓦剌部)의 수령 야선태길(也先台吉, ?~1454)을 가리킨다. 영황(英皇)은 명나라 영종(英宗, 1427~1464)을 가리킨다. 명나라 정통(正統) 14년(1449)에 영종이 친히 군사를 이끌고 와랄을 정벌하자, 야선태길이 토목보(土木堡)에서 명나라 군대를 격파하고 영종을 사로잡아 몽고로 압송한 뒤에, 그 기세를 몰아 북경(北京)을 포위하였다. 그러나 영종을 이어 즉위한 경종(景宗)에게 패배하자, 화친을 맺고 영종을 명나라로 돌려보냈다.《明史 卷10 英宗本紀 前紀》

이몽서[107]가 지난해 봄에 종성부 관아로 근친을 왔다가 곧이어 부모님을 병구완하느라 지체하게 되었다.[108] 지금 적막한 변방에서 시름겨운 가운데 나를 만나 밤을 이어 가며 허심탄회하게 서로 대화를 나누었다. 간혹 달빛 아래 뇌천각[109]을 걸어 올라 문장과 세도를 논하기도 하였는데, 그 기쁨은 말할 것도 없었다. 시가 없을 수 없기에, 이 시를 지어 후세 사람들이 쇠락한 세상에도 이런 기이한 일이 있었다는 것을 알게 하고자 한다

李夢瑞於前年春省覲鍾城府衙 旋以湯憂淹滯 至今遇余於絶漠憂愁之中 相與劇談連夜 或步月登雷天閣 談文章談世道 其喜可知 不可無詩 草此使後之人知缺界有奇事也

종산에 봄이 다하도록 눈 봉우리 드높은데[110] 　　鍾山春盡雪崔嵬

107 이몽서(李夢瑞) : 이헌경(李獻慶, 1719~1791)이다. 초명은 성경(星慶), 자는 몽서, 호는 간옹(艮翁), 본관은 전주(全州)이다. 참판 이제화(李齊華)의 아들이다. 1743년(영조19) 문과에 합격하고, 정언, 지평, 수찬, 대사간 등의 관직을 역임한 뒤에 기로소(耆老所)에 들어갔다. 문집으로 《간옹집(艮翁集)》이 전한다. 번암과 문과에 같이 합격하였다.

108 부모님을……되었다 : 1753년(영조29) 무렵 이헌경이 종성 부사(鍾城府使)로 있던 부친 이제화를 뵈러 갔었는데, 부친이 단독(丹毒)에 걸려 여러 달 위독하였다. 여러 가지 약을 구하여 올리고 쉬지 않고 병구완을 하느라 당시 30여 세밖에 안 된 이헌경의 머리가 다 세었다고 한다. 《艮翁集 卷24 附錄 家庭聞見錄, 韓國文集叢刊 234輯》

109 뇌천각(雷天閣) : 종성부 치소 안에 있던 누대인 수항루(受降樓)의 다른 이름이다.

110 종산(鍾山)에……드높은데 : 봄이 끝날 무렵까지 높은 산봉우리에 눈이 남아 있다는 말이다. 종산은 종성(鍾城)의 별칭이다.

그대 돌아가기 전에 내가 또 찾아왔네 君未歸時我亦來
병환 근심 두 해 동안 센 머리 가련해라 憂病二年憐髮改
만리타향 술자리에서 비로소 얼굴 펴네 杯樽萬里始顔開
관문 느릅나무에 말을 매니 별은 저물고 關楡繫馬天星暮
비파 들고 누대 오르니 달은 금세 흘러가네 寶瑟登樓夜月催
천고라 고적과 두보의 모임 어제 같은데[111] 千古隔晨高杜會
뇌천각이 취대[112]만 못할 것도 없어라 未須雷閣讓吹臺

두 번째 其二

지난해 꽃 필 무렵 그윽한 복숭아 거리에서 去歲花開桃巷幽
말 타고 수주[113]로 떠나는 그대를 전송하였지 送君驅馬向愁州
병구완하느라 변방에 오랫동안 머무르며 刀圭日月淹窮髮
하목의 문장[114]으로 백두산을 진동했어라 霞鶩文章動白頭

111 천고(千古)라……같은데 : 당나라 때 시인 고적(高適, 700~765)이 변주(汴州)를 방문하여 두보(杜甫), 이백(李白)과 더불어 취대(吹臺)에 올라 비가(悲歌)를 강개하게 부르며 옛일을 회고하였던 것을 가리킨다. 《唐才子傳 卷2 高適》

112 취대(吹臺) : 중국 개봉(開封)에 있던 누대 이름이다. 춘추 시대 사광(師曠)이 음악을 연주했던 누대라고 전한다. 이후 한나라 때 양효왕(梁孝王)이 증축하여 명대(明臺)라고 이름을 붙였는데, 번대(繁臺)라고도 불린다.

113 수주(愁州) : 함경북도 종성(鍾城)의 옛 이름이다.

114 하목(霞鶩)의 문장 : 하목은 '낙하고목(落霞孤鶩)'의 준말이다. '낙하'는 지는 노을을 말하고 '고목'은 외로운 따오기이다. 당(唐)나라의 문장가 왕발(王勃)의 〈등왕각서(滕王閣序)〉에 "지는 노을은 외로운 따오기와 나란히 날고, 가을 강물은 긴 하늘과 함께 한 빛일세.〔落霞與孤鶩齊飛, 秋水共長天一色.〕"라고 한 데서 온 말이다. 근친하러

천 리 밖 변경 술자리에서 친구를 상봉하여　塞酒人逢千里席
한창 봄날 오경 누대에서 검가[115]를 부르노라　劍歌春峭五更樓
경서를 강론하는 궁궐에는 인재가 급하거늘　橫經漢殿才良急
어인 일로 주남에서 머무르게 허락하였나[116]　何事周南也許留

세 번째 其三

새벽 북소리 들려오도록 등불 심지 자주 갈며　曉鼓傳聲燭跋頻
옥 술잔에 술 마시매 봄날처럼 후끈하네　靑絲携酒暖生春
먼 변방에서 벗을 만나 오늘 밤 길이 즐기노니　相逢絶塞永今夕
양관 너머에 친구 없다는 말을 믿지 않노라[117]　未信陽關無故人

가는 길에 아름다운 문장을 지었던 왕발과 근친하러 온 이헌경이 비슷한 처지였으므로 이렇게 표현한 것이다.

115 검가(劍歌) : 칼을 두드리며 부르는 노래이다. 제(齊)나라 사람 풍환(馮驩)이 맹상군(孟嘗君)의 식객이 되어 뜻을 얻지 못하자 기둥에 기대 칼을 두드리며 "장검(長劍)아 돌아가자꾸나! 밥상에 고기가 없도다.……장검아 돌아가자꾸나! 나갈 때 수레가 없도다."라고 노래한 고사가 있다. 《史記 卷75 孟嘗君列傳》

116 어인……허락하였나 : 도성을 떠나 지방에 머물러 있음을 뜻한다. 《사기(史記)》 권130 〈태사공자서(太史公自序)〉에 "태사공이 주남 땅에 그대로 머물러 있는 바람에 국사에 참여할 수가 없었다.〔太史公留滯周南, 不得與從事.〕"라고 한 데서 비롯된 것이다. 주남은 낙양(洛陽)을 가리킨다.

117 양관(陽關)……않노라 : 양관은 옛 관명(關名)이다. 왕유(王維)의 시 〈송원이사안서(送元二使安西)〉에 "위성의 아침 비가 가벼운 먼지를 적시니, 객사는 푸르고 푸르러 버들빛이 새롭구나. 한잔 술 더 기울이라 그대에게 권한 까닭은, 서쪽으로 양관을 나가면 친구가 없기 때문일세.〔渭城朝雨浥輕塵, 客舍靑靑柳色新. 勸君更進一杯酒, 西出陽關無故人.〕"라고 한 데서 온 말이다.

칼 한 자루 행장은 고국을 떠나는 것 같은데　孤劍行裝同去國
백운의 회포를 부모님 그리는 마음에 견주네[118]　白雲懷抱較思親
육신에 매인 덧없는 삶엔 이별과 만남이 많아　浮生形役多離合
날이 새면 군악을 울리며 슬해[119]를 따라가리라　明發鐃笳瑟海遵

네 번째 其四

한 조각 이 마음을 고검은 알리라　一片心肝古劍知
문장과 도의가 평생의 기약이라는 걸　文章道義百年期
변방 하늘 사흘 밤을 규수(奎宿)[120]가 모였으니　塞天三夜奎躔合
둥근 천막에 사는 오랑캐 몇 놈을 경동시켰으리라　驚動穹廬幾箇兒

118 백운(白雲)의……견주네 : 당나라 때의 문인 적인걸(狄仁傑)이 태항산(太行山)을 넘어가던 중에 흰 구름이 외로이 떠가는 남쪽 하늘을 바라보면서 "저 구름 아래에 어버이가 계신다.〔吾親所居, 在此雲下.〕"라고 하고는 한참 동안 서 있다가 구름이 다른 곳으로 옮겨 간 뒤에야 다시 길을 떠났다는 고사가 있다.《舊唐書 卷89 狄仁傑列傳》 적인걸이 백운을 바라보며 부모님을 그리던 마음을 자신이 부모님을 그리는 마음과 견주어 보았다는 말이다.

119 슬해(瑟海) : 우리나라 함경북도와 러시아 국경 부근의 동해를 가리킨다.《숙종실록(肅宗實錄)》 41년(1715) 7월 1일 조에 "이른바 슬해는 경흥부(慶興府)에서 동쪽으로 사오십 리쯤 떨어져 있는 바닷가라고 합니다. 들이 넓고 땅이 비옥하여 옛날에는 번호(藩胡)가 많이 살아서 어떤 때는 육로를 따라 강을 건너 침범해 오기도 하고, 어떤 때는 배를 타고 바닷길을 경유해 와서 서수라(西水羅), 조산(造山) 등의 진보(鎭堡)를 약탈했으므로, 번번이 그 피해를 받았습니다."라는 말이 나온다.

120 규수(奎宿) : 28수(宿)의 하나이다. 별자리의 모양이 문자의 형태를 이루고 있다 하여 문장(文章) 혹은 문운(文運)을 주관하는 것으로 여겼다. 번암이 자신과 이헌경을 비유한 말이다.

종성을 떠나 경원으로 순시하러 갈 때에 경원 백과 고이도[121]에서 사냥하기로 약속하였다

發鍾城巡向慶源時 與慶源伯約古珥島大獵

오랑캐 땅의 밥 짓는 연기가 지척에 피어오르니	夷界炊煙隔手浮
훈융진 성곽 둘러친 곳이 바로 유주로다[122]	訓戎城郭是幽州
종산[123] 땅 광활하니 준마(駿馬)가 기뻐하고	鍾山地闊驊騮喜
고이도에 깃발 펄럭이니 호표가 시름겹네	珥島旗翻虎豹愁
방패 손잡이에 먹 아니 갈면서 괜스레 시만 곱고[124]	楯鼻未磨空麗什
누란은 베지도 못한 채 오구만 차고 있누나[125]	樓蘭不斬尙吳鉤

121 고이도(古珥島) : 경원도호부(慶源都護府) 치소 동쪽 두만강 위에 있는 섬이다.

122 훈융진(訓戎鎭)……유주(幽州)로다 : 훈융진은 경원도호부에 속한 진보(鎭堡)이다. 《신증동국여지승람》에 "부(府)의 북쪽 28리에 있다. 돌로 쌓은 성으로 둘레가 3242척, 높이 8척이다. 안에 우물 다섯이 있다. 병마첨절제사영(兵馬僉節制使營)이 있다. 첨절제사(僉節制使)는 1명이다."라고 하였다. 유주는 중국의 동북 지방을 가리킨다. 《주례(周禮)》 〈하관사마(夏官司馬)〉 직방씨(職方氏)에 "동북 지방을 유주라고 한다.〔東北曰幽州.〕"라고 하였다. 경원이 중국의 동북쪽에 있으므로 이렇게 말한 것이다.

123 종산(鍾山) : 종성(鍾城)을 가리킨다.

124 방패……곱고 : 문인(文人)으로서 종군하여 격문(檄文)은 짓지 아니하고 시만 짓고 있다는 의미이다. 남북조(南北朝) 때 순제(荀濟)가 양 무제(梁武帝)가 즉위하기 전 포의(布衣)의 벗으로 사귀다가 양 무제가 즉위하였다는 말을 듣고 사람들에게 "내가 방패 손잡이〔楯鼻〕에 먹을 갈아 격문을 지어 그를 성토(聲討)해야겠다."라고 하였다는 데서 유래하였다. 《北史 卷83 荀濟列傳》

125 누란(樓蘭)은……있누나 : 칼은 차고 있으나 적장(敵將)을 베는 공을 세우지 못하였다는 말이다. 누란은 서역 지방에 있는 나라 이름이다. 한(漢)나라 소제(昭帝)

태평한 시절에 관방의 형편을 살피려 함이요	時平欲閱關防勢
〈상림곡〉[126] 곡조 속에 노닐려는 게 아니라오	非爲常林曲裏遊

때 누란의 왕이 한나라에 복종하지 않고 대완국(大宛國)으로 가는 한나라의 사신을 자주 죽이자, 부개자(傅介子)가 사신으로 가서 누란의 왕을 죽여 큰 공을 세웠다. 《漢書 卷70 傅介子傳》 오구(吳鉤)는 갈고리 모양의 휜 칼로, 춘추 시대 오(吳)나라 사람이 잘 만들었기 때문에 오구라고 일컫는데, 뒤에는 예리한 검을 뜻하는 말로 쓰이게 되었다.

126 상림곡(常林曲) : 악부(樂府) 서곡가(西曲歌)의 일종인 〈상림환(常林歡)〉을 가리키는 듯하나, 자세한 것은 미상이다.

황척파[127]에서 훈융진으로 가는 도중에 눈보라를 만나다
自黃拓坡向訓戎鎭 道中遇風雪

서각에서 누가 능히 백수로 늙어 가랴	書閣誰能白首經
젊은 나이에 기린각[128]에 도형을 걸어 보세	少年麟閣倚圖形
구름 이는 일만 나무 오랑캐 산은 검푸르고	雲蒸萬木胡山黝
모래 뒤집는 폭풍 속에 한나라 깃발 어둑하네	沙逆終風漢幟冥
장한 뜻 지닌 채 선춘령 빗돌[129]에 칼을 갈고	壯志劍磨春嶺碣
우레처럼 치고 나아가 두만강 물가를 달려 보네	前驅雷躪豆江汀
이 밤 훈융진 성곽 가에 베개 베고 누워	訓戎城畔今宵枕
변방의 첫닭 우는 소릴 미소 지으며 듣네	第一荒鷄帶笑聽

127 황척파(黃拓坡) : 온성(穩城) 동쪽 27리에 있는 돌로 쌓은 보루인 황척파보(黃拓坡堡)를 가리킨다.

128 기린각(麒麟閣) : 한나라 선제(宣帝) 때 곽광(霍光) 등 공신 11인의 초상(肖像)을 그려 걸어 두었던 전각이다. 248쪽 주50 참조.

129 선춘령(先春嶺) 빗돌 : 고려 예종(睿宗) 2년(1107)에 윤관(尹瓘)과 오연총(吳延寵)이 여진(女眞)을 격퇴하여 쫓아 버리고 선춘령에다 업적을 기록한 비를 세워 그곳으로 국경을 삼았다. 《신증동국여지승람》 회령도호부(會寧都護府) 조에 선춘령에 대해 "두만강 북쪽 700리에 있다. 윤관이 토지를 확장하여 여기까지 와서 공험진(公嶮鎭)에 성을 쌓고 드디어 비석을 영(嶺) 위에 세우고 '고려의 국경'이라고 새겼다. 비서이 사면에 글씨가 있었는데 모두 오랑캐들이 지워 버렸다."라고 하였다.

고이도대렵가

古珥島大獵歌

고이도라 완연히 화이(華夷)의 경계	珥島宛一夷夏閾
두만강 물결조차 삼키지 못하였네	豆滿江波囓不得
갈대숲 무성하고 높이는 몇 길	葭葦冥冥長數丈
꿩 토끼 사슴들의 소굴이 되었어라	雉兎麋鹿成窟宅
평사가 호령 내려 사냥을 약속하니	評事出號期大獵
훈융진에서 밤을 묵고 새벽에 모였도다	夜宿訓戎晨結束
단장한 앞선 기생도 하나의 장관	紅粧前導亦一奇
날아갈 듯 말을 몰며 웃는 건아들	飛騰策馬笑健兒
비구름처럼 모여든 일백 량 수레	雲屯雨集車百兩
청유[130]를 둘러치니 참으로 성대하네	環擁青油太淋漓
수토끼가 못 당할 듯 쏜살같이 도망가니	雄兎逸出迅莫當
용맹한 장교가 바람처럼 말을 달려	勇校躍馬風火馳
철봉으로 내리치자 피가 소매 적시더니	鐵棍追擊血漬袂
막사 앞에 꿇어앉아 두 손으로 올리도다	跪獻幕前雙手持
모래벌판에 암담히 살육 소리 가득한데	沙磧黯淡殺聲集
굴과 둥지 소탕함에 너무도 주저 없네	蕩穴擣巢殊不遲
궁한 짐승들 흩어져서 낭패스런 형세인데	窮獸流離勢狼狽

130 청유(青油) : 장군의 막사인 청유막(青油幕)을 가리킨다. 청유라는 기름을 발랐다고 하여 이렇게 부른다.

뭔가를 아는 듯이 저쪽 경계로 달아나니 走越彼界如有知
오랑캐 놈들 늘어서서 교묘하게 맞이하여 胡雛簇列巧相迎
짐승들을 치고 차서 남김없이 다 잡누나 或搏或蹴無所遺
강 사이로 서로 부르며 묻고자 하여도 隔江相呼欲有問
어이하랴 언어가 다 오랑캐 말인 것을 其奈語言皆侏離
두 나라가 화친하여 뽕나무를 안 다투니[131] 兩國和親不爭桑
버들 꺾어 울타리를 쳐도[132] 누가 감히 침범하랴 樊圃折柳誰敢爲
아 북방의 날랜 기병이여 강건함을 자랑 마라
嗚呼北方驍騎不用誇身强
토끼나 쫓고 여우나 사냥하며 부질없이 늙어 가노니 逐兎獵狐空老羸

131 두 나라가……다투니 : 춘추 시대 초(楚)나라와 오(吳)나라는 국경을 접하고 있었는데, 초나라 변방 고을에 사는 비량씨(卑梁氏)의 처녀가 오나라 변경에 사는 여자와 뽕잎을 다투었다. 이 사건으로 두 집안이 서로 죽이는 일이 벌어지고, 급기야 두 나라 사이의 전쟁으로 발전하였다고 한다.《史記 卷41 楚世家》

132 버들……쳐도 :《시경》〈동방미명(東方未明)〉에 "버들가지로 남새밭 울타리 만든 것을 미친놈도 보고 놀라는 건데, 새벽인지 밤인지도 몰라서, 너무 이르지 않으면 너무 늦는도다.〔折柳樊圃, 狂夫瞿瞿. 不能晨夜, 不夙則莫.〕"라고 한 데서 온 말이다.

경원의 객관에서 동종회를 베풀고 술자리에서 써서 주다
慶源客館 設同宗會 酒席書贈

호주 노인이 기미성 타고 멀리 가신 뒤로[133]	湖老騎箕遠
나의 행차가 감히 그 자취를 계승했네[134]	吾行敢繼蹤
천년 이래로 시조를 같이 모시고	千年同始祖
만리타향에서 제종을 만나도다	萬里見諸宗
글 잘하는 가문 풍모가 성대하거니	翰墨門風盛
벼슬은 북쪽 지방에서 으뜸이로다	簪纓朔野雄
그대들은 두만강의 물을 보게나	君看豆滿水
백 갈래 물길도 같은 근원이라네	派百一源中

133 호주(湖洲)……뒤로 : 호주 노인은 번암의 백고조(伯高祖) 채유후(蔡裕後)를 가리킨다. 270쪽 주96 참조. '기미성(箕尾星)을 탔다'는 말은 은(殷)나라 고종(高宗)의 재상 부열(傅說)이 죽은 뒤 기미성에 올라타 열성(列星)과 나란히 했다는 고사에서 연유한 것으로, 재상의 죽음을 뜻한다. 《莊子 大宗師》

134 나의……계승했네 : 채유후가 1630년(인조8)에 북평사로 부임한 일이 있었으므로 이렇게 말한 것이다.

경원의 용당[135]

慶源龍堂

두 줄기 강이 내달려 뒤섞인 대지를 가르니 雙派江奔割混同
안개 물결 넘실대어 너른 바다 입구 같네 煙濤洶若海門洪
쓸쓸한 대에 호각 웅장하니 용 울음 조용하고 悲臺角壯龍吟靜
저녁 들판에 시 차가우니 검 기운과 통하누나 晩磧詩寒劒氣通
멀리 비 오는 깊은 숲은 봄 물가에 그윽하고 遠雨穹林春渚邃
석양 비치는 오랑캐 땅엔 대지가 젖어 드네 夕陽甌脫大荒濛
묘당의 계책이 오활한 줄 알겠어라 廟堂籌策知疎闊
안원[136]으로 이곳을 관할토록 아니 하니 不把安原鎭此中

135 용당(龍堂) : 경원부(慶源府) 두만강 가에 있는 사당이다. 남구만이 지은 〈북관십경도기(北關十景圖記)〉에 "경원부 동쪽으로 40리 되는 강가에 동림산성(東林山城)이 있는데, 이 성은 태종대왕 원년(1401)에 도순찰사(都巡察使) 강사덕(姜思德)에게 쌓게 한 것이다. 세속에 전해 오기를 목조(穆祖)가 처음 이곳에 살았는데, 이곳에서 알동(斡東)으로 옮겨 갔다고 한다. 성안에는 큰 우물이 있는데 그 깊이를 측량할 수 없으며, 우물가에는 옛터가 있는데 주춧돌과 섬돌이 아직 남아 있다. 지금 성의 동쪽 가에는 세 칸의 사우(祠宇)가 있어 조정에서 매년 향과 폐백을 보내와 두만강(豆滿江) 신에게 제사하는데, 이 지방 사람들은 이 사우를 용당이라고 칭한다. 용당에 올라 북쪽을 바라보면 강의 남쪽에 있는 훈융(訓戎), 안원(安原) 등의 진보(鎭堡)와 경원부의 성곽과 증산(甑山), 칠암산(七巖山)이 눈앞에 나열되어 있으며, 강의 북쪽은 훈춘강(訓春江)이다. 춘산현성(春山縣城) 등 여러 지역이 아득히 바라보여 끝을 알 수 없는데, 두만강이 큰 들 가운데를 가로질러 오랑캐와 중국을 나누었다."라고 하였다. 《국역 약천집 제28권 북관십경도기, 한국고전번역원, 2007》

136 안원(安原) : 안원보(安原堡)를 가리킨다. 《신증동국여지승람》 함경도 경원도

두 번째 其二

경건하고 정성스런 향축이 춘추로 내리거니	虔誠香祝降春秋
성대한 용의 기운이 봉황 누각에 접하였네	龍氣鴻濛接鳳樓
온 집 삽살개 잠이 들어 경계도 쉬는 이 밤	狵睡萬家休警夜
양계에 굽이치는 강물은 고요히 흐르누나	江蟠兩界不驚流
어느 산에 비 자욱하여 영험한 삼 숨겼나	何山雨暗靈蔘匿
높은 노송에 바람 몰아쳐 늙은 매 시름겹네	聳檜風顚老鶻愁
선춘령[137]을 우리 영토에 편입하지 못했기에	未使先春歸版籍
나는 평생 용당 신을 위해 부끄러워하리라	百年吾欲爲神羞

호부(慶源都護府) 조에 "부(府)의 동쪽 29리에 있다. 돌로 쌓았는데 둘레가 2744척, 높이가 7척이다."라고 하였다.

137 선춘령(先春嶺) : 고려 예종(睿宗) 2년(1107)에 윤관(尹瓘)과 오연총(吳延寵)이 여진(女眞)을 격퇴하여 쫓아 버리고 비를 세워 국경으로 삼은 곳이다. 282쪽 주129 참조. 현재의 위치는 학설이 분분한데, 두만강 건너 지금의 혼춘(琿春)이라는 설이 유력하다.

광성[138]원가. 이몽서가 있는 종산 여사(旅舍)에 장난삼아 부치다[139]

匡城怨歌 戲寄李夢瑞鍾山旅几

얼음 녹고 옥이 녹는 사랑스런 봄날이건만	氷銷玉鑠可憐春
한 맺힌 여린 마음은 응어리가 풀리지 않네	恨入柔腸結未伸
거울에 비친 고운 얼굴은 본래 마찬가진데	鏡裏蛾眉元一種
그대의 애증이 완전히 같지 않아 괴이하구려	怪君憎愛未全均

두 번째 其二

삼생의 원업[140]으로 황혼에 짝하더니	三生冤業偶黃昏
기러기 떠난 봄 진흙에 발자국만 남았구려[141]	鴻去春泥落爪痕

138 광성(匡城) : 함경도 경흥(慶興)의 옛 이름이다.

139 이몽서(李夢瑞)가……부치다 : 이몽서는 이헌경(李獻慶, 1719~1791)이다. 당시에 이헌경이 종성에 머물며 종성 부사로 있던 부친 이제화(李齊華)의 병구완을 하고 있었다. 이헌경에 대해서는 276쪽 주107 참조.

140 삼생(三生)의 원업(冤業) : 삼생은 불교에서 말하는 전생(前生), 금생(今生), 내생(來生)이다. 원업은 악업(惡業)으로 인해 초래된 원한의 업보이다.

141 기러기……남았구려 : 소식(蘇軾)의 시 〈화자유민지회구(和子由澠池懷舊)〉에 "우리 인생 가는 곳마다 어떠한고, 응당 나는 기러기 눈 속 진흙 밟은 듯하리. 진흙에 우연히 발자국 남기지만, 기러기 날아감에 어찌 동서를 따지리오.〔人生到處知何似? 應似飛鴻踏雪泥. 泥上偶然留指爪, 鴻飛那復計東西?〕"라고 한 데서 유래한 말로, 정처 없는 인생을 비유한 구절이다.《蘇東坡詩集 卷3》

본디 오얏꽃은 오얏 열매를 탐하거늘　　自是李花貪結子
누가 고이 뿌리로 돌아가게 보냈는지 모르겠네　　不知誰送好歸根

세 번째 其三

어둠 속에 신음하다 새벽 단장 그만두고　　幽呻暗喟廢晨粧
연약한 이 몸 그대로 인해 길이 병들었네　　弱質緣君一病長
만약 오늘 아침 내가 바로 죽어 버린다면　　若使今朝儂便死
정녕 박정한 낭군 마음을 쾌하게 만들겠지　　定應心快薄情郎

네 번째 其四

봄 규방에서 바라보는 종산의 고운 흰 눈빛이　　鍾山雪色艷春閨
솜인 듯 소금인 듯 눈이 쉬 어지러우리라　　似絮如鹽眼易迷
즐거운 그대가 시름하는 내 고통을 어찌 알리오　　樂處焉知愁處苦
웃음은 듣고 울음은 듣지 않는 그대가 원망스럽구려　　恨君聞笑不聞啼

다섯 번째 其五

나의 집 밖에는 두만강이 흐르는데　　儂家門外豆江流
강물은 종성의 성곽 위 누대로 이어지네[142]　　江接鍾城城上樓

142 나의……이어지네 : 번암이 현재 머무는 경원(慶源)에서 두만강을 거슬러 오르면 이헌경이 있는 종성까지 이어지므로 이렇게 말한 것이다.

파랑새[143]는 오지 않고 강에 해만 저물어	青鳥不來江日暮
시름에 찬 달빛이 꽃 물가에 가득하네	玉蟾愁恨滿芳洲

여섯 번째 其六

둥근 부채 모양으로 월륜을 재단하여	團團扇樣月輪裁
원망스런 사람이 구업 써서 보내왔네[144]	題得冤家口業來
바람 아직 안 뜨거워 상자 속에 보관하니	藏在篋中風未熱
육화가 어인 일로 제멋대로 시샘하나[145]	六花何事浪相猜

143 파랑새 : 선녀(仙女) 서왕모(西王母)가 파랑새를 키웠는데, 서왕모가 어디를 가든지 항상 파랑새가 먼저 날아왔다고 한다. 여기서는 편지를 가지고 오는 심부름꾼을 비유한다.

144 둥근……보내왔네 : 이헌경이 둥근 부채에다 시를 적어 보내온 것을 표현한 구절이다. '원망스런 사람'은 정인(情人)을 반어적으로 표현한 말이다. 구업(口業)은 불교에서 말하는 신업(身業), 구업(口業), 의업(意業) 가운데 하나로, 여기서는 시문(詩文)을 짓는 것을 비유한 말이다.

145 육화(六花)가……시샘하나 : 벗이 보내온 부채를 시샘하는 듯이 눈이 내렸다는 말이다. 육화는 눈의 별칭으로, 결정이 육각형이라서 이렇게 부른다.

서수라[146]

西水羅

백사장 따라 난 길이 벌 허리처럼 가는데	沿沙路脉細蜂腰
막다른 바다 귀퉁이에 홀연 화려한 누대	迤到窮溟忽麗譙
하늘 형세는 둘러친 듯 멀리까지 또렷하고	天勢似環遙的的
땅의 지세는 나를 따라 더불어 아득하네	地維隨我共迢迢
우암[147]의 초목은 붉게 돋는 해에 어여쁘고	牛巖草木姸紅旭
녹서의 천둥 번개는 거센 바람을 보내누나	鹿嶼雷霆送疾飆
성난 고래에게 물을 그만 치라 분부하고서	分付怒鯨休擊水
십 년 동안 보은의 칼을 빛나게 갈아 보리라	十年磨炯報恩刀

146 서수라(西水羅) : 함경도 경흥에 있는 포구이다. 225쪽 주2 참조.

147 우암(牛巖) : 경흥 동남쪽 70리에 있는 봉우리이다. 여기에 봉수(烽燧)가 있었다.

서수라에서 자는데, 이날 밤에 태풍이 바다를 뒤흔들어 파도가 거세었다

宿西水羅 夜是大風震海 海濤洶簸

진보 기세 웅장하여 늙은 자라 압도하고[148] 鎭勢崢嶸壓老鼇
변방 순시 풍악이 봉래산에 울려 퍼지네 巡邊笳角叉蓬皐
고래 용이 기운 토하니 겹성에 안개 끼고 鯨龍氣吐重城霧
천지에 바람 거세어 이 밤을 파도가 치네 天地風㕁此夜濤
막막하여 화이(華夷)의 경색을 구분치 못하겠고 漠漠未分夷夏色
어둠 속에 높다란 두우성도 완전히 젖는구나 冥冥全濕斗牛高
기침 소리인 듯 휘파람 소리인 듯 깜짝 놀라는데 忽驚如咳還如嘯
흔들거리는 주렴 앞에 괴이한 새 울고 있네 蹭蹬簾前怪鳥號

148 진보(鎭堡)……압도하고 : 전설에 동해의 삼신산(三神山)을 금빛 자라가 떠받치고 있다고 하기 때문에 이렇게 말한 것이다.

슬해[149]에 배를 띄워 난도[150]를 방문하다
放舟瑟海 訪卵島

협소한 삼한의 끝자락에서	窄窄三韓盡
즐겁게 슬해에 배를 띄웠네	開心瑟海舟
구름과 물결은 밤낮없이 이는데	雲濤無夜[151]晝
천지 사이에 비로소 내가 노니네	天地始吾遊
아스라이 푸른 언덕이 사라지더니	遠色青丘失
가을 터럭 같은 붉은 섬이 떴어라	秋毫赤島浮
박망후[152]의 자취를 따를 만하노니	堪隨博望躅
감히 중니의 부해(浮海)[153]에 비기노라	敢擬仲尼桴

149 슬해(瑟海) : 우리나라 함경북도와 러시아 국경 부근의 동해를 가리키는 것으로 보인다. 279쪽 주119 참조.

150 난도(卵島) : 경흥부에 있는 섬이다. 《신증동국여지승람》 함경도 경흥도호부 조에 "부의 남쪽 70리 떨어진 바다에 있다. 둘레가 13리이다."라고 하였다.

151 夜 : 대본에는 '野'로 되어 있는데, 문맥을 살펴 수정하였다.

152 박망후(博望侯) : 한(漢)나라 장건(張騫)의 봉호이다. 한 무제(漢武帝)가 장건으로 하여금 대하(大夏)에 사신으로 가서 황하(黃河)의 근원을 찾게 하였는데, 장건이 뗏목을 타고 가 은하수에 도착하여 견우(牽牛)와 직녀(織女)를 만났다고 한다. 《荊楚歲時記》

153 중니(仲尼)의 부해(浮海) : 중니는 공자의 자이다. 공자가 난세(亂世)를 개탄하여 가설적인 말로 "도가 행해지지 않으니, 뗏목을 타고 바다로나 나갈까 보다.〔道不行, 乘桴浮于海.〕"라고 한 데서 온 말이다. 《論語 公冶長》

우암의 봉수대에 오르다

登牛巖烽臺

봉수 연기 여기서부터 도성에 다다르니　烽煙肇此達京師
평온함을 알릴 때면 사시에 올리도다　每報平安準巳時
흉금을 시원히 걷고 우주를 마주하고　豁達披襟當宇宙
올라가서 마음껏 화이 경계 굽어본다　登臨恣意瞰華夷
요 임금 땅은 바다에 들어 쓸쓸히 끝나는데　堯封入海荒荒盡
소금 실은 오랑캐 배는 하나하나 알겠어라　虜船輸鹽箇箇知
꼭대기서 휘파람 불어도 비 아니 내리거니　絶頂嘯歌天不雨
전생에는 아마도 안기생[154]이었으리라　前身堪許是安期

종자(從者)가 "여기가 바로 신선이 노닐던 곳인데, 올라와 구경하는 사람은 왕왕 뇌우(雷雨)를 만납니다."라고 하였다.

154 안기생(安期生) : 신선의 이름이다. 일찍이 하상 장인(河上丈人)을 따라 황제(黃帝)와 노자(老子)의 설을 배우고 동해(東海) 가에서 약을 팔았는데, 진 시황(秦始皇)이 동쪽을 순시할 때 그와 더불어 사흘 밤낮을 이야기한 적이 있다. 그 뒤에 진 시황이 사신을 파견하여 바다로 가서 그를 찾아보게 하였으나 만나지 못하였다고 한다 《史記 卷12 孝武本紀》

서수라에서 돌아와 경흥의 객관에 도착하다

還自西羅 到慶興客館

객관의 형세 흔들흔들 견고하지 않더니	館勢搖搖不肯牢
두만강의 강바람이 새벽 되자 거세지네	豆江風力曉來饕
대지를 종횡하다 보니 몸은 다 원대해지고	縱橫地軸身俱遠
천근[155]을 올라 밟다 보니 말도 강건해졌네	騰踏天根馬亦豪
사냥 쉬는 독수리 웅크려 들판은 평온하고	獵歇鵰盤荒野穩
청명한 때라 용이 엎드려 적지[156]가 드높아라	時淸龍偃赤池高
변성에선 종군의 괴로움을 깨닫지 못하더니	邊城未覺從軍苦
가무 벌인 화려한 잔치에서 백곡 술을 마시노라	歌舞華筵百斛醪

155 천근(天根) : 동방 칠수(東方七宿) 가운데 세 번째 별인 저성(氐星)의 별명이다.

156 적지(赤池) : 경흥부 남쪽, 두만강 가에 있는 연못이다. 《연려실기술(燃藜室記述)》 권1 〈태조조고사본말(太祖朝故事本末)〉에 "경흥부 남쪽 12리쯤에 있는 적지 가운데 둥근 봉우리가 있는데, 높이가 35보(步)이고, 둘레가 90보이며, 사면으로 물이 고여 있어 사람들이 통행하기가 쉽지 않았다. 목조(穆祖)의 덕릉(德陵)이 이 봉우리 위에 있는데, 장사를 지낼 때 중국인이 와서 자리를 잡아 준 곳이다."라고 하였다.

행영에서 육진[157]의 선비와 무사를 시험하였는데, 이몽서[158]가 와서 같이 지냈다. 이별을 앞두고 시를 짓기에 문득 차운하여 주다

行營試六鎭儒武 李夢瑞委到聯枕 臨別有詩 輒次韻贈之

변경 세 지방의 문무 인재를 모으니	三邊文武集群才
영소당[159] 열리고 북소리가 재촉하네	永嘯堂開晝鼓催
바다 수자리 봉화에 오랑캐 경보 없으니	海戍狼煙無虜警
봄 군영 등불 아래로 다시 그대 찾아왔네	春營蠟炬又君來
황창무[160] 소매 펄럭이니 서리 날아 들이치고	黃昌袖動霜翻撲
늘어선 창이 문에 엄중하니 새도 돌아가네	列戟門嚴鳥欲回
행락이 무르익기도 전에 이별이 다가오니	行樂未闌離別近
북방 구름과 관문 버들에 마음이 배회하네	朔雲關柳意徘徊

157 육진(六鎭) : 두만강 가에 설치한 여섯 진이다. 225쪽 주1 참조.

158 이몽서(李夢瑞) : 이헌경(李獻慶, 1719～1791)이다. 276쪽 주107 참조.

159 영소당(永嘯堂) : 종성(鍾城)에 있던 관북 절도사(關北節度使) 행영(行營)의 대청이다. 조선 초기의 문신 김종서(金宗瑞)가 창건한 건물이라고 한다. 김종서에 대해서는 266쪽 주90 참조.

160 황창무(黃昌舞) : 칼춤의 일종이다. 이익(李瀷)의 《성호전집(星湖全集)》 권7 〈황창무〉에 "신라 시대에 황창(黃昌)이라는 자가 있었다. 나이는 열대여섯쯤이었고 칼춤을 잘 추었다. 왕을 알현하고 아뢰기를 '신이 왕을 위해 백제 왕을 찔러 죽여서 왕의 원수를 갚겠습니다.' 하니, 왕이 허락하였다. 그리하여 백제의 통구(通衢)에 가서 춤을 추었는데, 도성 사람들이 담장처럼 둘러 모여 구경을 하였다. 백제 왕이 그 소문을 듣고 궁중으로 불러서, 춤을 추게 하고 관람하니, 황창이 백제 왕을 그 자리에서 찔러 죽이고, 드디어 주변 사람들에게 살해당하였다."라는 고사가 나온다.

원운을 첨부하다 附原韻

이몽서 李夢瑞

청유막 치고 격문 날려 인재를 시험하다　青油飛檄試神才
조정으로 돌아가려 역마 길을 재촉하네　還赴朝廷馹路催
인재 선발하던 누대엔 의기가 많았는데　坐揀樓臺多意氣
천하의 끝까지 갔다가 비로소 돌아가네　去窮天地始歸來
맑은 날 취해 백전[161] 벌이니 봄누에 꿈틀대고　晴酣白戰春蠶動
밤잔치 고운 기생들 사이로 옥 제비 돌아왔네　夜宴紅粧玉燕回
마융이 행락하던 일 부러울 것 없어라[162]　未羨馬融行樂處
늙은 선비가 남아 취해 함께 배회하누나　老儒留醉共徘徊

161 백전(白戰) : 송(宋)나라 구양수(歐陽脩)가 영주 태수(潁州太守)로 있을 때에 빈객들과 시를 지으면서 처음 시도했던 것으로서, 눈[雪]에 대한 시를 지을 경우 눈과 관련이 있는 옥(玉), 월(月), 이(梨), 매(梅), 서(絮), 학(鶴), 아(鵝), 은(銀), 무(舞), 백(白) 등과 같은 어휘의 사용을 금지하는 것이다.

162 마융(馬融)이……없어라 : 후한(後漢)의 학자 마융이 고당(高堂)에 장막을 치고 학생들을 가르칠 때에 장막 뒤에다 여악(女樂)을 두었던 풍류를 가리킨다.

영소당[163]가

永嘯堂歌

그대는 여진 족속이 살던 옛 소굴을 보지 못하였나

君不見女眞種落舊巢穴

백두산의 아래 큰 바다 삭막한 곳에 白山之下滄海瑟

우람한 말에 큰 활 들고 무력을 과시하며 高馬大弓誇力勢

우리 변경을 노략질하여 소굴로 삼았다네 攘我邊鄙作甌脫

강한 그놈들을 치는 일로 걸핏하면 소란 일고 撞搪倔强動成訌

조석으로 투항 배반 반복하니 섬멸키 어려웠네 朝降夕叛難劓滅

우리 영릉[164]께서 신무하시어 恭惟英陵神且武

군대를 정돈하여 출동케 하시니 命將出師整部伍

군중의 대장이 누구이던가 借問軍中大將誰

김종서 공의 용맹이 고금에 으뜸이라 金公宗瑞勇冠古

여진이 투항하여 성덕에 귀순하니 女眞面縛歸聖德

요기가 제거되어 상서로운 해가 솟았네 掃除氛祲懸瑞旭

성대한 종성이라 절도사의 고을 磊落鍾城節度府

변경 오랑캐에게 위엄을 보이고자 要以威重示邊土

화려한 관사를 우뚝하게 건립하니 特起華館鬱穹崇

163 영소당(永嘯堂) : 종성(鍾城)에 있던 관북 절도사(關北節度使) 행영(行營)의 대청이다. 296쪽 주159 참조.

164 영릉(英陵) : 조선 세종(世宗)의 능호이다.

하늘같이 높은 좌탑이 가운데 차지했네	如天坐榻當其中
좌탑 뒤의 병풍에는 일월이 그려져 있고	榻後屛風畫日月
금권자 두른 참모들은 곰처럼 벌여 있었네	金圈將佐羅羆熊
만 마리 소를 구워 큰 쟁반에 쌓아 두고	萬牛作炙堆大盤
날마다 잔치 여니 의기가 웅장했지	日日開宴意氣雄
비단 적상포[165]를 입고 편안히 앉아	赤霜錦袍坐晏如
먼 창공을 나는 화살을 웃으며 바라보았지	笑看飛鏃來遠空
여진은 무릎으로 기며 감히 못 쳐다보았거니	女眞膝行莫敢視
엄숙한 음성 우렁차서 화산 숭산과 나란했네	威聲赫赫齊華嵩
지금 공이 떠나신 지 삼백 년인데	秖今公死三百歲
여진은 떠나가서 중원의 황제가 되었네	女眞去作中原帝
해마다 폐백 올리는 걸 상책으로 삼으니	皮幣年年作上策
절도부엔 할 일 없어 그저 즐길 뿐이로다	節度無事但歡樂
나 역시 청유막[166]으로 붓을 싣고 와서	我亦青油載筆至
금 투구를 마지못해 서생 갓으로 바꾸었네	金兜强換書生幘
인재 키우느라 왕왕 백전[167]을 개최하고	育才往往開白戰
무예 견주려고 때로 과녁 준비 명하노라	較藝時時命粉鵠
거나한 술자리에 기생이 가무를 올리거니	酒闌青蛾獻歌舞
화당의 등불에는 무지갯빛 성대하네	華堂燭樹虹光矗

165 적상포(赤霜袍) : 전설상 신선들이 입는다는 긴 도포이다.

166 청유막(青油幕) : 장군의 막사이다. 청유라는 기름을 발랐다고 하여 이렇게 부른다.

167 백전(白戰) : 297쪽 주161 참조.

태평성대의 행락이 비록 즐겁다 하나 　太平遨遊雖云樂

변경을 개척한 고인 업적을 생각지 않을쏘냐 　得不慨念古人開邊績

아아 고인은 변경을 개척하였는데 　嗚呼古人開邊

지금 사람들은 방비도 못 하거니 　今人不綢繆

영소당이 흐린 비 오는 저녁에 쓸려 갈까 두렵구나[168]

吾恐永嘯堂漂陰雨夕

168 지금……두렵구나 : 지금 사람들이 외세의 침입에 대한 대비를 제대로 하지 못하고 있음을 비유한 말이다. 《시경》 〈치효(鴟鴞)〉의 "하늘에서 아직 장맛비가 내리기 전에, 저 뽕나무 뿌리를 거두어다가 출입구를 단단히 얽어서 매어 놓는다면, 지금 너희 아래에 있는 사람들이 어찌 혹시라도 감히 우리 새들을 업신여길 수 있겠는가 「治天之未陰雨, 徹彼桑土, 綢繆牖戶, 今女下民, 或敢侮予?」"라는 구절에서 온 말이다.

오산[169] 도중에 눈보라를 만났는데, 말 위에서 몽서가 그립기에 앞서의 운에 첩운하여 보내다

鰲山道中遇風雪 馬上有懷夢瑞 疊前韻却寄

말을 달려 북방 인재들을 다 살펴보고 驍騰閱盡朔方才
말 머리 정기를 돌려 북쪽 길 재촉하네 馬首旋旗北上催
느릅나무에 음기 쌓여 강빛은 참담하고 楡積窮陰江慘憺
날이 추워 맹하인데도 눈발이 날리누나 天寒孟夏雪飛來
긴 여행 바다 끝에서 몸은 다 늙어 가고 長途極海身全老
먼 이별 그리움에 머리 자주 돌아보네 遠別關心首屢回
아마도 수항루[170] 누대 가에서 저녁을 맞아 斟酌受降樓畔夕
〈정운〉의 노래[171] 부르곤 먹먹히 배회하겠지 停雲歌罷杳徘徊

169 오산(鰲山) : 회령(會寧)의 별칭이다.

170 수항루(受降樓) : 종성부 치소 안에 있던 누대이다.

171 정운(停雲)의 노래 : 벗을 그리는 노래이다. 진(晉)나라 도잠(陶潛)의 시 〈정운〉에 "멈춘 구름은 뭉게뭉게 일고, 때맞춰 내리는 비는 자욱하여라. 팔방이 다 같이 어둑하고, 육지가 강이 되었네.〔停雲靄靄, 時雨濛濛. 八表同昏, 平陸成江.〕" 하였는데, 그 자서(自序)에 "〈정운〉은 친우(親友)를 그리워하는 시이다."라고 하였다

무산령[172]

茂山嶺

푸르고 겹겹한 봉우리가 대지를 진압하여	蒼蒼複嶺壓坤維
천 리를 달려와서 석막[173]의 한 가지 되었네	千里騰來石幕枝
용호가 서린 곳은 소나무가 보호하고	龍虎屈盤松櫪護
화이를 나눈 경계는 귀신들이 유지하네	華夷刻畫鬼神持
삼산의 아득한 길을 어느 해에 만들었나	何年路刱三山遠
사월인데도 큰 골짝엔 눈 더디 녹는구나	四月氷消巨壑遲
우스워라 서생의 환란 대비 계책이여	可笑書生陰雨策
관방(關防)을 만날 때마다 생각을 골똘히 하네	每逢關阨費尋思

삼산(三山)은 바로 무산(茂山)의 다른 이름이다. 무산에 새로 읍(邑)을 설치하였는데, 길이 이 고개의 왼쪽으로 나 있으므로 다섯 번째 구절에서 언급한 것이다.

172 무산령(茂山嶺) : 회령(會寧)과 부령(富寧) 사이에 있는 고개이다.

173 석막(石幕) : 부령의 옛 이름이다.

봄이 끝났는데도 무산 이북에는 빙설이 한창이었다. 부령을 지나며 길가에 꽃이 핀 것을 문득 보고 말 위에서 느낀 바를 읊었다. 이날은 바로 나의 생일이었다[174]

春盡 而茂山以北氷雪崢嶸 過富寧 忽見路傍花發 馬上感吟 是日卽余初度也

풀은 희고 느릅은 말라 삭기에 움츠리니	草白楡枯朔氣嚬
육주[175]에는 봄 다하도록 봄이 아니로다	六州春盡不成春
두견화는 홀연 어느 산의 빛을 보내는가	鵑花忽送何山色
말 머리에서 고향 사람을 상봉한 듯하여라	馬首如逢故國人
화이(華夷)의 풍기가 정녕 자별함을 알겠거니	夷夏定知風氣別
번화한 시절 이미 늦어 서울서 보던 풍경이네[176]	繁華已晩洛城看
왕명 받든 여정이라 칼머리 생각 않건마는[177]	王程不作刀頭念
생일이라 부모님 그리워서 마음이 상하누나	生日思親欲損神

174 나의 생일이었다 : 번암의 생일은 4월 6일이다.

175 육주(六州) : 육진(六鎭)을 가리킨다. 225쪽 주1 참조.

176 번화한……풍경이네 : 번암이 서울을 떠날 때 보았던 봄 풍경을 부령에서는 4월에야 비로소 보게 된 것을 표현한 구절이다.

177 칼머리 생각 않건마는 : 돌아갈 생각을 하지 않는다는 말이다. 칼머리〔刀頭〕는 칼머리에 달린 고리를 지칭한 것으로, 환(還) 자의 은어(隱語)로 쓰여 고향에 돌아가는 것을 의미한다.

경성에서 등석[178]을 맞이하여 통판[179]을 이끌고 수성루[180]에 올라 풍경을 조망하다가 이몽서[181]를 생각하다

鏡城遇燈夕 携通判登眺壽星樓 仍憶李夢瑞

너울대는 방초가 용성[182]에 가득한데	迢迢芳草滿龍城
가절의 행락 속에 서울을 그리노라	佳節歡娛憶帝京
만 리 밖에서 등불 다는 풍속을 함께하니	萬里燈竿同習俗
이경 밤에 모래벌판이 비로소 밝아지네	二更沙磧始文明
불빛 속에 화각은 막 갠 하늘로 날아오르고	光中畫閣翔新霽
하늘 너머 수많은 별들은 태평 세상 비추누나	空外繁星照太平
서글퍼라 수주에는 병 많은 객이 있어[183]	惆悵愁州多病客
그 역시 나와 함께 고향 그리는 마음일레	也應偕我望鄉情

178 등석(燈夕) : 일반적으로 정월 보름날 밤을 말하는데, 여기서는 사월 초파일을 말한다.

179 통판(通判) : 판관(判官)의 별칭이다.

180 수성루(壽星樓) : 경성(鏡城)에 있는 누대이다.

181 이몽서(李夢瑞) : 이헌경(李獻慶, 1719～1791)이다. 276쪽 주107 참조.

182 용성(龍城) : 본래 경성(鏡城)과 부령(富寧) 사이에 있는 성(城)의 이름인데, 여기서는 경성의 별칭으로 쓰였다.

183 수주(愁州)에는……있어 : 종성에 머물고 있는 이헌경을 가리킨다. 수주는 종성의 옛 이름이다.

경성에서 전 원외[184]를 만났다. 화전[185]을 소매에서 꺼내 시를 부탁하는 것이 매우 간절하기에 이 시를 지어 주었다
鏡城遇全員外 袖華箋 求詩甚至 草此爲贈

청운의 꿈에서 깨어 초야에 누웠나니 青雲夢罷臥蓬蒿
장백산 앞 높은 집에 문 닫고 사노라네 長白山前閉戶高
조정에 알아주는 이 적은 걸 한하지 말게 莫恨漢廷知己少
성군께서 일찍이 북방 호걸로 인정하였으니 聖君曾許北方豪

두 번째 其二

난대에서 어울리다 병산에서 다시 만났지[186] 蘭臺簪盍又屛山
이후로 소식이 막연한 지가 다섯 해로다 消息茫茫五載間

184 전 원외(全員外) : 전영수(全永壽, 1723～?)로 추정된다. 본관은 천안(天安)이고, 전극창(全克昌)의 아들이다. 1746년(영조22) 함경도 별시(咸鏡道別試)에 합격하였다. 전적(典籍), 상운 찰방(祥雲察訪) 등의 관직을 역임하였다. 《司馬榜目》《承政院日記》

185 화전(華箋) : 편지를 쓰거나 시를 쓰는 용도로 만든 좋은 품질의 종이이다. 시전지(詩箋紙)라고도 한다.

186 난대(蘭臺)에서……만났지 : 난대는 비서성(秘書省)의 별칭인데, 우리나라에서는 예문관(藝文館) 또는 춘추관(春秋館)을 가리킨다. 병산(屛山)은 곧 비안(比安)으로, 번암의 부친 채응일(蔡膺一)이 1750년(영조26)부터 1754년 무렵까지 비안 현감으로 재직하고 있었다. 번암이 내직(內職)에 있을 때와 비안에 근친(覲親)하러 갔을 때에 전영수를 만난 적이 있었으므로 이렇게 말한 것이다.

너무도 시름겨운 행영의 눈보라 치는 저녁　愁絶行營風雪夕
홀연 그대 왔다는 말에 얼굴 처음 환해지네　忽聞君至始歡顏

시축에 쓰인 제공들의 시운에 다시 차하여 써서 주다
復次軸中諸公韻 書贈

서울의 경박한 습속도 말로 하기 어려워라	秦京薄俗也難陳
좋게 하는 세속의 말들 진실하지 않으니라	然諾悠悠不是眞
돈 없이도 교제를 맺을 수 있다고 한다면	若道無金交可結
그대가 어떻게 파직된 사람이 되었으랴	如何君作罷官人

두 번째 其二

어두운 길을 말 몰아 구절양장에 넘어지며	冥途策馬躓羊腸
초가집에 돌아오니 푸른 바다가 빛나도다	茅屋歸來碧海光
주문에는 토악하는 일이 없다고 들었나니[187]	聞說朱門無吐握
어부들과 어울려 살아도 무방하리라[188]	不妨蹤跡混漁郎

187 주문(朱門)에는……들었나니 : 세상이 혼탁하여 높은 관직에 있는 사람이 뛰어난 인재를 발탁하는 일이 없다는 말이다. 주문은 붉은 칠을 한 문으로, 지위가 높은 관리의 집을 뜻한다. 토악(吐握)은 토포악발(吐哺握髮)의 준말로, 주나라 주공(周公)이 어린 성왕(成王)을 보필할 때 어진 사람을 구하기 위하여, 밥을 먹다가도 어진 사람을 만나려고 입속의 밥을 뱉고서 일어났고, 머리를 감다가도 젖은 머리를 움켜쥔 채 일어난 일을 가리킨다.

188 어부들과……무방하리라 : 세상에 인재를 알아보는 사람이 없으니, 벼슬에 연연하지 않는 자적한 삶을 살아도 괜찮다는 말이다.

세 번째 其三

봄 군영에 꽃이 피니 외진 변방 곱디곱고 春營花發艶窮荒
화각으로 그대 맞이하니 화창한 낮 길고 기네 畫閣招邀晴晝長
책을 읽거나 투호하거나 아니 될 게 무에 있나 散帙投壺無不可
지금 변경에는 뽕잎 다투는 일이 드물다네[189] 卽今邊塞少爭桑

네 번째 其四

농수 골골 흐르는데 나의 말은 상하였고[190] 隴水嗚嗚余馬傷
유정[191] 너머 비낀 해는 이별 자리에 져 가누나 柳亭斜日曖離場
관문에 뜬 별이 깊은 밤에 아련히 꿈만 같거니 關星後夜依依夢
가절이라 성루에는 등 걸린 나무가 길게 섰구나 佳節城樓火樹長

189 변경에는……드물다네 : 변방에 이민족과 다투는 일이 적다는 말이다. 284쪽 주131 참조.

190 농수(隴水)……상하였고 : 변경을 돌아다니느라 말이 상했다는 말이다. 농수는 섬서성(陝西省) 농현(隴縣)의 서북쪽 농산(隴山)에서 발원하는 물인데, 이 지역은 중국 서쪽 변경의 요해처이므로 흔히 변경 지방에 있는 하천을 뜻하는 말로 쓰인다.

191 유정(柳亭) : 경성(鏡城) 서쪽 5리쯤에 있는 정자이다.

원수대[192]에서 놀다가 돌아오는 길에 말에서 떨어져 발을 다쳤다. 장난삼아 장가를 짓다

遊元帥臺歸 墜馬傷足 戲作長歌

봄 군영에 낮은 길고 일 없어 한가하니	春營晝永無一事
서기[193] 홀로 노래 부르다 절로 잠들었네	書記獨謠還自睡
느지막이 말을 타고 수행원들 거느린 채	日晩騎馬擁賓從
원수대에 높이 올라 아스라이 굽어보네	元帥高臺臨無地
성대히 차려진 장막에는 기녀들 성장(盛粧)하고	帷帳甚設珠翠盛
상서로운 바람 서서히 불어 깃발 펄럭이네	祥飆徐動葳蕤幟
북명이라 만 리 바다가 파도 없이 잔잔하니	北溟萬里正無波
곤붕[194]은 귀 늘어뜨리고 피리 소리를 듣누나	鵾鵬帖耳聞笳吹
고운 춤사위 맑은 노래가 다하지도 않았거늘	妙舞淸歌樂未央
변방 해는 느릿느릿 봉우리 위로 떨어지네	塞日冉冉峯頭墜

192 원수대(元帥臺) : 경성(鏡城)에 있는 대이다. 《신증동국여지승람》 경성도호부조에 "부(府)의 남쪽 8리에 있다. 남쪽은 바다와 접해 있다."라고 하였다.

193 서기(書記) : 번암이 북평사(北評事)인 자기 자신을 가리키는 말이다.

194 곤붕(鯤鵬) : 전설상의 물고기가 변한 큰 새이다. 《장자(莊子)》 〈소요유(逍遙遊)〉에 "북쪽 바다에는 곤이라는 물고기가 있어 그 크기가 몇천 리나 되는지 알 수가 없고, 이 고기가 변화하여 붕이라는 새가 되는데, 붕새의 등 너비는 또 몇천 리나 되는지 알 수가 없다.……붕새가 남쪽 바다로 옮겨 갈 때에는 물결을 치는 것이 삼천 리요, 회오리바람을 타고 구만 리를 올라가 여섯 달을 가서야 쉰다.〔北冥有魚, 其名爲鯤, 鯤之大, 不知其幾千里也; 化而爲鳥, 其名爲鵬, 鵬之背, 不知其幾千里也!……鵬之徙於南冥也, 水擊三千里, 摶扶搖而上者九萬里, 去以六月息者也.〕"라고 하였다.

돌아올 제 관도는 활줄처럼 곧디곧고	歸時官道如弦直
구슬 장식 단 조랑말이 전후로 시위하네	細馬明璫前後侍
풍악 소리 날아올라 성곽으로 퍼져 가니	笙簫飛聲殷城郭
천 명 만 명 구경꾼들 몰려와서 구경하네	觀者千人萬人至
홍질발[195]을 호기롭게 높이 타고 돌아오매	意氣高坐紅叱撥
준마 발굽 그리 쉽게 삐끗할 줄 알았으랴	那意霜蹄蹶容易
순식간에 떨어져 몸이 땅에 나뒹구니	頃刻墜地身翻然
악정이 당을 내려오던 일[196]을 탄식할 만하여라	樂正下堂事堪喟
돌아와 청유막[197] 닫아걸고 자리에 누워	歸來掩却青油幕
밤새도록 신음하며 잠들지 못하였네	終夜呻痛不成寐
인생사 좋은 일엔 마가 항상 끼는 법	人生好事魔輒隨
한나절 만에 희비가 어찌 그리 달라지나	半日哀樂何其異
세상에 과시하고 아첨하는 자들에게 말하노니	寄語世上夸毗子
부디 일에 임해서는 너무 신나게 여기지 말지니라	愼勿臨事多快意

195 홍질발(紅叱撥) : 명마(名馬)의 이름이다. 당나라 때 서역에서 여섯 필의 한혈마(汗血馬)를 바쳤는데, 그 이름이 각각 홍질발, 자질발(紫叱撥), 청질발(青叱撥), 황질발(黃叱撥), 정향질발(丁香叱撥), 도화질발(桃花叱撥)이었다. 《續博物志 卷4》

196 악정(樂正)이……일 : 증자(曾子)의 문인 악정자춘(樂正子春)이 당에서 내려오다가 발을 다친 뒤 부모님으로부터 받은 온전한 몸을 제대로 간수하지 못했다고 자책하면서 몇 달 동안이나 외출하지 않았던 고사를 가리킨다. 《禮記 祭義》

197 청유막(青油幕) : 장군의 막사이다. 청유라는 기름을 발랐다고 하여 이렇게 부른다.

치성[198]에 키가 한 자 남짓 되는 어린 기생이 있는데, 가야금을 잘 타서 가곡의 고저에 잘 맞추었다. 나이를 물으니 겨우 8세라 하기에 이 시를 써서 주었다

雉城有兒妓長尺許 工彈伽倻琴 以中歌曲高低 問其年纔八歲 書此贈之

늘어진 머리칼에 짤막한 키는　　髧毛短短身
가야금의 반에도 못 미치는데　　不及倻琴半
두 손은 마치 신이라도 들린 듯　　雙手如有神
가야금 줄을 자유자재로 타네　　瑤絃調急慢

198 치성(雉城) : 경성(鏡城)의 옛 이름이다.

밤에 술 마시고 시를 읊어 통판 유장[199] 관현 에게 올리다
夜飮吟 呈通判柳丈 觀鉉

술 마주해 노래하니 노랫가락 구슬퍼라	對酒當歌歌正悲
인생살이 해후한 곳이 바로 하늘 끝이라네	人生邂逅卽天涯
늙어서 부임한 용성[200] 고을은 보잘것없고	年衰宦就龍城拙
멀리 고향에 보낸 편지는 조령을 더디 넘네	家遠書踰鳥嶺遲
금각[201] 달빛 아래로 소매를 잡아끌고서	琴閣月華來把袂
극문[202] 꽃빛 비치는 가운데 시를 쓰노라	戟門花色暎題詩
부평초라 내일 아침 또다시 이별하리니	萍蓬又是明朝別
시름 담긴 술동이 앞에 초가 눈물 흘리네[203]	愁入樽前蠟淚垂

199 유장(柳丈) : 유관현(柳觀鉉, 1692~1764)은 자가 용빈(用賓), 호는 양파(陽坡), 본관은 전주(全州)이다. 유봉시(柳奉時)의 아들로, 안동(安東)에 살았다. 1735년(영조11) 문과에 합격하였다. 사헌부 감찰, 경성 판관(鏡城判官), 사간원 사간, 형조 참의 등의 관직을 역임하였다. 경성 판관으로 재임하던 시기는 1753년부터 1755년까지이다. 《大山集 卷51 通政大夫刑曹參議陽坡柳公行狀, 韓國文集叢刊 226輯》

200 용성(龍城) : 본래 경성(鏡城)과 부령(富寧) 사이에 있는 성(城)의 이름인데, 여기서는 경성의 별칭으로 쓰였다.

201 금각(琴閣) : 수령이 정사하는 곳을 말하는데 금당(琴堂)이라고도 한다. 옛날 복자천(宓子賤)이라는 어진 수령이 선보(單父) 고을을 다스릴 때 거문고를 타면서 마루 아래에 내려온 일이 없었으나 선보가 잘 다스려졌다는 고사에서 유래한 말이다. 《呂氏春秋 察賢》

202 극문(戟門) : 화극문(畫戟門)이다. 화극은 채색으로 꾸민 창(槍)을 가리키는데, 본디 관아(官衙)의 문에는 화극을 벌여 세우므로, 전하여 관아를 뜻한다.

203 시름……흘리네 : 이별을 앞두고 밤에 술을 마시느라 켜 둔 촛불에서 흘러내린 촛농이 마치 눈물을 흘린 것 같은 모양을 묘사한 것이다.

유정에서 통판에게 지어 주고 떠나다

柳亭留別通判

청유막에 꽃 떨어지자 비로소 돌아가니	靑油花落始歸裝
태수의 술잔 속에 벗의 정이 돈독하네	知舊情深太守觴
부평초로 만난 곳이 모두 절역이었는데	萍水相看俱絶域
유정에서 이별하매 다시 석양 기우누나	柳亭爲別又斜陽
귀문관[204] 풀빛은 광활한 하늘로 이어지고	鬼門草色連天闊
한해[205]의 음산한 구름은 긴 길을 뒤덮었네	瀚海雲陰羃路長
예로부터 교방에는 하고많은 악곡이 있거니	從古敎坊多少譜
양관곡[206] 한 곡조가 쉬이 눈물 젖게 하네	陽關一闋易霑裳

204 귀문관(鬼門關) : 함경북도 명천(明川)과 경성(鏡城) 사이에 있는 관문이다. 257쪽 주69 참조.

205 한해(瀚海) : 몽고의 항원산(杭爰山)에 대한 음역(音譯)이다. 232쪽 주24 참조. 여기서는 변경 지방을 가리키는 말로 쓰였다.

206 양관곡(陽關曲) : 옛날 이별곡의 이름이다. 이것을 〈양관삼첩(陽關三疊)〉이라고도 하는데, 삼첩이란 바로 왕유(王維)의 시 〈송원이사안서(送元二使安西)〉의 "위성의 아침 비가 가벼운 먼지를 적시니, 객사는 푸르고 푸르러 버들빛이 새롭구나. 한잔 술 더 기울이라 그대에게 권한 까닭은, 서쪽으로 양관 나가면 친구가 없기 때문일세.〔渭城朝雨浥輕塵, 客舍靑靑柳色新. 勸君更進一杯酒, 西出陽關無故人.〕"라고 한 데서, 제1구만 재창(再唱)을 하지 않고 나머지 세 구는 모두 재창을 하는 것을 말한다.

팔경대[207] 즉사
八景臺卽事

높은 누대는 푸른 시내 굽이에 우뚝 솟았고	高臺秀出碧川隈
맑은 물 노니는 물고기는 반쯤 빰을 드러냈네	水淨遊魚半露腮
포구 어부는 맨몸에다 손에 작살 가졌거니	浦子赤身叉在手
은빛 물고기 찔러 잡아 입에 물고 돌아오네	銀鱗剌得口含來

207 팔경대(八景臺) : 경성부(鏡城府) 남쪽에 있는 대이다. 남구만(南九萬, 1629~1711)의 《약천집(藥泉集)》 권28 〈북관십경도기(北關十景圖記)〉에 "경성부 남쪽 100리에 어란리(禦亂里)가 있는데, 어랑리(漁郎里)라고도 한다. 이 마을에 팔경대가 있다."라고 하였다.

비 때문에 어랑포[208]에 발이 묶이다
阻雨留漁郎

문을 열고 내리는 비를 보매 開門見雨色
우수수 시내를 건너서 오네 颯颯渡溪來
땅은 사람 기대어 명승이 되고파 하고[209] 地欲因人勝
하늘은 내가 돌아가는 데 인색해하네 天慳放我回
습한 연무는 포구에 자욱하고 濕煙多在激
바람에 꽂은 누대에 기대지 못하네 風藥不依臺
관리들은 모두 시름에 잠겼건만 官吏渾愁思
주방이 썰렁하여 술상도 비었구나 廚寒闕酒杯

두 번째 其二

나그네 아직 떠나지 못한 채 客子未能發
긴 낮 하루 종일 빗소리 듣네 雨聲通晝長
반년 동안 안새[210]에 머물렀는데 半年猶鴈塞

208 어랑포(漁郎浦) : 경성 남쪽 100리쯤에 있는 포구이다.

209 땅은……하고 : 아무리 아름다운 곳도 사람을 통해서만 명승지가 될 수 있다는 말이다. 번암이 어랑포에 비 때문에 지체되어 있는 것도 번암을 통해 명승지가 되고자 하는 어랑포 때문이라는 것이다.

210 안새(鴈塞) : 북방의 변경 지방을 가리킨다.

오늘 밤엔 또다시 어랑포라네　　今夜又漁郎
오령[211]의 구름은 언제나 다하려나　　五嶺雲何極
한 등잔 마주한 시름은 다함이 없어라　　一燈愁未央
처음 핀 꽃이 유달리 염려스러운 건　　初花殊可念
젖은 붉은 꽃이 쉬 시들기 때문이라네　　紅濕易凋傷

211 오령(五嶺) : 본래 중국의 남쪽 국경에 있는 대유(大庾), 시안(始安), 임하(臨賀), 계양(桂陽), 게양(揭陽) 등 다섯 고개를 말하는데, 여기서는 변방 지역을 가리킨다.

비가 개어 어랑포를 떠나다
雨晴 發漁郎浦

도원에 꽃이 피고 물은 아득한데	桃源花發水茫茫
구사[212]의 낚시터에 머문 날이 길었도다	鷗社漁磯住日長
겨우 선연 맺자마자 바로 떠나 버리지만	纔結仙緣還起去
이번 행차에 옛 어부 면모를 다시 찾았노라[213]	此行眞復舊漁郎

212 구사(鷗社) : 갈매기 마을이라는 뜻으로, 갈매기와 어울려 숨어 사는 곳을 가리킨다.

213 이번……찾았노라 : 번암이 어랑포에 머무는 동안 자연과 어울려 살던 옛 정취를 다시 느낄 수 있었다는 말이다.

어랑포를 떠나기에 앞서 시를 읊다
漁郎浦臨行口占

떠가는 구름 어둑어둑 비는 부슬부슬	流雲曖曖雨霏霏
동락[214]으로 돌아가는 사람 날듯 말을 모네	東洛歸人馬似飛
무엇보다 마음이 가는 건 수양버들이어라	最是關情楊柳樹
이별하는 사람 곁엔 꾀꼬리가 울고 있구나	黃鶯啼傍別時衣

214 동락(東洛) : 본래 낙양(洛陽)을 가리키는 말이다. 당나라 때 낙양을 동도(東都), 장안(長安)을 서도(西都)라고 부르던 데서 연유하였다. 여기서는 서울을 의미한다.

무계호[215]를 거쳐 명간[216]에 도착하다

自武溪湖行到明澗

너른 물 깨끗한 모래 맑은 한낮 따스한데	水闊沙明晴晝暄
정기는 아스라이 무계 근원을 거슬러 오른다	旌旗遙泝武溪源
귀문관이 지척인데도 사람들은 살아가니	鬼門咫尺還人事
꽃에 묻힌 두서너 촌락에서 닭이 우는구나	花裏鷄鳴三兩村

215 무계호(武溪湖) : 무계택(無界澤)이라고도 한다. 《신증동국여지승람》 함경도 경성도호부 조에 "부(府)의 남쪽 110리에 있다. 길이가 9리, 너비가 6리인데, 온 골짜기에 가득하다."라고 하였다.

216 명간(明澗) : 명간천(明澗川)을 가리킨다. 《신증동국여지승람》 함경도 경성도호부 조에 "부의 남쪽 115리에 있다. 근원이 백두산에서 나와 명천현(明川縣)의 사마동보(斜亇洞堡)를 경유하여 동으로 흘러 광암(廣巖)을 지나서 운가위천(雲加委川)과 합쳐진다."라고 하였다.

칠보산[217]에 들어가 금장사에서 유숙하다

入七寶山 宿金藏寺

뭇 신선들 손뼉 치며 우리 행차 반기는데	群仙拍手笑吾行
정기 들고 저 멀리 세류영에서 찾아왔네[218]	旌旆遙從細柳營
철갑옷 벗어 버리고 비로소 도복을 입고	卸下鐵衣纔道服
군악을 물리게 듣다 처음 샘 소리 듣네	厭聞金鼓始泉聲
높은 봉우리 해 기울 제 인간 세상 한낮이고[219]	高峯景昃人間午
가파른 절벽 꽃 만발하니 한밤에도 환하구나	峭壁花濃夜裏明
그윽한 곳 개심사를 먼저 가리켜 보노라니	幽絶開心先指點
집채 같은 사암[220]이 안개 속에 가로질러 있네	寺巖如屋霧中橫

217 칠보산(七寶山) : 함경북도 명천(明川)에 있는 산이다. 성해응(成海應, 1760~1839)의 《연경재전집(硏經齋全集)》 권51 〈산수기 하(山水記下)〉에 "칠보산은 명천 동쪽 60리에 있는데, 문암(門巖)에서는 15리이다. 깊은 골짜기 안에 금장사(金藏寺)가 있고, 개심사(開心寺)는 맑은 계곡 옆에 자리하고 있다.……세간에 전하는 말에 따르면, 일곱 산이 나란히 솟아 있어서 '칠보산'이라고 이름하였는데, 나중에 여섯 산은 바다로 가라앉고 이 산만 남았다."라고 하였다.

218 정기(旌旗)……찾아왔네 : 세류영(細柳營)은 한(漢)나라의 장군 주아부(周亞夫)의 군영이다. 문제(文帝)가 시찰을 왔을 때에도 군사들이 장군의 명령만 따르면서 황제를 제지한 고사로 유명한데, 이후 군기가 엄한 진영의 뜻으로 쓰이게 되었다. 《史記 卷57 絳侯周勃世家》 번암이 함경도 병영(兵營)의 북평사로 있다가 돌아가는 길에 칠보산에 왔으므로 이렇게 말한 것이다.

219 높은……한낮이고 : 깊은 산골짜기라서 한낮인데도 벌써 해가 산봉우리 너머로 기울어 가는 광경을 표현한 말이다.

220 사암(寺巖) : 칠보산에 있는 바위 이름이다. 성해응의 《연경재전집》 권51 〈산수

회상대[221]

會象臺

금강산과 칠보산이 우뚝함을 다투노니	金剛七寶鬪亭亭
산을 보매 회상대를 헐성루에 견주노라[222]	會象看山擬歇惺
조물주가 뛰어난 장인이 아닌 줄 어찌 알랴	眞宰安知非巧匠
너희들만 기묘한 형상을 유독 부여받았구나	爾曹偏荷賦奇形
세세히 나뉜 이름은 일천 가지로 분분한데[223]	細分名色紛千種
홍몽을 굳게 받들어 일백 신령 절로 되었네[224]	悍拄鴻濛自百靈

기 하〉에 "차일봉(遮日峯) 동쪽으로 한 봉우리가 우뚝 솟아 궁전(宮殿) 모양 같은 것이 사암이다."라고 하였다.

221 회상대(會象臺) : 칠보산에 있는 명승지 가운데 하나이다. 회상대 위에서 칠보산의 천태만상을 한눈에 감상할 수 있기 때문에 이렇게 이름을 붙였다고 한다. 성해응의 《연경재전집》 권51 〈산수기 하(山水記下)〉에 "금강굴(金剛窟) 서남쪽으로 바위가 높다랗게 벽처럼 선 것이 회상대이니, 바로 금호(錦湖) 임형수(林亨秀, 1514~1547)가 올라 이름을 붙인 것이다."라고 하였다.

222 산을……견주노라 : 회상대는 칠보산의 전경(全景)을, 헐성루(歇惺樓)는 금강산의 전경을 한눈에 볼 수 있는 곳에 위치하였기 때문에 이렇게 말한 것이다. 헐성루는 금강산 정양사(正陽寺) 경내에 있는 누각으로, 금강산 일만 이천 봉을 이곳에서 한눈에 볼 수 있다고 한다.

223 세세히……분분한데 : 칠보산에 기이한 형상에 따라 이름을 붙인 수많은 봉우리와 바위가 있기 때문에 이렇게 말한 것이다. 그 가운데 이름난 것으로 만사봉(萬獅峯), 천불봉(千佛峯), 향로봉(香爐峯), 탁자봉(卓子峯), 종각봉(鍾閣峯), 나한봉(羅漢峯), 노적봉(露積峯), 우산봉(雨傘峯), 교의봉(交椅峯), 사암(寺巖), 책암(冊巖), 주암(舟巖) 등이 있다.

만약 도인이 글을 모른다고 한다면 若道仙人不識字
어찌하여 책상머리에 뭇 경서를 쌓아 두었겠나[225] 案頭何事疊群經

두 번째 其二

높은 대에서 굽어보니 두 눈이 어찔하다 高臺臨眺眩雙眸
그려 내기 어려우니 시 짓기도 그만두어라 畫亦難摸詩可休
태극이 사물마다 갖추어 있음을 보노라니 太極各看群物具
늙은 자라가 길게 채붕을 이고 노니네[226] 老鼇長戴綵棚遊
즐비한 형상이 어찌 파사에 쌓인 보물 정도랴[227] 森羅詎但波斯積
자르고 깎아서 혼돈의 자취 남아 있지 않아라 剪鑿曾無混沌留
신이한 면모를 다 드러냄을 꺼려 하는지 神怪似嫌全面露
푸른 벼랑이 구름에 살짝 가려 있구나 翠厓微抹與雲謀

224 홍몽(鴻濛)을……되었네 : 홍몽은 천지자연의 광대한 원기(元氣) 또는 높은 하늘을 뜻하는데, 여기서는 높은 하늘을 의미한다. 기이한 형상의 칠보산 봉우리와 바위가 높은 하늘을 떠받들며 신령(神靈)처럼 지켜 왔다는 말이다.

225 만약……두었겠나 : 책이 쌓여 있는 형상의 책암(冊巖)을 묘사한 구절이다.

226 늙은……노니네 : 자라가 머리에 채붕(綵棚)을 이고 있는 형상의 바위를 묘사한 구절이다. 채붕은 나무를 얽고 채색 비단으로 둘러친 가설무대이다.

227 즐비한……정도랴 : 회상대에서 바라보는 기묘한 형상의 바위들이 파사(波斯)의 보물들보다 훌륭하다는 말이다. 파사는 페르시아의 음역(音譯)으로, 값진 보물이 많이 나는 나라로 알려져 왔다.

금강굴[228]

金剛窟

치마바위를 조심조심 내려가서　裳巖跼步下
살짝 꺾어 돌아 안개 속에 쉬노라니　稍折憩嵐煙
천고의 석벽에 그윽한 굴이어라　窗篠千年壁
둥그런 천장에다 한 면은 하늘이네　團圓一面天
석종유 듣는 물에 박쥐는 늙어 가겠고[229]　乳滴蝙應老
구름이 깊다 보니 객 또한 신선일레　雲深客亦仙
스님은 어느 해에 출정[230]했는지　何年僧出定
낙엽이 샘을 덮으려 하네　落葉欲埋泉

228 금강굴(金剛窟) : 칠보산(七寶山) 회상대(會象臺) 부근에 있는 자연 석굴(石窟)이다. 윤봉오(尹鳳五, 1688～1769)의 《석문집(石門集)》 권5 〈상사형구암선생별지(上四兄久菴先生別紙)〉에 "금강굴에 들어가니, 굴 안은 백여 명의 승려가 앉을 수 있을 정도였다. 옛날에는 암자가 있었는데, 지금은 허물어졌다. 굴 앞의 작은 샘은 맑고 차면서 맛이 달다."라는 말이 나온다.

229 석종유(石鍾乳)……가겠고 : 당나라 이백(李白)의 시 〈족질 승 중부가 옥천선인의 장차를 선물한 것에 답하다〔答族姪僧中孚贈玉泉仙人掌茶〕〉 서문(序文)에 "《선경(仙經)》을 상고해 보니, 박쥐는 선서(仙鼠)라고도 하는데, 천년을 살고 나면 몸이 눈처럼 희어지고 서식할 때는 거꾸로 매달려 있다. 석종유의 물을 마셔서 장수하는 것이다."라고 한 데서 온 말이다. 석종유는 종유석(鍾乳石)이라고도 하며, 종유굴 천장에 고드름같이 달려 있는 석회석을 가리킨다.

230 출정(出定) : 선정(禪定)에서 깨어나는 것을 말한다.

해망대[231]

海望臺

현묘해라 온갖 오묘한 것들 다 정을 머금었다　玄玄衆妙摠含情
지척에서 돌아다보매 천태만상 변하누나　咫尺回看變態生
조물주는 이 산에 조금도 여한이 없으리라　眞宰於山無少憾
봉우리 빈 곳엔 푸른 바다로 다시 채웠으니[232]　更令峯缺納滄瀛

231 해망대(海望臺) : 칠보산 금강굴 근처에 있는 대 이름이다. 이곳에서는 바다와 칠보산의 전경을 모두 감상할 수 있다고 한다. 함경도 서수라(西水羅)에도 같은 이름의 대가 있다

232 봉우리……채웠으니 : 봉우리 사이로 바다가 보이는 광경을 묘사한 것이다.

웅성 목어당[233]의 연회에서 술을 마시다 방수 허령 응명[234]에게 시를 써서 주다

雄城牧禦堂宴飮 書贈防帥許令應明

무예도 능하고 문장도 겸한 영재인지라	英才能武又兼文
한나라 장수 명성이 말갈까지 알려졌네[235]	漢將名聲靺鞨聞
나라 지키는 큰 책임이 방어사에 맡겨지니	鎖鑰寄隆防禦使
성명한 임금께서 은혜로운 교서 내리셨네	璽書恩重聖明君
정기는 한낮에 원문의 장식으로 변하였고[236]	旌旗晝變轅門彩
봄날 성첩에는 북쪽 사막 구름이 휘감았네	樓堞春縈朔漠雲

233 웅성(雄城) 목어당(牧禦堂) : 웅성은 길주(吉州)의 별칭이다. 목어당은 길주 관아(官衙)의 건물 이름인 듯한데, 자세하지 않다.

234 방수(防帥) 허령 응명(許令應明) : 허급(許汲, 1713~1760)이다. 자는 응명, 본관은 양천(陽川)이다. 허신(許紳)의 아들이고, 좌의정 허침(許琛)의 후손이다. 장흥 부사(長興府使), 벽동 군수(碧潼郡守), 길주 목사(吉州牧使), 전라 우수사(全羅右水使), 황해 병사(黃海兵使) 등의 관직을 역임하였다. 길주 목사로 재임하던 시기는 1752년(영조28)부터 1754년까지이다. 방수는 방어사(防禦使)를 가리키는데, 당시 길주 목사가 방어사를 겸직하고 있었다. 《陽川許氏世譜》《承政院日記》

235 한(漢)나라……알려졌네 : 허급을 한나라 때 변방의 오랑캐를 정벌하러 출정했던 장수에 비유한 구절이다.

236 정기(旌旗)는……변하였고 : 정기는 본래 낮에 군사를 지휘할 때 쓰는 것인데, 시절이 평화로워 원문(轅門)에다 장식으로 세워 두기만 한다는 말이다. 《손자병법(孫子兵法)》〈군쟁(軍爭)〉에 "밤 전투에 불과 북을 많이 쓰고, 낮 전투에 정기를 많이 쓰는 것은 사람의 이목에 따라 변통한 것이다.〔夜戰多火鼓, 晝戰多旌旗, 所以變人之耳目也.〕"라고 하였다. 원문은 병영(兵營)의 문이다.

여사로 풍악 울려 멀리서 온 객을 만류하니	餘事管絃留遠客
태평시절 행락이라 기녀 치마폭에 취하노라	太平行樂醉紅裙

당시에 사군(使君)이 성첩(城堞)과 관아(官衙)를 지은 공으로 성은(聖恩)을 입고 승자(陞資)되었으므로 이렇게 말한 것이다.

두 번째 其二

웅성의 고요한 낮에 극문[237]이 열리니	雄城晝靜戟門開
좋은 날 우리가 축하 제비 따라왔네[238]	勝日吾隨賀燕來
기근 뒤에 백성들 소생함은 천제의 공력이요	饉後閭閻皆帝力
불난 뒤에 누각이 세워짐은 그대의 재주로다	燼餘樓閣見君才
남은 꽃잎 난간에 드니 향기로운 술 출렁이고	殘花入檻香醪灩
눈보라가 주렴 휘감으니 춤 소매가 돌아가네	急雪縈簾舞袖回
어진 사군이 성대한 연회로 나를 맞이하여	賢主逢迎高宴會
망향대에 오르지 못하도록 만들고 마는구려	令人不上望鄉臺

237 극문(戟門) : 화극문(畫戟門)이다. 화극은 채색으로 꾸민 창(槍)을 가리키는데, 본디 관아(官衙)의 문에는 화극을 벌여 세우므로, 전하여 관아를 뜻한다.

238 축하 제비 따라왔네 : 새로 지은 성첩과 관아를 낙성하는 무렵에 번암이 도착하였으므로 이렇게 말한 것이다. 《회남자(淮南子)》 〈설림훈(說林訓)〉에 "목욕할 준비를 하면 벼룩과 이가 서로 애도하고, 큰 집을 지으면 제비와 참새가 서로 축하한다.〔湯沐具, 而蟣蝨相弔; 大廈成, 而燕雀相賀.〕"라고 한 데서 온 말이다.

세 번째 其三

태평시절 야경꾼은 봄 군영에 누웠고	昇平刁斗臥春營
장백산 높은 마루엔 일월이 빛나누나	長白山高日月明
방어사도 환란을 대비할 줄 아는지라	防帥也知陰雨策
화평할 때 오히려 북방 성곽 일으켰네	平時猶起朔方城
서로 만나 의기투합 무릎에 칼 비껴 두고	相逢意氣劍橫膝
누대에서 담소하매 술잔에는 꽃이 가득	一笑樓臺花滿觥
나같이 썩은 선비는 보국하기 어렵거니	吾輩腐儒難報國
붓 던지고 병법 논하는 그대가 부럽다오	羨君投筆事談兵

임명역[239]

臨溟驛

신령한 사당에 바람 일고 벌판에 구름 짙은데 　靈宮風颯磧雲深
정 장군[240]의 충정 늠름하여 머리털 솟구치네 　鄭帥忠貞凜髮森
공훈 세워 기린각[241]에 화상 걸리길 아니 구하고 　勳不麟臺求畫面
의병장들 닭 피 마시며 한마음이 되었도다 　義將鷄血歃同心
앉아서 바다를 안정시킨 건 누구의 힘이던가 　坐令海晏伊誰力
기우는 하늘을 부지한 공이 지금껏 이어지네 　撑得天傾也至今
들풀과 들꽃이 전투하던 성루에 피어나는데 　原草野花生戰壘
석양에 말을 달리며 구슬피 시 한번 읊네 　夕陽驅馬一悲吟

239 임명역(臨溟驛) : 길주(吉州) 남쪽에 있는 역의 이름이다. 《신증동국여지승람》 함경도 길성현(吉城縣) 조에 "현의 남쪽 61리에 있다."라고 하였다.

240 정 장군(鄭將軍) : 정문부(鄭文孚, 1565~1624)를 가리킨다. 자는 자허(子虛), 호는 농포(農圃), 본관은 해주(海州)이다. 1588년(선조21) 문과에 급제하였고, 1591년 함경북도 병마평사(咸鏡北道兵馬評事)를 지냈다. 임진왜란 때 회령(會寧)에서 임해군(臨海君)과 순화군(順和君)이 반란군의 주동자 국경인(鞠景仁)에 의해 왜장 가등청정(加藤淸正)의 포로가 되자 이에 격분하여 함경도에서 의병을 일으켜 국경인을 참수하고 함경도 각지에 주둔한 왜적들과 싸워 대승을 거둠으로써 관북 지방을 완전히 수복하였다. 《국조보감(國朝寶鑑)》 선조 25년(1592) 조에 "적의 한 부대가 마천령(摩天嶺) 아래 영동관 책성(嶺東館柵城)에 주둔하고 있었는데, 임명촌(臨溟村)을 불태우고 노략질하므로, 정문부가 군사를 돌려 공격하였다."라는 말이 나온다.

241 기린각(麒麟閣) : 한 무제(漢武帝) 때 미앙궁(未央宮)에 세운 누각이다. 248쪽 주50 참조.

성진

城津

봉래산은 아스라이 먼 하늘과 뒤섞이고	蓬島蒼蒼遠色渾
부상[242]은 만 리 아득한 곳에 우뚝 솟았네	扶桑萬里莽開軒
은하수가 바다를 비추니 뭇 용들 꿈틀대고	星河燭海群龍動
항해[243]가 성에 이니 성곽이 번뜩인다	沆瀣搖城百雉翻
육진[244]의 모래바람에 귀밑머리 쇠잔한데	六鎭風沙凋鬢髮
한 해 동안 안장 위에서 천지를 다 돌았네	一年鞍馬盡乾坤
높은 누각에 앉아 손오[245]의 전을 읽노라니	高樓坐閱孫吳傳
쇠화로엔 연기 사라지고 초는 밑동을 보이네	熏歇金爐蠟見根

242 부상(扶桑) : 해가 뜨는 동쪽 바다 속에 있다고 하는 신목(神木)의 이름이다.

243 항해(沆瀣) : 깊은 밤중에 내리는 이슬 기운인데, 도가(道家)에서는 이것을 수명(修命)의 약이라 하여 들이마신다. 《열선전(列仙傳)》에 "봄철에는 조하(朝霞)를, 여름철에는 항해를 복식(服食)한다." 하였다.

244 육진(六鎭) : 세종 때 여진족(女眞族)이 남하하는 것을 막기 위하여 설치한 여섯 진이다. 225쪽 주1 참조.

245 손오(孫吳) : 춘추 시대 제(齊)나라 손무(孫武)와 전국 시대 위(衛)나라 오기(吳起)의 병칭으로, 병법가(兵法家)를 대표적으로 일컫는 말이다.

마천령[246]

磨天嶺

하늘이 중한 관문 두어 북방을 평정하니	天設重關奠朔方
삼한이 반석 위에서 광채를 발하도다	三韓磐石有輝光
가마가 하도 높아 인간 객인 줄 못 믿겠거니와[247]	輿高不信人間客
꽃은 멀리 천제의 향기로운 자리와 응당 통하리라	花逈應通帝座香
바다가 쏟아 낸 한 물 위로 구름이 뒤엉키고	海瀉一泓雲澮澮
산으로 에워싸인 육진은 기운이 황량하네	山圍六鎭氣荒荒
청명한 시절이라 진림[248]의 격문은 못 짓고서	時淸未草陳琳檄
바쁘게 재필당[249]을 왔다 가기만 하였구나	來去悤悤載筆堂

246 마천령(磨天嶺) : 함경남도 단천시와 함경북도 성진시 사이에 있는 고개이다. 252쪽 주57 참조.

247 가마가……믿겠거니와 : 가마를 타고 높은 마천령을 넘는 정취가 마치 신선이 된 듯하여 인간 세상의 나그네 같지 않다는 말이다.

248 진림(陳琳) : 삼국 시대 위(魏)나라 사람으로, 건안칠자(建安七子) 중의 하나이다. 그가 원소(袁紹)의 밑에 있을 적에 격문(檄文)을 지어 조조(曹操)의 죄상을 나열하며 신랄하게 꾸짖었는데, 원소가 패망하여 조조에게 귀순하였을 때에, 조조가 그의 문재(文才)를 아껴 처벌하지 않고 기실(記室)로 삼았던 고사가 전한다.《三國志 卷21 魏書 陳琳傳 註》

249 재필당(載筆堂) : 경성(鏡城)에 있는 북평사의 공관(公館)으로 추정된다.

마운령[250]

磨雲嶺

산허리에 못 미처 인적 벌써 끊어지고 未到峯腰已絶塵
태양은 굽이돌아 산봉우리 피해 가네 羲車迂轉避嶙峋
울창한 숲속엔 정녕 천년설이 쌓였누나 陰森定有千年雪
구불구불 십 리 만에 사람 다시 마주쳤네 屈折還逢十里人
이 모두가 홍몽이요 인간세가 아닐진대 摠是鴻濛非世界
그 누가 붕새 깃을 나의 몸에 꽂았는고[251] 誰令鵬翮揷吾身
하늘 끝 쌓인 기운이 잔뜩 음산해지더니 乾端積氣多成曀
바닷빛이 자욱하여 도무지 분명치 않네 海色紛綸苦未眞

250 마운령(磨雲嶺) : 함경남도 이원군 동면과 단천군 부귀면 사이에 있는 고개이다. 251쪽 주56 참조.

251 이 모두가……꽂았는고 : 홍몽(鴻濛)은 우주가 형성되기 이전의 혼돈 상태를 뜻한다. 태고의 풍광을 간직한 마운령을 넘으며 날개 달린 신선이 된 것 같은 기분이 든 것을 표현한 말이다.

학계의 산앙정

鶴溪山仰亭

백사(白沙) 이 선생(李先生)[252]이 유배되었을 때에 머물던 곳이다.

청해 군영 앞에 초나라 강물 맑은데[253] 青海營前楚水淸
봄바람 의구하고 흰 개구리밥 자라났네 春風依舊白蘋生
산하 기운 웅장하여 삼한에서 걸출하고 山河氣大三韓傑
북두성 밝게 걸려 만고에 이름 떨치네 星斗光懸萬古名
철령 뜬구름에 두 줄기 눈물 아득하더니[254] 鐵嶺浮雲雙淚遠
목릉[255]의 차가운 해에 일편단심 빛났도다 穆陵寒日片心明

252 백사(白沙) 이 선생(李先生) : 이항복(李恒福, 1556~1618)으로, 자는 자상(子常), 호는 백사, 본관은 경주(慶州)이다. 우참찬(右參贊)을 지낸 이몽량(李夢亮)의 아들이며, 도원수 권율(權慄)의 사위이다. 1580년(선조13) 문과에 합격하였다. 이조 정랑, 병조 판서, 이조 판서 등을 역임하고 영의정에 이르렀다. 임진왜란이 일어나자 이덕형(李德馨)과 함께 명나라에 구원병 요청을 건의하였고, 선조를 수행하여 의주(義州)까지 피난을 다녀와 호성 공신(扈聖功臣) 1등으로 오성부원군(鰲城府院君)에 봉해졌다. 1617년(광해군9) 11월 인목대비(仁穆大妃)를 폐서인(廢庶人)하는 데 반대하는 헌의(獻議)를 올렸다가 함경도로 유배되어 이듬해 5월 북청(北靑)에서 병사하였다. 시호는 문충(文忠)이다. 문집으로 《백사집(白沙集)》이 전한다.

253 청해(靑海)……맑은데 : 청해는 북청도호부(北靑都護府)의 별칭이다. '초나라 강물'은 굴원(屈原)이 참소를 받아 쫓겨났던 상수(湘水)를 가리키는데, 이항복이 유배되었던 북청을 비유한 말이다.

254 철령(鐵嶺)……아득하더니 : 이항복이 철령 너머 함경도로 유배되었으므로 이렇게 말한 것이다. 철령은 강원도 고산군과 회양군 사이에 있는 고개로, 높이는 685미터이다. 이 고개를 경계로 북쪽이 관북 지방 즉 함경도이다.

창졸간에 삼천 예의[256] 지켰던 일을 알려거든　　欲知造次三千禮
당년에 헌의(獻議) 지었던 때를 살펴야 하리라　　須驗當年議草成

선생이 청파(青坡)에서 왕명을 기다리고 있을 적에 곁에서 모시던 자들이 모두 두려워 떨면서 새파랗게 질렸으나, 선생은 여전히 손에서 《대례(戴禮)》[257]를 놓지 않았다. 이에 앞서 헌의한 글에서 "급(伋)의 처는 백(白)의 어미가 된다."[258]라고 한 말은 바로 《대례》의 말이었으므로 낙구(落句)에서 언급한 것이다.

두 번째 其二

물풀 바람 향초 비가 깊은 냇물 휘감으니　　蘋風蘅雨繞溪深
학계의 정자는 잊기 어렵고도 찾기 쉬워라　　鶴榭難忘復易尋
예로부터 금용[259]은 청사의 치욕이요　　今古金墉青史恥

255 목릉(穆陵) : 선조(宣祖)의 능호(陵號)이다.

256 삼천 예의 : 예(禮)는 절문(節文)과 도수(度數)가 상세하게 갖추어져 있어서 경(經)이 삼백 가지에 이르고 의(儀)가 삼천 가지에 이른다고 한다.

257 대례(戴禮) : 《소대례기(小戴禮記)》 즉 《예기(禮記)》를 가리킨다.

258 급(伋)의……된다 : 급은 자사(子思)의 이름이고 백(白)은 자사의 아들이다. 《예기(禮記)》 〈단궁 상(檀弓上)〉에 "나의 아내가 된 사람은 내 아들의 어미가 되고, 내 아내가 아닌 사람은 내 아들의 어미가 아니다.〔爲伋也妻者, 是爲白也母; 不爲伋也妻者, 是不爲白也母.〕"라는 자사의 말이 나온다. 선조(宣祖)의 계비(繼妃)인 인목왕후(仁穆王后)는 엄연히 광해군(光海君)의 어미가 되는데, 광해군이 인목왕후를 폐위하는 일을 생각이나 할 수 있겠느냐는 의미로 인용한 것이다.

259 금용(金墉) : 인목대비(仁穆大妃)를 서궁에 유폐하려는 것을 말한다. 금용은 중국 하남성(河南省) 낙양현(洛陽縣)의 옛 낙양성 서북 모퉁이에 있는 성(城) 이름으로, 삼국 시대 때 위(魏)나라 명제(明帝)가 여기에 성을 쌓고 성안에 서궁(西宮)을 두었다. 그 뒤 가평(嘉平) 6년(254)에 사마사(司馬師)가 위주(魏主)인 방(芳)을 폐위하여 금용

위난에도 철석심장은 노신의 마음이로다 艱危鐵石老臣心
물고기 구경하던 바위는 맑은 연못 풀에 묻히고 空潭草沒觀魚石
옛 마을에 이는 구름은 올빼미 숲에 시름겨워라 舊里雲愁止鵬林
뒤늦게 태어난 내가 오히려 그 기상을 우러르니 生晩吾猶瞻氣像
푸른 소나무 담 밖으로 높은 봉우리 우뚝이 섰네 碧松垣外是喬岑

에 옮기게 하였고, 그 뒤 진(晉)의 양후(楊后), 민회태자(愍懷太子), 가후(賈侯)를 폐(廢)하여 모두 금용성에 유폐하였고, 진(晉)나라의 조왕륜(趙王倫)이 왕위를 찬탈하여 혜제(惠帝)를 여기에 유폐하였다.《讀史方輿紀要 河南 河南府 洛陽縣》

홍원 도중에

洪原道中

두 벼랑 사이 든 바다는 맑은 호수 같고　雙崖納海似明湖
가랑비 내리는 먼 하늘가 섬은 외로워라　細雨遙空島嶼孤
솔숲 안 어부 집이 몇 점 흩어져 있는데　松裏漁家分數點
석양이 비스듬히 〈망천도〉를 스치운다[260]　夕陽斜拂輞川圖

260 석양이……스치운다 : 홍원(洪原) 도중에 바라본, 석양이 기우는 어촌 풍경이 〈망천도(輞川圖)〉처럼 아름답다는 말이다. 〈망천도〉는 당(唐)나라 시인 왕유(王維)가 망천(輞川)에 별장을 짓고, 그곳의 십이승경(十二勝景)을 묘사한 그림이다. 망천은 섬서성(陝西省) 남전현(藍田縣) 남쪽에 있는 계곡으로, 산수가 수려하기로 유명하다.

함관령[261]

咸關嶺

눈보라 헤치며 함관령 넘던 객이 衝雪咸關客
돌아갈 땐 녹음의 계절 맞이했네 歸來正綠陰
시절은 이토록 쏜살같이 지나거니 天時欻如此
나그네 마음이라 다시 외로이 읊네 客意且孤吟
머리털은 변방 안개에 다 세 버렸고 鬢髮皆邊霧
지은 시는 태반이 북방의 소리로다 詩篇半朔音
성대하여라 풍패[262]의 기상이여 蔥蔥豐沛氣
임금님 연모하는 마음이 비로소 위로되네 始慰戀君心

261 함관령(咸關嶺) : 홍원과 함흥(咸興) 사이에 있는 고개이다. 높이는 450미터이다. 《신증동국여지승람》 함경도 홍원현 조에 "본현 서쪽 37리, 함흥부와의 경계에 있다."라고 하였다.

262 풍패(豐沛) : 패현(沛縣)의 풍읍(豐邑)을 말한다. 한(漢)나라를 개국한 유방(劉邦)은 원래 패현 풍읍의 양리(陽里) 사람이었으므로, 이후로 풍패는 제왕의 고향을 이르는 말로 쓰이게 되었다. 조선을 건국한 태조 이성계의 선조가 함경도 함흥 등지에 살았기 때문에 함흥과 그 일대 지방을 '풍패지향(豐沛之鄕)'이라 일컫는다.

낙민루[263]

樂民樓

이름난 누각 형세 한바탕 푸르르고	名樓面勢一蒼然
누대 아래 수양버들엔 일만 가옥 연기	樓下垂楊萬戶煙
다리 위 먼 사람은 그림 속으로 통하는 듯	橋逈人如通畫裏
들판 너머 둥근 하늘 어디에서 그치는가	野圓天欲了何邊
번화한 북쪽 길엔 배와 수레 모여들고	繁華北路舟車會
성대한 남양에는 해와 달이 걸렸구나[264]	葱鬱南陽日月懸

263 낙민루(樂民樓) : 함흥(咸興)에 있는 누각 이름으로, 선조(宣祖) 때 낙서(洛西) 장만(張晩, 1566~1629)이 세웠다. 신흠(申欽, 1566~1628)이 지은 〈낙민루기(樂民樓記)〉에 "함흥 성 남쪽에 예부터 낙민정(樂民亭)이 있었는데, 난리 통에 없어지고 말았다. 그리하여 공이 그 터를 넓혀 면모를 일신하고 아래에는 포루(砲樓)를, 위에는 연각(燕閣)을 각각 마련하였다.……누대 아래 다리가 있는데, 이름이 만세교(萬歲橋)이다. 뭇 시냇물이 그곳을 돌아 흘러 다리 아래에 평퍼짐하게 고였는데, 사방이 5리쯤 되는 규모로 파도가 넘실대어 바라다보면 마치 큰물과도 같다. 그 다리 밖에는 들이 있는데, 평평한 평야가 멀리 이어져 있으며 한쪽 면은 바다에 닿아 있어 아무리 보아도 끝이 보이지 않는다. 그리고 들 밖으로 산이 있는데, 모두가 북쪽에서 달려온 산들로서 험준하고 장엄한 게 하늘에 닿을 듯 치솟아 있다."라는 말이 나온다. 《象村稿 卷22 樂民樓記, 韓國文集叢刊 72輯》

264 성대한……걸렸구나 : 함흥이 조선을 건국한 태조의 선조가 살았던 고장이기 때문에 이렇게 말한 것이다. 남양(南陽)은 후한(後漢)을 건국한 광무제(光武帝)의 고향이다. 후한 광무제의 가향(家鄕)인 남양 용릉(舂陵)의 지형을 술사(術士)인 소백아(蘇伯阿)가 살펴보고는 "상서로운 기운이 성대하게 일어난다.〔佳氣哉! 鬱鬱葱葱然.〕"라고 말한 고사가 있다. 《後漢書 卷1 光武帝紀》

강한의 풍류[265] 계승할 자 그 누구인가　　江漢風流誰繼者
떨어지는 꽃 앞에 외로운 객 앉아 있네　　客來孤坐落花前

265 강한(江漢)의 풍류 : 강한은 중국 장강(長江)과 한수(漢水)의 부근 지역인 무창(武昌)을 가리킨다. 진(晉) 대의 재상 유량(庾亮)이 일찍이 정서장군(征西將軍)이 되어 무창에 있을 때 장강 가에 누각을 세우고 이를 남루(南樓)라 하였는데, 어느 가을날 밤에 달이 막 떠오르고 천기(天氣)가 아주 쾌청하자, 유량이 남루에 올라가서 그의 좌리(佐吏)인 은호(殷浩), 왕호지(王胡之) 등과 함께 시를 읊조리며 고상한 풍류를 만끽했던 고사에서 온 말이다. 《晉書 卷73 庾亮列傳》

쌍성관[266]에서 판액에 쓰인 종조부 희암 선생의 시[267]에 공경히 차운하다

雙城館敬次從祖父希菴先生板上韻

용강[268] 가 수양버들은 맑은 물결에 흩날리고　　龍江垂柳散晴波

266 쌍성관(雙城館) : 함경도 영흥(永興)에 있던 객사(客舍)이다.

267 희암(希菴) 선생의 시 : 희암 선생은 채팽윤(蔡彭胤, 1669~1731)을 가리킨다. 채팽윤의 자는 중기(仲耆), 호는 희암, 본관은 평강(平康)이다. 현감 채시상(蔡時祥)의 아들이다. 1689년(숙종15) 문과에 합격하고 검열(檢閱)을 지낸 뒤, 그해 사가독서(賜暇讀書)하였다. 정언, 도승지, 대사간, 예문관 제학 등의 관직을 역임하였다. 문집으로《희암집(希菴集)》이 전한다. 이 시는 1706년 2월 채팽윤이 영흥(永興)으로 친영(親迎)하러 가는 조카 채응삼(蔡膺三)을 따라갔을 때 지은 것으로,《희암집》권10에 〈저녁에 쌍성 진북헌을 떠나며〔晩發雙城鎭北軒〕〉라는 제목으로 실려 있는데, 내용은 다음과 같다. "용흥강 강물에 저녁 물결 일렁일 제, 맑은 흥취 진북헌을 꿈속에 지나누나. 태수는 황세주를 조금만 기울이고, 가인은 부질없이 소년가를 부르도다. 새문에는 대지 가득 봄날이 저무는데, 진전에는 하늘 높이 서기 흠뻑 어렸어라. 다시금 조카와 이별을 하게 되니, 타향에서 이별 시름을 다시 어이하나.〔龍興江水晩來波, 鎭北淸歡夢裏過. 太守細傾荒歲酒, 佳人虛唱少年歌. 塞門滿地春陰暮, 眞殿盤空瑞氣多. 還與阿咸成去住, 客邊離思更如何?〕"

268 용강(龍江) : 영흥의 용흥강(龍興江)을 가리킨다.《신증동국여지승람》함경도 영흥대도호부(永興大都護府) 조에 "본부(本府) 동북쪽 2리에 있으니, 옛 이름은 횡강(橫江)이다. 그 근원이 넷 있는데, 하나는 비류수(沸流水)이고, 하나는 마유령(馬踰嶺)에서 나오고, 하나는 애전현(艾田峴)에서 나오며, 하나는 양덕현(陽德縣) 경계의 거차령(居次嶺)에서 나오는데, 고암(庫岩)에 이르러 송어탄(松魚灘)과 합류해서는 횡천(橫川)이라 하고, 용신당(龍神堂)을 지나 진정사(鎭靜寺) 서쪽 절벽 아래에 이르러서는 창경연(鶬鶊淵)이라 부르는데, 아래에 넓은 여울이 있고, 그 가운데에는 흰 돌이 있어 형상이 흰 말과 같으며, 그 돌이 잠기고 드러나는 것으로써 물의 깊이를 안다고

변경 나서는 피리 소린 새벽 무렵 지나누나　出塞鳴笳際曉過
북두칠성에 번개 치던 꿈이 아직도 전하거니[269]　斗極尙傳飛電夢
교방 기생 모두들 〈용비어천가〉를 부르도다　敎坊皆誦御天歌
성곽이 해악과 이어져 나라 빗장 웅장하고　城連海嶽扃鐍壯
봄기운이 분유[270]에 들어 우로 흠뻑 적시누나　春入枌楡雨露多
무엇보다 미인의 소식이 아득한지라　最是美人消息遠
향기로운 꽃을 따려 해도 시름을 어이하랴　芳華欲採奈愁何

한다. 읍성(邑城)의 동북쪽을 지나서 이 강이 되는데, 남쪽으로 흘러 바다로 들어간다." 라고 하였다.

269 북두칠성에……전하거니 : 영흥이 태조 이성계가 태어난 곳이기 때문에 이렇게 말한 것이다. 《사기(史記)》 권1 〈오제본기(五帝本紀)〉의 주에 나오는, 황제(黃帝)의 모친인 부보(附寶)가 기(祁) 땅 들판에 있을 때에 번개가 크게 치며 북두칠성의 첫째 별을 휘감는 것〔大電繞北斗樞星〕을 보고는, 감응하여 잉태한 뒤 24개월이 지나서 황제를 낳았다는 전설에서 온 말이다.

270 분유(枌楡) : 한 고조(漢高祖) 유방(劉邦)의 고향을 일컫는 말인 분유사(枌楡社)를 가리킨다. 한 고조가 고향인 풍읍(豐邑)에 느릅나무를 심어 토지의 신(神)으로 삼은 데서 유래하였다. 이후로 제왕(帝王)의 고향이라는 의미로 사용되었는데, 여기서는 영흥에 대한 비유로 쓰였다.

학포[271]
鶴浦

일만 섬 모래 쌓여 뿌리 이룬 봉우리는	峯沙萬斛疊成根
인간에게 짙푸른 눈썹 빌리기 부끄러웠네[272]	羞借人間翠黛痕
이 세상에 어찌 한 점 티끌이라도 있었던가	天地何曾留點滓
인간들은 평생토록 황혼을 못 보누나[273]	人民生不覩黃昏
해 기울자 학은 해당화 물가로 내려앉고	斜陽鶴下棠花渚
가랑비 내리는 누대는 소나무 사이 그윽하네	細雨臺深松檜門
물새가 창공을 비상할 때 한번 울음 울 뿐	水鳥向空時一叫
선경에 이 이외에 누가 다시 소란스러우랴	仙區此外更誰喧

271 학포(鶴浦) : 함경도 안변에 있는 포구이다. 남구만(南九萬)의 〈북관십경도기(北關十景圖記)〉에 "안변부(安邊府)에서 동쪽으로 60리를 가서 바닷가의 돌벼랑 가를 따라가면 포구 가에 이른다. 포구 동북쪽에는 명사(鳴沙) 수십 리가 바람을 따라 무늬를 이루는데, 혹은 가늘고 혹은 굵어서 찬란함이 흰 비단과 같다. 포구 동쪽에는 사봉(沙峯)이 높이 솟아 있어 멀리서 바라보면 눈 더미 같고 때로 바람이 불면 모래가 날려 물이 흘러가는 듯한데 봉우리의 높이가 줄지도 늘지도 않으니, 이것이 신기하다. 포구의 둘레는 20리인데, 수면이 거울처럼 둥글다. 사봉 서쪽에 작고 푸른 봉우리가 물가에 임하였는데, 위에는 소나무와 회나무가 있고 아래에는 등라(藤蘿)가 얽혀 있다. 이곳을 원수대(元帥臺)라고 부르니, 옛날에는 섬이었는데 지금은 육지가 되었다고 한다."라고 하였다. 《국역 약천집 제28권 북관십경도기, 한국고전번역원, 2007》

272 인간에게……부끄러웠네 : 사봉(沙峯)에 나무나 풀이 자라지 않는 광경을 비유한 말이다.

273 이 세상에……보누나 : 흰 모래로 이루어진 학포(鶴浦)가 너무나 티 없이 깨끗하고 밝아서 황혼이 들지 않을 정도라는 말이다.

국도[274]를 찾아가려는데, 바다의 일기가 흐리고 안개가 끼면서 바람이 불었다. 바다에 배를 띄우자 바람이 잦아들고 파도가 걷히기에 기뻐서 시를 읊었다

將訪國島 海天陰霧以風 及放舟大海 風恬浪霽 喜而有吟

삼천리라 변방 길이 꽤나 더뎠는데	三千關路苦遲遲
상쾌히 돛을 올려 바다를 건널 적엔	快意雲帆渡海時
짐작건대 섬 신령이 기쁘게 우릴 맞아	斟酌島神迎我喜
흐린 기운 제거하고 새 시를 기다리리	掃除陰翳待新詩

274 국도(國島) : 안변(安邊)의 학포 앞바다에 있는 섬이다. 남구만의 〈북관십경도기〉에 "학포(鶴浦)의 사봉(沙峯) 동쪽에서 배를 타고 바다로 10리쯤 들어가면 이 섬에 이른다. 섬의 형세가 삼면은 높고 한 면은 낮은데, 낮은 곳에는 배를 정박할 수 있다. 물가에는 흰모래가 마전한 비단처럼 깔려 있고 약간 올라가면 해당화가 비단을 짜 놓은 것처럼 널린 채로 자라고 있으며, 또 조금 올라가면 푸른 대나무가 울창하고 순무가 섬을 온통 뒤덮고 있다. 배를 옮겨 섬을 돌아 동쪽으로 가면 돌벼랑이 점점 높아져서 혹은 수십 길이 되기도 하고 혹은 백여 길이 되기도 한다. 벼랑의 돌들은 모두 가닥가닥 나누어 묶어 세운 듯한데, 네모지게 사면이 반듯하고 곧아서 먹줄을 대고 깎은 듯하다. 조금 남쪽에 작은 굴이 있는데, 파도가 거세게 밀려와 깊고 어두워서 측량할 수가 없으며, 배를 저어 들어가 보면 겨우 삼베 한 필(匹)의 길이이고 좁아서 배가 깊이 들어갈 수 없다. 굴 위를 우러러보면 단사(丹砂)가 돌 속에 숨어 있어 돌 틈 사이로 드러나 있는데, 배에 꽂는 장대로 위를 찌르면 단사가 점점이 배 안으로 떨어진다. 굴에서 또다시 돌아 남쪽으로 가면 돌의 형세가 더욱 높아져 뾰족한 바위가 우뚝하여 우러러보면 가슴이 두근거리고 떨린다. 섬의 네 모퉁이에 묶어 세운 듯한 돌은 부러지기도 하고 떨어지기도 하여, 비록 길이는 똑같지 않으나 모두 깎아 놓은 것처럼 사면을 이루어 크기가 똑같으며, 굴속의 돌도 또한 이와 같으니 이 한 섬이 모두 네모난 돌이 묶여서 이루어진 것임을 알 수 있다."라고 하였다. 《국역 약천집 제28권 북관십경도기, 한국고전번역원, 2007》

국도
國島

웅장함과 기이함을 능히 다 겸한 너를　　雄豪奇巧爾兼能
듣기도 어려웠는데 어찌 본 적 있으랴　　耳亦難聞見豈曾
천지가 키워 낸 온통 올곧은 기상　　天地培來渾直氣
풍파가 스쳐 지나 절로 생긴 모서리　　風濤閱去自方稜
동서로 오밀조밀 가지런히 놓여 있고　　東西櫛櫛排仍整
칸살은 차곡차곡 흐트러짐 없이 섰도다　　間架鱗鱗竪不凝
지척에 배를 멈추고 숨죽인 채 보노라니　　咫尺停舟仍屛息
굴속 깊고 어두운 곳에 일백 신령 깃들었네　　窟中幽曖百靈憑

빗속에 통천관을 떠나다
雨發通川館

호각 그치고 구름이 소매 가득 일어날 제	角罷蒸雲滿袖生
바람에 깃발 펄럭이며 외로운 성 나서노라	風旗獵獵出孤城
우사[275]만이 나그네 만류할 맘을 먹었는지	雨師獨作留人意
말 머리에 비를 뿌리고 갤 줄을 모르누나	馬首陰霏不放晴

275 우사(雨師) : 비를 주관하는 신이다.

삼일포[276]

三日浦

아름답고 순수한 미인의 자태	英英淡淡美人姿
얼굴에 단장을 한 적이 있었던가	顏色何曾脂粉施
풍악의 고운 남기는 그림자를 희롱하는 듯한데	楓嶽姸嵐如弄影
맑은 하늘 신선의 배가 더딘들 어떠하랴	鏡天仙舫不嫌遲
다시 날아온 물새는 모두 서로 익숙하고	重來水鳥渾相慣
웃음 짓는 숲속 스님들 거의가 구면이네	一笑林僧多舊知
신선 피리 울리는 허공을 때로 슬피 바라보매	空裏鸞笙時悵望
작은 정자 꽃나무 너머로 석양이 옮겨 가네	小亭花木夕陽移

276 삼일포(三日浦) : 강원도 고성(高城) 외금강에 있는 호수로, 동해에 접해 있다. 옛날에 술랑(述郞), 남랑(南郞), 영랑(永郞), 안상(安祥) 네 선인(仙人)이 이곳에 와서 사흘 동안 놀았다 하여 삼일포라 불렀으며, 호수 안의 섬에 사선정(四仙亭)을 세워 그 일을 기념하였다고 한다.

대호정[277]

帶湖亭

그윽한 정자 앞 강물에는	窈窕亭前水
유점사[278] 꽃잎이 떠내려오네	浮來楡站花
빈 난간에는 백로가 자려 들고	欄虛宿鷺入
고요한 소나무엔 수많은 기이한 새	松靜怪禽多
단출한 돛단배는 바다로 돌아가는데	隱約帆歸海
청정한 마을 곁엔 모래밭 펼쳐졌네	虛明村傍沙
어찌해야 섭 현령의 신발[279]을 빌려서	何當借葉舃
늙기 전에 단약[280]을 고을 수 있을는지	未老鍊丹砂

277 대호정(帶湖亭) : 강원도 고성 남강(南江) 가 고산대(高山臺) 위에 있던 정자이다. 남강은 금강산에서 발원(發源)하여 유점사(楡岾寺)를 거쳐 고성을 지나 동해로 흘러드는 하천이다. 《신증동국여지승람》 강원도 고성군(高城郡) 조에 "(대호정은) 고산대에 있다. 추녀 아래로 푸른 강이 흐르는데 강 밖은 적벽(赤壁)이다."라고 하였다.

278 유점사(楡站寺) : 일반적으로 유점사(楡岾寺)라고 쓴다. 금강산의 동남쪽 자락, 강원도 고성군(高城郡)에 있는 절이다. 통일신라 시대에 창건되었으며 금동석가여래입상이 있다.

279 섭 현령(葉縣令)의 신발 : 후한(後漢) 때 사람 왕교(王喬)가 섭현(葉縣)의 현령으로 있으면서 매월 삭망(朔望)에 입궐하여 조회하므로, 이를 수상히 여긴 황제가 엿보게 하였더니, 신발을 오리로 변화시켜서 타고 날아서 오갔다고 한다. 《後漢書 卷82 王喬列傳》

280 단약(丹藥) : 먹으면 불로장생(不老長生)한다는 신선의 약이다.

배를 매어 두고 사선정[281]에 오르다
繫舟 登四仙亭

생학[282]이 아득한 천상으로 날아가 버리니	璇霄笙鶴去茫茫
선보[283]를 두고 인간 세상에 이설이 분분하네	仙譜人間異說長
주수[284] 자란 빈 정자엔 갈매기 꿈 담담하고	珠樹亭空鷗夢淡
해당화 핀 물가 따스하니 말발굽에 향기 이네	海棠汀暖馬蹄香
옥 글자 사라진 푸른 바위는 늙어 가는데[285]	消沈玉字蒼巖老

281 사선정(四仙亭) : 삼일포(三日浦) 호수 안의 섬에 있는 정자이다. 김창협(金昌協)이 쓴 〈동유기(東游記)〉에 "삼일포는 둘레가 10여 리쯤 된다. 밖으로 36개의 봉우리가 둘러싸고 있고 안에는 작은 섬 하나가 있는데, 붉은 누각이 그 위에 높이 세워져 있었으니 이름하여 사선정이라 하였다. 사선에 대해 세상에 전해 오는 말에 의하면, 이들은 신라 시대 사람으로 일찍이 관동(關東)의 여러 명승지를 두루 유람하다가 이곳에 이르러서는 사흘 동안 돌아갈 것을 잊어버렸으며, 포(浦)와 정자가 모두 이 때문에 그러한 이름을 얻게 된 것이라고 한다."라고 하였다. 《국역 농암집 제23권 동유기, 한국고전번역원, 2004》

282 생학(笙鶴) : 신선이 타는 학을 가리킨다. 주 영왕(周靈王)의 태자인 왕자교(王子喬)는 본디 생소(笙簫)를 불어서 봉황의 울음소리를 잘 냈는데, 그가 일찍이 도사 부구공(浮丘公)을 따라 숭고산(嵩高山)에 올라가서 선술(仙術)을 배운 지 30여 년 만에 구지산(緱氏山)에서 백학(白鶴)을 타고 승천했다는 고사에서 온 말이다. 《列仙傳》

283 선보(仙譜) : 신선의 이름을 기록한 명부(名簿)이다.

284 주수(珠樹) : 선경(仙境)에서 자란다는 전설상의 나무이다.

285 옥 글자……가는데 : 사선정의 남쪽 봉우리 석벽(石壁)에 새겨진 '영랑도남석행(永郎徒南石行)'이라는 붉은색의 여섯 글자를 가리키는 듯하다. 세상에서는 네 신선이 쓴 것이라 전한다.

솔 그늘 거슬러 오르는 그림배는 처량하여라	沿泝松陰畫舫涼
술통의 술이 마르거든 내가 장차 댈 터이니	榼裏酒乾吾且續
암자 스님은 해 기운다고 알리지 마시게나	龕僧且莫報斜陽

유점사 백천교[286]에서 신계사[287] 스님을 만났다. 그는 연전에 내가 사고에 포쇄하러 갔을 때[288]를 능히 기억하여 산을 찾아갔던 일을 일일이 언급하였다. 이 시를 써서 그에게 주었다

檢站百川橋 遇新溪僧 能記余往年曝史之行 歷歷話尋山事 書此贈之

거울 속 나그네 몰골이 나인가 의심스러운데	長途旅鬢鏡中疑
오히려 산문의 혜안이 나를 알아보는구려	猶有山門慧眼知
당시에 사미이던 그대가 장성한 지금	當日沙彌今長大
한림이던 젊은 시절로 나 어떻게 돌아가리오	翰林那復少年時

286 백천교(百川橋) : 유점사로 가는 길목에 있는 다리이다. 《신증동국여지승람》 강원도 고성군(高城郡) 조에 "남강(南江) 상류에 있다."라고 하였다.

287 신계사(新溪寺) : 금강산의 동북쪽 외금강에 있는 절로, 유점사의 말사(末寺)이다. 처음에는 '新溪寺'라 하였으나 나중에 '神溪寺'로 바뀌었다.

288 사고(史庫)에……때 : 예문관 검열(藝文館檢閱)로 있던 번암이 1749년(영조25) 5월 오대산(五臺山) 사고에 포쇄(曝曬)하러 다녀오던 길에 금강산을 유람하였다.

유점사에서 묵고 아침에 선담[289]을 찾아가다

宿楡站 朝訪船潭

높다란 바위 속을 잘라 내어 闞切長身石
하늘이 특별한 모양의 못을 열었네 天開別體潭
의상은 용의 기운에 촉촉이 젖어들고 衣裳潤龍氣
지팡이와 나막신은 신선 수레를 대신하네 笻屐當鸞驂
맹렬히 끓어오르는 건 깊이 잠긴 태양이요[290] 猛沸深深日
그윽하게 에워싸는 건 가득 찬 남기로다 幽參拍拍嵐
근원 찾아 가는 걸 그만둘 줄 모르니 源窮且無厭
둘러친 산천이 내 욕심을 비웃는구나 籠勝笑吾貪

289 선담(船潭) : 금강산 만경동(萬景洞) 계곡에 있는 웅덩이이다. 김창협(金昌協)이 쓴 〈동유기(東游記)〉에 "만경대(萬景臺)에 오르려고 유점사를 나서 서북쪽으로 시내를 따라 3리를 가자 선담이 있었다. 큰 바위의 중간이 움푹 패인 모양이 마치 배처럼 보였는데, 가로는 두 길, 세로는 그 절반쯤 되었으며, 냇물이 그 속으로 떨어지는데 그 높이가 거의 한 길 남짓이었다. 물은 모두 바위로 쏟아져 배의 네 모퉁이와 높이가 같아진 뒤에야 다시 바위 모서리를 따라 아래로 떨어져 작은 웅덩이를 이루었다."라고 하였다. 《국역 농암집 제23권 동유기, 한국고전번역원, 2004》 만폭동(萬瀑洞) 계곡에도 같은 이름의 웅덩이가 있다.

290 맹렬히……태양이요 : 선담에 물이 세차게 흐르는 모양이 마치 물속에 뜨거운 태양이 잠겨 있어 물이 끓어오르는 듯함을 표현한 말이다.

선담에서 지난날 제명한 곳을 찾다

船潭訪前日題名

선동(仙童)은 뒤따르고 노승은 앞장서서	青童在後老僧前
걷다가 덩굴 잡고 오르다 힘들면 잠을 잤네	步或緣藤倦或眠
이제야 다시 와서 옛 자취를 찾아보니	今我重來尋故我
푸른 산 흐르는 물 둘 다 변함없어라	碧山流水兩依然

일출과 월출 두 봉우리[291]를 바라보다

望日出月出兩峯

슬퍼라 까마귀가 서로 가면 토끼가 다시 동에서 오니[292] 惆悵烏西兎復東

인생살이 백발 되도록 너무도 바쁘구나 人生白髮劇悤悤

선가에 만약 금광초가 없다면 仙家若乏金光草

두 바퀴를 이 봉우리에 매어 두도록 허락하리라[293] 應許雙輪繫此峯

291 일출과……봉우리 : 금강산 비로봉(毗盧峯) 남동쪽에 나란히 서 있는 일출봉과 월출봉을 가리킨다. 일출봉은 1552미터, 월출봉은 1580미터이다.

292 까마귀가……오니 : 해가 서쪽으로 지고 달이 동쪽에서 떠오르는 것을 표현한 말로, 부단히 흐르는 세월을 의미한다. 고대의 신화에 태양 속에는 삼족오(三足烏)가 있고 달에는 옥토끼가 있다고 한 데서 온 말이다.

293 선가(仙家)에……허락하리라 : 금광초(金光草)는 먹으면 불로장생한다는 신선의 약초이다. 두 바퀴는 해와 달을 가리킨다. 신선에게 만약 금광초와 같은 불로장생의 약초가 없다면 해와 달을 일출봉과 월출봉에 매어 시간이 흐르지 못하게 할 것이라는 말이다.

마하연[294]에서 밤에 칠성대를 거닐다

摩訶衍夜步七星臺

옥피리 소리는 차가웁게 창공을 맴돌고	玉笛聲寒繞紫冥
계화는 풍로에 젖어 절 문에 만발했네	桂花風露滿禪扃
노승이 나를 따라 천단 위로 올라	老僧隨我天壇上
한가로이 솔 그늘을 쓸고 칠성에 절하누나	閒掃松陰禮七星

294 마하연(摩訶衍) : 내금강 만폭동(萬瀑洞) 상류에 있는 암자이다. 김창협(金昌協)이 쓴 〈동유기(東游記)〉에 "화룡담(火龍潭)에서 1리를 가면 마하연인데, 암자 뒤로는 마치 병풍을 친 듯한 모습으로 중향성(衆香城)을 끼고 있고, 앞에는 혈망봉(穴望峯), 담무갈봉(曇無竭峯) 등 여러 봉우리가 병풍처럼 빙 둘러서 있으니, 실로 명찰(名刹)이었다. 뜰에는 삼나무와 전나무가 울창한데, 그중 한 그루는 줄기가 곧고 껍질이 붉으며 잎은 삼나무 잎을 닮았으니, 예로부터 계수나무라고 전해 온 말은 잘못일 것이다. 밥을 먹고 나서 뜰을 거닐며 중향성의 봉우리들을 쳐다보니, 모두 순은색으로 맑게 빛나고 번쩍거려 바로 볼 수가 없었다. 봉우리의 자태가 본디 기이한 데다 낙조를 받아 더욱 기이하게 된 것이니, 정양사(正陽寺)에서 본 것도 이만은 못하였다."라고 하였다. 《국역 농암집 제23권 동유기, 한국고전번역원, 2004》

이날 밤이 바로 15일이었다. 달이 월출봉 위로 떠오를 무렵 중향성[295]이 그 광채를 마주 받아 아주 환하게 빛나니, 멀리서 바라보면 마치 천 길이나 되는 흰 비단이 하늘에 매달려 있는 듯하였다. 이것은 유람하는 사람이 쉽게 접할 수 없는 광경이었다

是夜卽十五夜 月輪轉上月出峯際 衆香對受其彩 晃朗暎徹 遠望之 若千丈素練掛在雲霄間 蓋遊賞者之未易覩也

나무 끝에 얼음 두꺼비가 기이한 광채 내뿜어[296] 樹杪氷蟾放彩奇

중향성의 서리 내린 봉우리가 환하게 빛나누나 衆香霜髻暎離離

헐성루[297]는 석양 풍경이 좋다고만 할 뿐이라 歇惺只道斜陽好

달이 뜰 때 광경을 사람들이 못 본 게 아쉽구나 恨未人看月上時

295 중향성(衆香城) : 마하연 뒤를 병풍처럼 에워싸고 있는 하얀 바위 봉우리의 명칭이다.

296 나무……내뿜어 : 나뭇가지 위로 떠오른 달을 표현한 구절이다. 전설상에 달에 두꺼비가 산다고 한 데서 온 말이다.

297 헐성루(歇惺樓) : 금강산 정양사(正陽寺) 경내에 있는 누각으로, 금강산 일만 이천 봉을 이곳에서 한눈에 볼 수 있다고 한다.

마하암에서 문을 열고 달을 마주하니 밤늦도록 잠들 수 없었다

摩訶菴開戶對月 夜不能寐

《황정경》[298] 읽고 나니 향불 연기 비껴 오르고	黃庭讀罷篆煙斜
밤 되자 바람 소리 샘 소리 더욱 커지네	薄夜風泉鳴更多
산봉우리는 천 길 우뚝한 노송을 굽어보고	山髻俯窺千丈檜
달빛은 만 겹 피어난 꽃송이 너머 비추누나	月華穿度萬重花
제주는 아홉 점 연기 혼연히 꿈 같거니[299]	齊州九點渾如夢
이 길이라면 삼청[300] 세계도 먼 줄 모르겠네	此路三淸未覺賒
바위 위에는 학 돌아오고 스님도 잠들었건만	巖頂鶴歸僧亦睡
숲속 건너 한 마리 새는 아직도 울어 대누나	隔林猶有一禽譁

298 황정경(黃庭經) : 신선이 되는 방법 등이 적혀 있는 도가(道家)의 경전이다.

299 제주(齊州)는……같거니 : 당나라 이하(李賀)의 시 〈몽천(夢天)〉에 "제주를 멀리 바라보니 아홉 점 연기요, 큰 바닷물도 한 잔 물을 쏟아부은 듯하네.〔遙望齊州九點煙, 一泓海水杯中瀉.〕"라고 한 데서 온 말이다. 제주는 본래 중국을 가리키는데, 여기서는 천하를 의미한다. 신선 세계 같은 마하연에서 천하를 내려다보면 꿈속에서 보는 듯 작게 보인다는 말이다.

300 삼청(三淸) : 도교(道敎)에서 말하는 옥청(玉淸), 상청(上淸), 태청(太淸) 세 청경(淸境)을 가리킨다. 선경(仙境)을 비유하는 말로 많이 쓰인다.

두 번째 其二

경단에 초제 마치고 천향 속을 거니는데[301]	瓊壇醮散步天香
꽃 그림자 솔 그늘이 흡족히도 서늘하네	花影松陰滿意涼
인간 세상 어디엔들 밤 달이 없으랴만	何處人間無夜月
중향성의 달빛이 가장 잊기 어렵다오	香城月色最難忘

301 경단(瓊壇)에……거니는데 : 경단은 도사(道士)가 하늘에 제를 올리는 제단이고, 초제(醮祭)는 도사가 단(壇)을 쌓고 올리는 제사이다. 천향(天香)은 좋은 향기를 가리키는 말인데, 특히 계화(桂花)나 매화, 모란의 향기를 지칭한다. 당시 마하연에 계화가 만발하였으므로 이렇게 말한 것이다.

비 때문에 정양사[302]에 머물렀는데, 골짜기의 연무가 일만 이천 봉우리를 완전히 뒤덮어서 자욱이 보이지 않기에 서운해하며 시를 읊었다
雨滯正陽寺 洞霞全罨萬二千峯 鴻濛無所見 悵然有吟

개자수미[303]의 법력이 신통도 하여라　　芥子須彌法力神
천억 여래가 홀연히 몸을 감추었도다[304]　　如來千億欻藏身

302 정양사(正陽寺) : 금강산 내금강에 있는 절이다. 표훈사(表訓寺)에서 북쪽으로 5리쯤 떨어진 지점에 있다. 정양이라고 이름한 것은 금강의 정맥(正脈)에 터를 잡았기 때문이라고도 하고, 남쪽으로 앉은 방향이 정남향이기 때문이라고도 한다. 《연려실기술(燃藜室記述)》 〈지리전고(地理典故)〉에 "정양사에 오르면 천을대(天乙臺), 개심대(開心臺), 헐성루(歇惺樓)가 있어서 금강산의 가장 참된 모습을 보여 주는데, 바로 중향성(衆香城)과 마주하고 있어서 경치를 완상하기에 더욱 좋다. 명소(名炤)와 낙월(落月), 대향로(大香爐), 소향로(小香爐), 금강대(金剛臺), 망고대(望高臺) 등의 봉우리들이 앞뒤로 둘러 벌여 섰다. 북쪽으로 들어가면 만폭동(萬瀑洞)인데 바위 위에 양사언(楊士彦)이 쓴 '봉래풍악원화동천(蓬萊楓岳元化洞天)'이라는 여덟 글자가 있다. 그 골짜기 안의 보덕굴(普德窟)에는 관음각(觀音閣)이 있다."라고 하였다. 《국역 연려실기술 별집 제16권, 한국고전번역원, 1967》

303 개자수미(芥子須彌) : 개자씨 속에 수미산(須彌山)을 숨길 수 있다는 뜻이다. 제상(諸相)이 모두 참된 것이 아니니, 지식과 관념의 속박에서 벗어나야 함을 비유한 말이다. 《유마경(維摩經)》 〈불가사의품(不可思議品)〉에 "보살이 이러한 해탈에 머물러서 능히 높고 넓은 수미산을 개자씨 안에 들어가게 하는데, 수미산은 본래 모습과 변함이 없다.〔若菩薩住是解脫者, 以須彌之高廣, 內芥子中, 無所增減, 須彌山王本相如故.〕"라고 한 데서 온 말이다. 수미산은 불교에서 말하는 이른바 세계의 중심에 우뚝 솟아 있다는 산인데, 이 산 주위에는 사대주(四大洲)가 있고, 높이는 8만 4000유순(由旬)이라고 한다.

하계에 미련이 남아 공연히 고개 돌려 보니　　　情癡下界空回首

하고많은 생성과 소멸 가운데 무엇이 참이고 거짓이던가　　　成毁茫茫孰僞眞

304 천억……감추었도다 : 연무(煙霧) 속에 가려 보이지 않는 금강산의 일만 이천 봉을 비유한 말이다. 여래(如來)는 부처의 열 가지 명호(名號) 가운데 하나로, 진리의 길을 따라와서 진리를 보여 준 사람이라는 의미이다.

이윽고 연무가 걷혔다 끼었다 하더니, 중향성의 일천 봉우리가 얇은 비단 속에서 은은히 비치는 듯하기에 기뻐서 나도 몰래 탄성을 질렀다

已而霞氣乍卷乍羃 衆香千峯隱暎輕紗中 尤不覺欣然叫奇

어렴풋이 보일락 말락 분명치 않아 괴로워라	惚惚冥冥苦未詳
하늘이 나를 놀리려고 일부러 하는 숨바꼭질	天公戲我故迷藏
누각에 기대어 바라보며 못내 상심하던 차에	憑樓一望堪惆悵
선녀가 단장한 한쪽 얼굴을 살짝 보여 주네	玉女微呈半面粧

이튿날 아침 비가 개어 헐성루에 오르다

翌朝雨霽 登歇惺樓

일찍 일어나 난간 기대니 처음 시야 툭 트이고	早起憑欄始豁然
골짝 구름 피어오르는 드넓은 창공엔 해가 걸렸네	洞雲寥廓日輪懸
맑고 밝은 본체가 일찍이 손상된 적이 있었던가	虛明本體何曾損
변함없이 하늘로 우뚝 솟은 일만 이천 봉이여	依舊叢霄萬二千

불지암[305]으로 면벽승을 찾아가다

佛志菴訪面壁僧

일만 폭포 울부짖음이 무슨 상관이랴	何妨萬瀑吼
마음이 고요하면 절로 시끄러움이 떠나는 걸	心靜自離喧
맞이하여 절하는 스님 두 분 있어도	迎拜有雙釋
서로 바라볼 뿐 말 한마디 없어라	相看無一言
바리때엔 솔방울만 덩그러니 뒹굴고	飯盂松屑冷
감로정엔 꽃잎만 흩날려 뒤집히네	甘露井華翻
결국은 휑하니 배운 게 없을 텐데	畢竟虛無學
무슨 수로 부처 은혜를 보답하리오	那成報佛恩

305 불지암(佛志菴) : 내금강 만폭동에 있는 암자이다. '佛地菴' 또는 '佛知菴'이라고도 쓴다.

달밤

月夜

아침엔 칠보에서 저녁엔 봉영에서 노닐고[306]
평소에 머물러 사는 곳은 백옥경[307]이로다
이슬 젖은 학의 몸은 계수 숲에 차가웁고
하늘 에워싼 봉우리엔 서너 별이 빛나누나
초연히 달빛 아래 스님과 함께 섰노라니
정녕 인간 세상엔 닭이 벌써 울었으리라
새로 빚은 백엽주를 회양에서 보내왔는데[308]
신령한 곳에선 무엇인들 상쾌하지 않으랴

朝遊七寶暮蓬瀛
居止尋常白玉京
露濕鶴身叢桂冷
天圍峯穴數星明
翛然月下僧俱立
定是人間鷄旣鳴
新酒淮陽來柏葉
靈區何事不神淸

306 아침엔……노닐고 : 칠보(七寶)는 신선이 산다는 현도(玄都)에 있는 산의 이름이다. 봉영(蓬瀛) 또한 신선이 산다는 봉래산(蓬萊山)과 영주산(瀛洲山)을 가리킨다.

307 백옥경(白玉京) : 도가(道家)에서 말하는 천제(天帝)의 도성(都城)이다.

308 새로……보내왔는데 : 회양 부사(淮陽府使)가 백엽주(柏葉酒)를 보내왔다는 말이다. 백엽주는 잣나무 잎을 담가서 우려낸 술이다.

진주담[309]은 팔담 가운데 가장 뛰어난 경치이다
眞珠潭最爲八潭勝境

화려한 색채 영롱하니 갠 하늘과 어울리고	浮彩玲瓏霽色宜
만 갈래 구슬 목걸이가 성대하게 흩어진다[310]	萬行瓔珞散離離
당년 여산의 폭포가 어떠했는지 모르겠다마는[311]	不知當日廬山瀑
거꾸로 비친 중향성의 기이한 그림자가 볼만하여라	能見香城倒影奇

309 진주담(眞珠潭) : 내금강 만폭동(萬瀑洞) 계곡에 있는 웅덩이 가운데 하나이다. 만폭동 계곡에는 '팔담(八潭)'이라 불리는 이름난 여덟 개의 웅덩이가 있는데, 계곡 아래에서부터 흑룡담(黑龍潭), 비파담(琵琶潭), 벽하담(碧霞潭), 분설담(噴雪潭), 진주담, 구담(龜潭), 선담(船潭), 화룡담(火龍潭)이다. 화룡담에서 500미터 정도 위쪽에 마하연(摩訶衍)이 자리하고 있다.

310 만 갈래……흩어진다 : 진주담의 폭포수가 방울져 흩날리며 떨어지는 광경을 묘사한 구절이다.

311 당년……모르겠다마는 : 여산(廬山)은 중국 강서성(江西省) 구강현(九江縣) 남쪽에 있는 수려한 산이다. 이 구절은 이백(李白)의 시 〈망여산폭포(望廬山瀑布)〉에 "태양 비친 향로봉에 붉은 연기 피어날 제, 바라보니 폭포수가 냇물 위에 걸리었네. 물길 날려 삼천 척을 곧장 내리쏟아지니, 아니 어찌 구천에서 은하수가 떨어지나.〔日照香爐生紫煙, 遙看瀑布掛前川. 飛流直下三千尺, 疑是銀河落九天.〕"라고 한 것을 두고 말한 것이다. 《李太白文集 卷18》

분설담은 기세가 가장 웅장하다

噴雪潭氣勢最雄

미친 듯 일어나는 흰 포말은 사람을 홀리는데	顚狂素沫欲迷人
이곳저곳 웅덩이 빚어 놓은 뜻은 참신도 하지	交錯鎔潭立意新
밝은 태양 높이 떴어도 여기만 유독 쇄락하고	白日高臨偏灑落
긴 무지개 높이 드리우니 준순주[312]가 익어 가네	長虹陡折熟逡巡
솟구쳐 흩어지매 학이 문득 놀라 날개를 퍼득이고	騰散忽驚翻鶴翅
맹렬히 부딪치매 용 비늘 상할까 때로 두려워라	猛舂時恐損龍鱗
향기 피어나는 만폭 계곡에 꽃이 떠서 흘러오니	生香萬壑浮花到
봄에 미처 유람 못 했어도 아쉬울 것 없어라	不恨吾遊未及春

312 준순주(逡巡酒) : 신선이 잠깐 사이에 빚는다는 술이다. 한유(韓愈)의 질손(姪孫) 중에 상(湘)이란 이가 있었는데, 한유가 일찍이 그에게 학문에 힘쓰라고 하자, 상이 웃으면서 "준순주를 만들 줄도 알거니와, 경각화도 피울 수가 있답니다.〔解造逡巡酒, 能開頃刻花.〕"라는 시구를 지어서 보여 준 고사가 있다. 《太平廣記 詩人玉屑 卷20 方外》

벽하담은 진주담에 버금간다. 웅덩이 곁에서 지난날 제명한 곳을 찾다
碧霞潭爲眞珠亞匹 潭傍訪前日題名

바위는 맑고 시내 깨끗하여 색이 모두 담담한데	巖淸流潔色俱空
떨어지는 곳에 몸을 뒤집어 홀연 무지개 이루었네	落處翻身忽作虹
부끄러워라 육신에 매인 세속 나그네여	慙愧風塵形役客
여섯 해 동안 물소리 가운데 이름을 남겨 두었구나[313]	六年名住水聲中

313 여섯……두었구나 : 번암이 1749년(영조25) 5월 사명(使命)을 받들고 오대산(五臺山) 사고(史庫)에 포쇄(曝曬)하러 다녀오는 길에 금강산을 방문하여 벽하담에 제명(題名)한 이후로 6년 만에 다시 방문하였기 때문에 이렇게 말한 것이다.

만폭동[314]

萬瀑洞

뭇 폭포는 향로봉에 모였고	衆瀑香爐會
삼신산[315]은 만국에 이름났어라	三山萬國名
바람과 천둥은 밤낮없이 일고	風霆無晝夜
꽃과 노송은 모두 맑고 밝아라	花檜盡虛明
길에는 교룡 굴이 뚫려 있고	路斲蛟龍窟
바위는 일월 정기 품었도다	巖胚日月精
스님이 능히 사리를 아는지라	比丘能解事
배 속 적시라고 찻주전자 받들었네	潤肺捧茶鐺

314 만폭동(萬瀑洞) : 금강산 내금강에 있는 골짜기이다. 이유원(李裕元, 1814~1888)이 쓴 〈봉래비서(蓬萊秘書)〉에 "만폭동은 표훈사(表訓寺)에서 5리쯤 떨어진 지점에 있는데, 수미동(須彌洞)과 팔담동(八潭洞)의 물이 교류하는 곳이다. 대소(大小)의 향로봉(香爐峯)이 문을 이루고 청학대(靑鶴臺)가 대치하고 있다. 바위 면에는 '소동령령 풍패청청(疎桐泠泠風佩淸淸)', '봉래풍악 원화동천(蓬萊楓嶽元化洞天)', '만폭동(萬瀑洞)'이란 문구가 새겨져 있는데, 모두 양봉래(楊蓬萊)의 글씨이고, 또 '천하제일명산(天下第一名山)'이라고 새겨져 있는데, 김곡운(金谷雲)의 글씨이다. 또 돌 면에 바둑판이 새겨져 있는데 이름은 삼산국(三山局)이라 한다."라고 하였다. 《국역 임하필기 제37권 봉래비서, 한국고전번역원, 2000》

315 삼신산(三神山) : 동해 가운데 신선이 산다는 봉래산(蓬萊山), 방장산(方丈山), 영주산(瀛洲山)을 가리킨다. 금강산의 별칭이 봉래산이므로 이렇게 말한 것이다.

천일대[316]에서 일만 이천 봉을 바라보다

天逸臺望萬二千峯

지난번의 유랑(劉郞)이 원화동천 다시 찾아[317]	元化洞中前度郎
천일대 올라 지팡이 짚고 멀리 바라보니	天臺拄策送眸長
상제는 마음껏 산을 조각하였는데	雕鎪上帝從心欲
슬프게도 여래는 정광을 잃었구나[318]	惆悵如來失頂光

316 천일대(天逸臺) : 정양사 앞에 있는 봉우리로, 천을대(天乙臺)·진헐대(眞歇臺)라고도 한다. 내금강의 전경이 잘 보이는 곳이다.

317 지난번의……찾아 : 번암이 두 번째로 금강산을 찾아왔기 때문에 이렇게 말한 것이다. 동한(東漢) 영평(永平) 연간에 유신(劉晨)과 완조(阮肇)가 천태산(天台山) 도원동(桃源洞)에서 신선을 만난 뒤에 고향으로 돌아갔다가 다시 천태산으로 돌아왔는데, 그 이후로 떠났다가 다시 오는 사람을 '지난번의 유랑〔前度劉郎〕'이라고 하였다. 당나라 때의 유우석(劉禹錫)이 조정에서 쫓겨났다가 되돌아와 〈재유현도관(再遊玄都觀)〉 시를 짓기를 "복숭아 심은 도사는 어디로 갔나? 지난번의 유랑이 지금 다시 왔네.〔種桃道士歸何處? 前度劉郎今又來.〕"라고 한 것이 그 예이다. '원화동천(元化洞天)'은 금강산 만폭동(萬瀑洞)을 이른다. '원화'는 천지의 조화를 의미하고, '동천'은 신선이 사는 곳을 의미한다. 조선 중기의 명필인 양사언(楊士彦, 1517~1584)이 회양 부사(淮陽府使)로 있으면서 내금강 만폭동 계곡의 너럭바위 위에 '봉래풍악 원화동천(蓬萊楓岳元化洞天)'이란 8자를 새겨 놓았다.

318 슬프게도……잃었구나 : 고려 태조가 금강산을 방문했을 때에 담무갈(曇無竭) 보살이 나타나 광채를 발하자, 신하들을 거느리고 절을 올렸다고 한다. 이 일로 태조가 정양사(正陽寺)를 창건하였으며, 정양사 뒤의 언덕을 방광대(放光臺)라 하고 앞의 고개를 배점(拜岾)이라고 불렀다고 한다.《新增東國輿地勝覽 卷47 江原道 淮陽都護府》 이 구절의 의미는 분명치 않지만 앞의 고사와 연관하여 보자면, 고려 왕조가 오래전에 이미 망하였으므로 여래의 정광(頂光)이 사라졌다고 표현한 듯하다. 정광은 부처나 보살의 정상(頂上)에 나타나는 빛으로, 후광(後光) 또는 원광(圓光)이라고도 한다.

일만 폭포에 드리운 그림자 항시 흔들리고　萬瀑尋常搖倒影
일천 기이한 형상은 석양에 황홀히 들었네　千奇怳惚入斜陽
장엄한 석장(石丈)에다 모두 절을 할 만하니　端嚴丈石俱堪拜
당년에 미불이 미쳤다고 말할 만도 하였어라[319]　可說當年米芾狂

319 장엄한……하였어라 : 천일대(天逸臺)에서 바라보는 바위의 장엄한 모습을 보면, 송나라 때 저명한 서화가인 미불(米芾)이 돌에 절했다는 일화도 과장이 아니라는 말이다. 미불이 기암괴석(奇巖怪石)을 매우 좋아하였는데, 그가 유수(濡須)의 수령이 되었을 때 강변에 괴석이 있다는 소식을 듣고 관아로 옮겨 오게 하였다. 그 돌이 이르자 뜰 아래로 내려와 절을 하며 "내가 돌 형님 보기를 소원한 지가 20년이나 되었소.〔吾欲見石兄二十年矣.〕"라고 하였으며, 그 돌을 가리켜 항상 '석장(石丈)'이라고 불렀다고 한다. 이후로 괴석을 '석장'이라고 부르게 되었다. 《梁溪漫志 米元章拜石》

정양사에서 외로운 등불을 밝히고 있자니, 낙숫물이 끊임없이 떨어졌다. 문을 열고 내다보니, 숲속의 운무가 골짜기에 가득하여 만폭동의 물소리만 들릴 뿐이어서 마치 땅속에 있는 듯하였다. 이미 야심한 때였는데, 늙은 스님이 여전히 곁에 있었다

正陽孤燈 簷滴淋浪 開戶視之 林霞澒洞 但聞萬瀑水聲 如在地底而已 時夜已深 猶有老釋在傍

달 어두운 신선 산에 운무가 가득하니 月暗仙山山氣多
영랑은 자운거 타고서 응당 젖었으리[320] 永郎應濕紫雲車
등불은 그윽한 석굴 불상 아직도 밝히는데 幽龕照佛燈猶在
상계라 닭이 없으니 밤은 얼마나 흘렀는지 上界無鷄夜幾何
풍경 소리 저녁 내내 빗소리에 파묻히고 風鐸不勝終夕雨
석상 위 자욱한 안개 쓸어 내기 어려워라 石牀難掃滿身霞
잠이 없는 늙은 스님 아직도 마음을 쓰니 無眠皓釋猶關念
영원[321] 깊은 곳의 꽃이 상할까 두려운 게지 恐損靈源深處花

320 영랑(永郎)은……젖었으리 : 영랑은 신라의 사선(四仙) 가운데 한 사람으로, 술랑(述郎)·남랑(南郎)·안상(安詳)과 함께 금강산과 동해안 일대에서 노닐었던 것으로 유명하다. 자운거(紫雲車)는 신선인 서왕모(西王母)가 타고 다녔다는 구름이다. 정양사에서 바라보면 비로봉(毗盧峯) 왼편으로 영랑봉(永郎峯)이 있기 때문에 이렇게 표현한 것으로, 비 내리는 밤에 영랑봉이 구름 속에 젖어 있을 것이라는 말이다.

321 영원(靈源) : 물의 근원에 대한 미칭(美稱)인데, 부근에 영원동(靈源洞) 계곡이 있기 때문에 이렇게 말한 것이다.

장안사[322]를 나서며

出長安寺

다섯 걸음에 바위 하나 작별하고　　五步謝一石
열 걸음에 봉우리 하나 작별하네　　十步謝一峯
노승이 나를 전송하여　　老僧爲送我
오 리 솔숲 길을 함께 걸었네　　偕度五里松
이별할 제 찾아올 기약 묻기에　　臨辭問前期
가을 낙엽 질 때 온다 하였네　　前期在秋葉
이번에 온 것도 여섯 해 만인데　　重到已六載
백 년 평생 몇 번이나 다시 찾을까　　百年能幾入
골짝을 나서니 벌써부터 아득하여라　　出洞已惘然
단발령[323] 첩첩 고개 어떻게 넘을까　　將奈斷髮疊
부끄럽게도 사대육신이　　所愧四大身
세상 명성에 미치지 못하거늘　　不及名在外
정양사 벽에다 이름을 걸어 둔 채　　名揭正陽壁
몸은 안개 덮인 속세로 떠나가누나　　身去入霧蓋

322 장안사(長安寺) : 금강산 내금강 초입에 있는 절이다.

323 단발령(斷髮嶺) : 금강산 서쪽 천마산(天磨山)에 있는 고개이다. 사람들이 이 고개에 올라 금강산을 바라보면 머리를 깎고 중이 되어 속세를 떠나고 싶은 생각이 들기 때문에 이런 이름이 붙었다고 한다.

두 번째 其二

산 떠나며 어찌 그리 연연하며	出山何太戀
산에 들며 어찌 그리 기뻐하였나	入山何太喜
내 마음을 내가 찾아도	吾心吾自求
그 이유를 나도 모르겠네	吾不得所以
가마가 백천동[324]을 내려가는데	輿下百川洞
무엇인가 잊고 온 듯 허전하여라	愵焉如有失
수레며 역말을 타고 가노니	皁蓋與馹騎
비로소 속세 물건 가득 보이네	滿眼始俗物
여기서 여생을 보낼 생각 없으랴마는	豈不懷終老
자유롭지 못한 이 몸을 어찌하리오	奈此不自由
부모님 연로하시니 놀아도 처소가 있고[325]	親老遊有方
거룩하신 임금님 은혜를 못 갚았노라	主聖恩未酬

324 백천동(百川洞) : 장안사의 동북쪽 명경대(明鏡臺) 아래에 있는 계곡이다.

325 부모님……있고 : 《논어》 〈이인(里仁)〉에 "부모가 계실 때에는 멀리 나가서 노닐지 말 것이요, 나가서 놀더라도 반드시 일정한 처소가 있어야 한다.〔父母在, 不遠遊, 遊必有方.〕"라는 공자의 말이 실려 있다.

회양 부사에게 시를 읊어 올려 여행 중의 식사 제공에 사례하다

吟呈淮陽府伯 以謝行廚

북해며 동명을 한바탕 웃으며 지나와	北海東溟一笑過
난참 타고 삼 일을 태청가에 머물더니[326]	鸞驂三宿太淸家
화식하는 신선이라 외려 많은 누를 끼쳐	神仙火食猶多累
부끄럽게도 봉래에서 목화를 허비했구려[327]	慙愧蓬萊費木禾

326 난참(鸞驂)……머물더니 : 사흘 동안 금강산을 유람하였다는 말이다. 난참은 난새가 끈다는 신선의 수레이다. 태청가(太淸家)는 선경(仙境)을 가리키는 말로, 신선 세계에는 옥청(玉淸), 상청(上淸), 태청(太淸)의 세 청경(淸境)이 있다고 한다.

327 화식(火食)하는……허비했구려 : '화식하는 신선'은 번암이 자신을 가리켜 한 말이다. 금강산을 유람하는 동안 회양 부사(淮陽府使)가 음식을 마련하여 주었으므로 이렇게 말한 것이다. 목화(木禾)는 전설 속에 나오는, 곡식이 열린다는 큰 식물이다. 《산해경(山海經)》에 "곤륜산(崑崙山) 정상에 목화가 자라는데, 높이가 5심(尋)이고, 다섯 아름이다."라는 말이 나온다.

병산 관아로 달려가다 숭선 도중에 시를 읊다[328]

赴屛衙 崇善道中有吟

육천 리를 행역하다	于役六千里
반년 만에 돌아가네	半年今始歸
푸른 산은 들 밖에서 끊어지고	青山野外斷
외로운 주점은 빗속에 희미하네	孤店雨中微
벼슬살이에 단공의 계책 떠올리고[329]	宦跡檀公策
고향 생각에 노래자 옷 입어 보네[330]	鄉心萊子衣
백성을 걱정하며 밤잠을 설치나니	民憂夜失寐
가을 기장이 온전히 여물지 않았어라	秋黍未全肥

328 병산……읊다 : 병산은 곧 비안(比安)으로, 번암의 부친 채응일(蔡膺一)이 1750년(영조26)부터 1754년 당시까지 현감으로 재직하고 있었다. 숭선(崇善)은 조선 시대 숭선참(崇善站)이 있던 지금의 충청북도 충주시 신니면 숭선 마을 인근이었을 것으로 추정된다. 이 시는 번암이 북평사의 임무를 마치고 도성으로 돌아와 복명한 뒤 교리(校理)로 재직하고 있다가 7월경에 근친(覲親)을 위해 비안으로 내려가며 지은 것으로 보인다.

329 벼슬살이에……떠올리고 : 단공(檀公)은 유송(劉宋) 때의 장군 단도제(檀道濟)로, 지략(智略)이 뛰어나서 고조(高祖)를 따라 북벌(北伐)할 때에 누차 공을 세웠다. 그가 만든 서른여섯 계책 중 마지막 계책인 삼십육계(三十六計)는 전세가 불리하면 달아나는 계책이다.《南史 卷45 王敬則列傳》이 구절은 벼슬자리에서 떠나고 싶은 심정을 표현한 말인 듯하다.

330 고향……보네 : 부모를 그리워하는 마음을 표현한 말이다. 춘추 시대 초나라의 은사(隱士)인 노래자(老萊子)가 칠십의 나이에도 부모님을 기쁘게 해 드리기 위하여 색동옷을 입고 재롱을 피웠다는 고사가 있다.

누암[331]에 이르러 말을 버리고 배를 타다

到樓巖 捨馬而舟

을해년(1755, 영조31) 2월에 두 노친을 모시고 비안현(比安縣) 관아를 떠났다.

봄 강에 배 띄울 제 날도 다시 맑게 개니	春江起柁又新晴
거울 수면에 집 띄우고 자유로이 떠나가리	鏡裏浮家自在行
마부들과 모래밭 강변에서 아예 작별하매	徒御沙邊渾告別
서로 바라보며 못내 아쉬운 정 다시 표하네	相看聊復作人情

331 누암(樓巖) : 충주(忠州) 탄금대(彈琴臺) 부근 남한강과 달천(㺚川)이 만나는 곳의 지명이다.

배 위에서
舟中

명추[332]를 버려둔 채 작은 배를 타고　捨却鳴騶放小舟
탄금대의 구름 낀 나무를 아득히 돌아보네　琴臺雲木杳回頭
창천은 갈매기 물결과 함께 점차 트이는데　靑天轉共鷗波闊
지난날엔 부질없이 조도를 시름겨워했지　向日虛爲鳥道愁
석양에 밥 짓는 연기는 강변에 가득하고　景昃人煙多在溆
봄추위에 물가 버들은 누대 미처 못 감추었네　春寒渚柳未藏樓
공손히 율리[333] 모시고 전원 돌아가는 흥취 속에　恭陪栗里歸田興
장융이 온 식구와 물 위에 살던 일[334]을 배우리라　且學張融盡室浮

332 명추(鳴騶) : 귀인(貴人)의 행차를 수행하면서 벽제하는 추종(騶從)을 말한다.

333 율리(栗里) : 진(晉)나라 은사인 도잠(陶潛)이 거처하던 곳으로, 전하여 도잠을 가리키는 말이다. 번암이 비안 현감의 임기를 마치고 돌아가는 부친 채응일(蔡膺一)을 비유한 것이다.

334 장융(張融)이……일 : 중국 남조(南朝) 제(齊)나라의 문인 장융이 벼슬살이를 하면서도 강변에다 작은 배를 정박해 놓고, 그 안에서 살았던 고사를 가리킨다. 《南齊書 卷41 張融列傳》

도성 서쪽 집에서 정옥호[335]를 기다렸으나 오지 않다

城西宅期鄭玉壺 不至

도성 서쪽 늦은 봄에 아름다운 약속 있어	城西春暮有佳期
동복은 계단을 쓸고 여종은 술잔 씻었네	僮掃苔堦婦洗巵
슬프다 사립문에는 손님 알리는 학이 졸고[336]	怊悵柴門眠報鶴
석양은 살구꽃 가지로 옮겨 가 걸렸구나	夕陽移在杏花枝

335 정옥호(鄭玉壺) : 정하언(鄭夏彦, 1702～1769)이다. 자는 미중(美仲), 호는 지당(止堂)·옥호자(玉壺子), 본관은 영일(迎日)이다. 목사 정무(鄭埅)의 아들이다. 1735년(영조11) 문과에 합격하고, 정언, 의주 부윤(義州府尹), 삼척 부사(三陟府使), 승지, 대사간 등의 관직을 역임하였다 《承政院日記》《文科榜目》 1751년 번암이 삼척에 유배되었을 때 삼척 부사로 재임하고 있던 정하언과 친밀하게 교유한 바 있다.

336 사립문에는……졸고 : 약속한 손님이 오지 않는 상황을 표현한 말이다. 송나라 때 은자인 임포(林逋)가 평생 장가를 들지 않고 서호(西湖)의 고산(孤山)에 은거한 채 매화를 심고 학을 기르니, 당시의 사람들이 '매처학자(梅妻鶴子)'다고 불렀는데, 손님이 오면 학을 풀어 손님을 맞이하였다고 한다.

희우 십운을 응제하였는데, 을해년(1755, 영조31) 4월이었다. 당시에 나는 좌부승지로 은대에 입직하고 있었다

喜雨十韻應製 乙亥四月也 時余以左副承旨直銀臺

부들 싹과 뽕잎이 황혼에 다보록함을 보고	蒲芽桑葉晩英英
만물 적시는 공력 깊은지라 하늘을 우러르네	潤物功深仰太淸
지작관[337] 기와 젖어들자 경치 먼저 뒤바뀌고	鳷鵲瓦濡先改色
봉황지[338]에 생기 도니 빗소리 가장 잘 들리네	鳳凰池活最聞聲
지금 맞은 이 경사가 종사에 관계되거니와	時丁休慶關宗社
하늘이 좋은 징조로 성명에 답한 것이라네	天以嘉徵答聖明
근자에 성상께서 수고로이 소의간식[339]하심은	近日宸衷勞旰食
심한 가뭄이 밭두둑의 봄 농사 해쳤기 때문이라	亢陽疇畝損春耕
상신일 기곡제를 올리니 황류가 정갈하였고[340]	上辛祈穀黃流潔
정오에 궐문에 이르시니 자극[341]이 평온하였지	亭午臨門紫極平

337 지작관(鳷鵲觀) : 한 무제(漢武帝)가 금원(禁苑) 안에 지은 누관(樓觀)의 이름인데, 여기서는 궁궐의 전각을 가리킨다.

338 봉황지(鳳凰池) : 궁궐 안 금원에 있는 연못을 가리킨다.

339 소의간식(宵衣旰食) : 날이 새기 전에 일어나 옷을 입고 해가 진 뒤에야 늦게 저녁을 먹는다는 뜻으로, 임금이 나라를 걱정하며 정사에 부지런한 것을 말한다.

340 상신일(上辛日)……정갈하였고 : 정월 첫 신일(辛日) 새벽에 그해의 풍년을 기원하며 임금이 친히 사직단(社稷壇)에서 제사 올리던 것을 기곡제(祈穀祭) 또는 기곡대제(祈穀大祭)라고 하였다. 황류(黃流)는 제사에 쓰이는 울창주(鬱鬯酒)를 가리킨다. 울금(鬱金)의 뿌리를 넣으면 술빛이 황색으로 변하므로 황류라고 하였다.

341 자극(紫極) : 제왕(帝王)의 궁인 자극궁(紫極宮)을 말하는데, 여기서는 궁궐을 가리킨다.

기쁜 우렛소리가 사해에 울림을 보노라니　　試看歡雷騰海域
이 모두가 도성을 흠뻑 적신 단비 때문이라　　摠爲甘霈滿王城
이어진 밭두둑엔 보리 이삭이 곱게 패며　　連畦麥縷姸姸吐
둘러친 언덕에는 샘물이 펑펑 솟으리라　　匝壟泉源的的生
낙숫물 소리 멀리 쌍궐의 누수에 이어지고[342]　　簷滴遙連雙闕漏
태평가는 상림 꾀꼬리 소리에 먼저 징험하네　　衢歌先驗上林鶯
일천 촌락의 농사에 무슨 걱정 있으리오　　千村農務愁何有
새벽까지 임금님께선 기뻐 잠 못 드셨도다　　五夜宸眠喜不成
완연하게 남훈의 금곡[343] 소리 울려 퍼지는데　　宛爾南薰琴曲裏
시종신이 시를 지어 새로 갠 날을 노래하네　　侍臣詞什畫新晴

342 낙숫물……이어지고 : 비 온 뒤의 낙숫물 소리가 궁문(宮門)의 누수(漏水) 소리와 뒤섞여 들린다는 말이다. 쌍궐(雙闕)은 옛날 궁전 앞 양쪽에 세운 누각을 말하는데, 전하여 궁문을 가리킨다.

343 남훈(南薰)의 금곡(琴曲) : 순 임금이 오현금(五絃琴)을 만든 뒤에 지어 불렀다는 〈남풍가(南風歌)〉를 가리킨다. 그 내용에 "훈훈한 남쪽 바람이여, 우리 백성의 수심 풀어 주기를. 제때에 부는 남쪽 바람이여, 우리 백성의 재산 늘려 주기를.〔南風之薰兮, 可以解吾民之慍兮; 南風之時兮, 可以阜吾民之財兮.〕"라고 하였다. 《禮記集說 卷94》

병으로 누워

病枕

책상 위에는 책이 잔뜩 쌓였고	床上書堆積
섬돌 앞에는 비가 흠뻑 내렸네	堦前雨滿盈
시내 구름은 베개맡으로 다가오고	溪雲移枕近
정원의 풀들은 문 가리며 자라누나	庭草閉門生
병세가 어떠한지 임금께서 물으시지만	病勢君王問
시인의 이름일랑 세속에서 하찮다오	詩名世俗輕
신령한 단약을 하필 먼 데서 찾으랴	靈丹何必遠
새벽 우물에 날아 떨어지는 물이 있노라	晨井有飛泓

내가 궁궐 안에서 병을 얻어 사저(私邸)로 들려 나왔다. 사오일 동안 병을 앓다가 아침에 정화수(井華水) 한 사발을 마시고 병이 나았기에 이렇게 말한 것이다.

병석에서 일어나 여러 벗들과 연융대[344]에서 노닐다

病起 與諸益遊鍊戎臺

도성과 멀지 않은 곳	都城無多里
연융대가 절경이라기에	鍊戎稱絶境
병든 몸을 나귀에 맡긴 채	病骨信一驢
발 가는 대로 갠 날 노니네	意行乘霽景
즐거이 담소하는 저 군자들	歡言彼君子
서로 짝지어 솔숲 거니는데	相待掃松影
한여름에 서리 눈이 내린 듯	朱夏見霜雪
흰 바위는 백 두락 널찍하고	素石寬百頃
맑은 물결은 뭔가에 쫓기는 듯	澄濤如見逐
차례차례 힘차게 날아 내려가네	次第飛下猛
속세의 갓끈이 절로 씻기리며	塵纓須自濯
번잡한 상념이 모두 사라지리로다	華念宜盡屛
이번 유람이 참으로 만족스러워라	玆遊良自多
고상한 분들이 모두 초대되었구나	勝流皆見請
냇물 가에서도 시끄러운 줄 모르겠네	臨流不知喧
내 마음이 본래부터 고요하기에	我心本自靜

344 연융대(鍊戎臺) : 창의문(彰義門) 밖 세검정(洗劍亭) 곁에 있던 대의 이름이다. 1747년(영조23)에는 총융청(摠戎廳)이 이곳에 이설(移設)되었다.

번암집

제9권

詩시

이주록 伊州錄

금상(今上) 32년(1756, 영조32) 병자 6월에 이천 도호부사(伊川都護府使)에 제수되었다가 무인년(1758) 3월에 내직인 대사간(大司諫)으로 옮겼다. 이천은 험준한 산골이다. 그곳 백성들은 짐승들과 섞여 살고 관청에는 송사(訟事)가 없어 가을과 겨울에 환곡(還穀)의 정사를 볼 때가 아니라면 날마다 문서 몇 장을 끼적거릴 따름이었다. 부임한 이래로 마음을 쓸 데가 없게 되자 어쩔 수 없이 시를 읊으며 홀로 즐겼다. 그런데 간혹 시탕(侍湯)하며 애를 태우느라 필연(筆硯)을 가까이할 수 없었던 적도 거의 삼분의 일이었으니, 고인의 일관 일집(一官一集)[1]에 비한다면 또한 보잘것없지 않겠는가. 일단 시를 남겨 두어 나를 이어 여기에 부임하는 사람이 혹시라도 민요와 고을의 풍속을 살필 수 있게 하고자 한다. 그렇게 된다면 무위(無爲)의 훌륭한 정사에 도움을 줄 수 있을 것이다.

1 일관 일집(一官一集) : 옛날 사대부들이 한 관직에 있을 때마다 시문집(詩文集) 하나를 엮었다는 남조(南朝) 양(梁)나라 왕균(王筠)의 고사에서 온 말이다. 《南史 卷22 王筠列傳》

관재에서 지은 즉흥시

官齋卽事

골짜기 탁 트여 하늘 크게 뵈고	峽坼天容大
솔숲 깊은지라 관리 일 한가하네	松深吏事閒
깊은 잠에 취해도 여전히 한낮이니	昏眠猶白晝
넉넉한 것이라곤 푸른 산뿐이네	長物是靑山
산골짝 공문서는 읽기 난해하고	峒牒書難解
기근에 촌락 호는 반이나 줄었는데	村饑戶半刪
공손히 권농의 윤음을 받들어서	恭承勸農詔
때로 밭에 나가 농사를 살피노라	時出立田間

죽은 누이 이실[2]의 장례에 가 보지 못한 채 홀로 앉아 감회를 기록하다

不得赴亡妹李室葬 獨坐書感

아침저녁으로 묵묵히 동헌 기둥에 기대었더니	朝曛默默倚軒楹
동쪽 온 뒤로 흰 머리칼이 몇 가닥 더 자랐누나	華髮東來長幾莖
염교 위 이슬 같은 인생은 새로 무덤에 들고	露薤人生新馬鬣
오동 보며 이는 가을 심사에 다시 매미가 우네	井梧秋思又蟬聲
가난한 고을 제물인지라 정성도 박한 듯하고	官貧奠物忱如薄
짧은 꿈속에서 슬퍼하는지라 말도 분명치 않네	夢短悲懷語不明
서쪽 바람이 비를 몰고 와 눈물 속에 어리는데	淚外西風吹雨色
깊은 밤 불어난 골짜기 강이 울면서 흘러가네	夜深添作峽江鳴

2 이실(李室) : 번암의 여동생으로 이태운(李台運, ?~1760)의 처이다. 1756년(영조 32)에 세상을 떠났다. 이태운은 자가 익경(翼卿), 본관은 함평(咸平)이다.

비가 개고 달이 뜨니 관아가 더욱 처량함이 느껴지기에 문뜩 시를 읊다

雨霽月上 官居益覺淸絶 率爾有吟

주렴 사이로 밝고 맑은 달이 뜨고 皎潔簾間月
소나무 아래 졸졸 샘이 솟아나네 颼飀松下泉
가을 소리는 깊은 골짝에 이미 들었고 秋聲已絶峽
밤기운은 빈 하늘에 절로 가득하누나 夜氣自空天
이슬에 젖으니 뜰은 수면과 같고 露濕庭如水
숲에 비 개니 새는 연무 속에 자네 林晴鳥宿煙
고향 편지가 산해에 막혀 있나니 鄕書阻山海
우두커니 흰 구름 가를 바라보네[3] 凝睇白雲邊

산해(山海)는 험한 여울의 이름이다.

3 우두커니……바라보네 : 부모에 대한 그리움을 표현한 것이다. 당나라 때의 문인 적인걸(狄仁傑)이 태항산(太行山)을 넘어가던 중에 흰 구름이 외로이 떠가는 남쪽 하늘을 바라보면서 “저 구름 아래에 어버이가 계신다.〔吾親所居, 在此雲下.〕”라고 하고는 한참 동안 서 있다가 구름이 다른 곳으로 옮겨 간 뒤에야 다시 길을 떠났다는 고사가 있다.《舊唐書 卷89 狄仁傑列傳》

차운하여 홍 학사 성원[4]이 단구[5]의 별업에서 부쳐 온 시에 답하다

次韻 復洪學士聖源丹丘別業見寄

소탈함이 날로 더해 가리며	疎野日應甚
가을 하의(荷衣)를 새로 지었으리라[6]	秋荷裁服新
단구에다 좋은 자리 남겨 두었으니	丹丘留勝托
백안은 세상 사람들에게 맡겨 두리라[7]	白眼任時人
용모는 책 보는 사이 바뀌어 가고	容鬢看書換
밥상은 조미(糶米)를 기다리며 궁핍해지리	盤餐仰糶貧
향기로운 술잔이 가랑비에 아쉬우리니	芳樽細雨恨
지난해 봄날의 약속을 저버렸기에	辜負去年春

상께서 홍 학사가 소탈하다고 하셨기에 기구(起句)에서 말한 것이다.

4 홍 학사(洪學士) 성원(聖源) : 홍중효(洪重孝, 1708~1772)이다. 자는 성원, 호는 백서헌(柏西軒)·소와(疎窩), 시호는 효민(孝敏), 본관은 풍산(豐山)이다. 승지 홍만기(洪萬紀)의 아들이다. 1740년(영조16) 문과에 합격하고 성균관 전적, 홍문관 교리, 동래 부사(東萊府使), 대사간, 예조 판서 등의 관직을 역임하였다. 원주(原州)에 살았다. 《耳溪集 卷37 禮曹判書致仕奉朝賀洪公諡狀, 韓國文集叢刊 242輯》

5 단구(丹丘) : 홍중효가 살던 원주에 단구역(丹丘驛)이 있는 것으로 보아 그 부근을 가리키는 것으로 보인다.

6 하의(荷衣)를 새로 지었으리라 : 하의는 연잎으로 만든다는 은자(隱者)의 복장이다. 홍중효가 벼슬에서 물러나 별업에 은거하고 있으므로 이렇게 말한 것이다.

7 백안(白眼)은……두리라 : 세속의 호오(好惡)를 상관하지 않는다는 말이다. 백안은 진(晉)나라 완적(阮籍)이 마음에 맞는 사람을 만나면 청안(靑眼)으로 대하고, 속된 사람을 만나면 백안시(白眼視)했던 고사에서 온 말이다. 《世說新語 簡傲》

두 번째 其二

오동잎 핀 관아의 느지막한 때	梧葉官居晩
가을매미 홀연히 다시 우누나	秋蟬忽復嘶
외로운 회나무 위론 누각 열리고	樓開獨檜頂
멀리 연무 서쪽엔 강물 일렁이네	江動遠煙西
한가로워 새와 물고기랑 어울리고	事簡禽魚狎
남기 짙으니 고을이 아득하네	嵐深郡國迷
도성을 꿈꾸는 것도 두려워라	長安夢亦怕
말 앞의 진창길이 바다 같기에	如海馬前泥

누이 이실을 장사 지내는 날에 비가 밤새도록 내렸다. 관아에 홀로 앉아 눈물을 섞어 이 시를 썼다
李妹葬日雨終夕 鈴齋獨坐 和淚書此

지상에 오늘 아침 비가 내리니	地上今朝雨
필시 네가 흘리는 눈물이리라	應從爾淚滋
어린아이는 나에게 맡긴다 해도	稚兒猶寄我
남편은 다시 누굴 의지해 사나	夫子更依誰
가난함은 한평생의 한이었고	貧窶生平恨
헤어짐은 죽은 뒤의 슬픔이로다	睽離死後悲
새 무덤 가까이로 한수가 흘러	新阡近漢水
천고토록 이처럼 흘러가리라	千古逝如斯

두 번째 其二

후토[8]가 참으로 안목이 없어	后土眞無眼
효우의 사람을 깊이 묻었네	深埋孝友資
노친은 들판에서 작별하는데	老親惟送野
어린아이는 어떻게 상여를 따라갈까	稚子豈隨輀
비 내리고 어둑한 그 성곽 밖에	雨暗伊城外
하늘 길게 이어진 한수의 물가	天長漢水湄

8 후토(后土) : 본디 대지(大地)의 존칭인데, 흔히 토지신의 뜻으로 쓰인다.

죽거나 살거나 천 가지로 한스러우니 幽明千種恨
눈물로 제문 지어 봉해 부칠 뿐 只有淚緘辭

서울에 간 심부름꾼이 기한이 넘도록 돌아오지 않았다. 듣자니, 서울에 홍수가 나서 삼강[9]이 거의 도성까지 들이쳐 사람들이 건너다닐 수 없다고 한다

京使過期不還 聞京師大水 三江幾入都城 人不得通涉云

도성 쪽 하늘을 뚫어져라 바라보아도	穿盡日邊眼
도호부 성문은 아직도 닫혀 있구나	府城還閉門
듣자니 멀리 오랫동안 비바람이 쳤다던데	遙聞積風雨
혹시 교룡의 먹이가 되지나 않았을는지	或恐飼蛟鼉
저물녘 풀벌레 소리에 온갖 근심 들어	萬慮蟲音暮
어두운 골짜기에서 홀로 읊조리는데	孤吟峽色昏
서울 우리 집의 시냇가 국화는	吾家溪上菊
제방 뿌리를 잘 보호하고 있으려는지	能保護堤根

9 삼강(三江) : 한강(漢江), 용산강(龍山江), 서강(西江)을 가리킨다. 한강을 세 구역으로 나누어, 한남동에서 노량진 일대까지를 한강, 마포 일대를 용산강, 양화진 일대를 서강이라 하였다.

독야

獨夜

가을날 대청에 구름 사방 둘러치고	秋堂雲四面
그윽한 곳 멀리에선 물소리 진동하네	幽遠水聲搖
길쌈하는 촌락 등불은 숲 사이로 희미하고	村績林燈細
산 반디는 망초 이슬에 함초롬히 젖었구나	山螢莔露饒
시절을 느끼매 바람은 소슬히 불고	感時風瑟䬏
시름겨운 저물녘에 쓸쓸히 비 내리네	愁暮雨蕭條
땅이 궁벽하여 순시 관원 드물어서	地僻巡旌罕
우리 고을에는 굽실거릴 일 없어라	吾官非折腰

한가로운 회포를 풀다

遣閒

집 주위로 지저귀는 참새	繞屋啾啾雀
담장 그늘엔 차조 심은 밭	墻陰是秫田
구름 나무 숲 속에 수레 내리고	下車雲木裏
물새 나는 앞에다 고을 열었네	開府水禽前
독서 일과에 새벽 송독 더했으니	書課添晨誦
가을 소리가 밤잠을 줄인 게지	秋聲損夜眠
때로는 이웃 고을 태수를 만나	時逢鄰太守
외로운 촛불 아래 애틋하게 담소하네	孤燭話依然

즉사

卽事

억지로 관아의 모양새 갖추려	强欲依官樣
문 걸어 닫고 피리 북을 연주하네	閉門笳鼓之
높다란 봉우리만 날마다 마주하니	孱顔日相對
무릎을 껴안은들[10] 내가 어이하랴	抱膝我何爲
어두운 아궁이 향기는 버섯에서 풍겨 오고	暝竈香隨菌
가을 뜰에 내리는 비는 배나무 키우누나	秋庭雨養梨
아득히 높이 나는 새를 타고 하늘 노닐며[11]	遊天莽眇鳥
길이 칠원리[12]와 기약하리라	長與漆園期

10 무릎을 껴안은들 : 무릎을 껴안고 앉아 사색에 잠긴다는 말이다. 제갈량(諸葛亮)이 남양(南陽)에 은거할 적에 아침저녁으로 항상 무릎을 껴안고 휘파람을 길게 불며〔抱膝長嘯〕 자신의 원대한 뜻을 펼칠 날을 기다렸다는 고사가 전한다.《三國志 卷35 蜀書 諸葛亮傳 註》

11 아득히……노닐며 :《장자(莊子)》에 나오는 고사에서 온 말이다. 천근(天根)이 요수(蓼水) 강가에 이르러 무명인(無名人)에게 천하를 다스리는 법을 묻자, 무명인이 대답하기를 "나는 바야흐로 조물주와 벗이 되려고 한다. 싫증이 나면 다시 저 아득히 높이 나는 새를 타고 이 세상 밖으로 나가 아무도 없는 곳에서 노닐며 끝없이 넓은 들판에 살려고 한다. 너는 또 무엇 때문에 천하를 다스리는 일로 내 마음을 움직이려 하느냐?〔予方將與造物者爲人. 厭則又乘夫莽眇之鳥, 以出六極之外而遊無何有之鄕, 以處壙垠之野. 汝又何帠以治天下感予之心爲?〕"라고 하였다.《莊子 應帝王》

12 칠원리(漆園吏) : 장자(莊子)를 말한다. 장자가 일찍이 몽(蒙)이란 곳에서 칠원(漆園)의 관리가 되었기 때문에 이렇게 부른다.《史記 卷63 老子韓非列傳 莊子》

계곡의 한기
澗涼

적막하게 관아에 앉았더니　寂寂府中坐
계곡의 한기가 옷깃에서 이네　澗涼生我裾
공명은 순록과 사슴을 거느리고　功名尹麋鹿
심사는 농부와 어부를 꿈꾸노라　心事夢耕漁
한양 간 심부름꾼 비에 지체되고　滯雨漢陽使
몸에는 한자의 책을 지니고 읽네　隨身韓子書
앞마을 아낙네가 베를 급히 짜니　前村機杼急
교외가 비기 전에 마치려 함이라네[13]　應爲趁郊虛

당시 내가 《창려집(昌黎集)》을 읽고 있었기에 여섯째 구절에서 언급한 것이다.

13 교외(郊外)가……함이라네 : 시를 지을 당시가 가을이었으므로 교외가 비는 때는 가을걷이를 다 마친 겨울을 가리킨다. 즉 추운 겨울이 오기 전에 베를 짜서 겨울옷을 장만하려 한다는 말이다.

비 온 뒤 밤에 앉아

雨後夜坐

지친 걸음 은대에서 오경까지 숙직하다	倦步銀臺趨五更
우연히 나는 신발 덕분에 〈동정부〉를 짓게 됐네[14]	偶因飛舃賦東征
관아에서 홀로 밤에 계곡 물소리 듣노라니	官齋獨夜聽流水
지난날 도성에는 이런 소리가 없더랬지	城市向來無此聲
조각조각 구름 드리워 산봉우리 어둑하고	片片雲垂山郭暝
반짝반짝 별이 걸리니 버들가지 밝아지네	輝輝星掛柳枝明
효성스런 성상께서 선릉을 배알하셨단 소식 듣고[15]	遙聞聖孝先陵拜
어가가 비에 젖지 않았는지 많이 걱정스러워라	多恐陰霏濕綵旌

14 지친……됐네 : 은대(銀臺)는 승정원의 별칭이다. 번암이 승정원 좌부승지로 있다가 이천 부사로 부임하였기 때문에 이렇게 말한 것이다. '나는 신발'은 후한(後漢) 때 사람 왕교(王喬)가 섭현(葉縣)의 현령으로 있으면서 신발을 오리로 변화시켜서 타고 도성(都城)으로 날아서 오갔다는 고사에서 온 말이다. 《後漢書 卷82 王喬列傳》 〈동정부(東征賦)〉는 본래 한나라 반고(班固)의 누이동생인 반소(班昭)가 지은 부(賦)의 이름이다. 《文選 卷5 東征賦》 이 두 고사는 모두 지방의 수령이 되었다는 말이다.

15 효성스런……듣고 : 1756년(영조32) 8월 1일에 영조(英祖)가 숙종(肅宗)과 인현왕후(仁顯王后)의 능인 명릉(明陵)에 행행(行幸)하여 배알한 일을 가리킨다. 《영조실록》에는 다음과 같이 기록하였다. "임금이 명릉에 거둥하였는데, 왕세자가 어가(御駕)를 따랐다. 이때 연일 비가 내려 대신과 여러 신하들이 물려 행할 것을 청하기까지 하였으나, 궁을 나설 때가 되자 날씨가 시원하게 갰다.……명릉에 도착하여 친히 제사를 지냈고, 제사가 끝나자 익릉(翼陵), 경릉(敬陵), 창릉(昌陵), 순회묘(順懷墓)를 두루 배알하고 밤이 깊어서야 환궁하였다."

이천잡영. 풍속을 기록하는 문체를 쓰다
伊州雜詠 用記俗體

성대의 문치 사백 년 이래 聖代文治四百載
천하의 예악이 심심산골까지 교화했네 寰區禮樂化深山
매년 향약을 거행하여 풍속이 성대하니 每年鄕約村風盛
조정의 교조 반포를 기다릴 것도 없어라 不待朝廷教詔頒

두 번째 其二

이천은 가난한 고을이라 보배 삼을 것 없지만 伊是貧州無以寶
흔하디흔한 물건이 곧은 빗돌이라네 等閒長物矗貞珉
해마다 수령 모두 비석 다듬는 일을 벌이니 年年地主皆碑役
관가에는 이로우나 백성에겐 병폐라네 利在官家害在民

세 번째 其三

지난봄 상정법[16]으로 소생의 혜택 입었으나 前春詳定澤蘇枯

16 상정법(詳定法) : 대동법(大同法)과 병행하여 실시된 세제(稅制)이다. 대동법은 전국 모든 토지에서 같은 액수의 대동미(大同米)를 거두어들이는 것이 원칙이었으나, 상정법은 고을별로 부과 액수를 상정(詳定)하여 거두어들였다. 함경도, 강원도, 황해도에서는 각 고을별로 형편의 차이가 심하여 일률적으로 같은 액수를 거두기가 곤란했으므로 각 군현별로 부과액에 차등을 두어 징수하는 상정법을 시행했다. 강원도에는 1754년(영조30)에 상정법이 시행되었다.

괴이하게도 이천만이 홀로 혜택 못 받았네　怪事伊州獨向隅
고을 살림과 백성 곤궁은 전혀 고려 아니 한 채　官計民窮都不管
다만 얼마의 돈을 구획하였을 뿐이었네　但能區劃幾青蚨

상정법(詳定法)을 개정하여 천사백 꿰미의 돈을 부과하여 매년 감영(監營)에 납부토록 하고 이를 '구획전(區劃錢)'이라고 불렀다.

네 번째 其四

험준한 골짝 깊고 깊어 해서를 굽어보니[17]　巖峒深深控海西
녹림의 호걸[18]을 은연중 끌어들이네　綠林豪客暗相提
수령이 토포관을 겸직한 이후로는　自從討捕官兼後
밤에도 마을 소를 안심하고 둑에 풀어 두네　暝裏村牛穩放堤

다섯 번째 其五

다섯 면을 더 개간해 화전을 일구었는데[19]　五面加耕山火粟

17 해서(海西)를 굽어보니 : 해서는 황해도를 가리킨다. 이천이 강원도에 속하지만, 황해도와의 경계에서 내려다보는 지역에 위치하였으므로 이렇게 말한 것이다.

18 녹림(綠林)의 호걸(豪傑) : 산에 사는 도적을 가리킨다. 당나라 이섭(李涉)의 시 〈정란사숙우야객(井欄砂宿遇夜客)〉에 "저녁 비 부슬부슬 내리는 강가 마을에, 녹림의 호걸이 밤손님으로 오셨네. 후일에는 서로 얼굴 피할 일 없으리라, 세상은 지금 절반이 그대 같은 사람이니.〔暮雨蕭蕭江上村, 綠林豪客夜相聞. 他年不用相面避, 世上如今半是君.〕"라고 하였다.

19 다섯……일구었는데 : 《번암집》 권9에 실려 있는 〈전둔전가(前屯田歌)〉의 서(序)에 이천부(伊川府)에 있는 화전(火田)의 실상을 기록하기를 "이천부 5개 면(面)의

호조에 예속시키니 일이 참 처량하네　戶曹句屬事堪唏
공연히 훈련도감의 별장이 이르러서는　公然別將都監至
백성의 고혈을 빨아먹고 의기양양 돌아가네　浚得民膏意氣歸

여섯 번째 其六

관동의 민력이 삼 진상에 고갈되는데　關東民力竭蔘供
반은 어딘가로 새 버리고 반만이 진상되네　半泄虛無半九重
수의[20]가 약재로 쓸 것을 재촉하니 어이하랴　無奈首醫催引用
감영 관문이 날아 내려 먼저 진봉하라 독촉하네　營關飛下督先封

일곱 번째 其七

유안에 이름이 적힌 자가 겨우 십여 명　儒案題名劣十餘

화전을 훈련도감(訓鍊都監)에 소속시키고, '둔전(屯田)'이라고 이름 붙였다. 매년 도감에서 감관(監官)을 파견하여 세(稅)를 거두는데, 감관이 된 자가 가렴주구(苛斂誅求)를 일삼으니, 백성들 가운데 그 고통을 이기지 못하고 도망하는 자가 줄을 이었다."라고 하였다. 권32에 실려 있는 〈이천둔전절목서(伊川屯田節目序)〉에는 "이천은 산골이다. 옛날에는 둔전이 없었다. 숙종 초년에 처음 동북(東北) 5개 면에 화전을 두어 훈국(訓局)의 둔전으로 삼고 호조(戶曹)에 소속시켰다. 처음에는 세금이 매우 가벼웠고 또한 본부(本府)로 하여금 징수를 관할하게 하였으므로 풍흉(豐凶)에 따라 오히려 조절할 수 있었다. 나중에 간악한 백성이 지적해 아뢰어 증액하였고, 호조에서 의심하고 질책하는 바람에 또 증액하였다. 백성의 삶이 날로 어려워졌으나, 호조의 욕심은 더욱 끝이 없었다."라고 하였다.

20 수의(首醫) : 내의(內醫)의 우두머리이다.

능히 스스로 농사지으며 간간이 공부하건만　　　自能農業間能書
해마다 방목에 이름이 들지 못하더니　　　科場闕却年年榜
학교 앞에다 연못 파지 않은 것을 탓하누나　　　咎在黌前不鑿瀦

고을 사람들의 말이 이와 같기에 장난으로 언급하였다.

여덟 번째 其八

사슴과 백성이 한마을에 살고　　　麋鹿人民共一村
백운이며 웅이에는[21] 풍진(風塵) 적어서　　　白雲熊耳少塵喧
도원이 왕토라는 걸 비로소 깨닫건만[22]　　　桃源始覺皆王土
진상을 재촉할 땐 아전이 문을 두드리네　　　進上催時吏打門

아홉 번째 其九

열두 온탕의 증기가 하늘로 솟는데　　　溫湯十二氣蒸空
백옥으로 된 부용은 세조의 공이로다[23]　　　白玉芙蓉世祖功

21 백운(白雲)이며 웅이(熊耳)에는 : 이천(伊川)에 있는 산의 이름인 듯하나, 자세하지 않다.

22 도원(桃源)이……깨닫건만 : 바로 이곳이 무릉도원(武陵桃源)이라고 생각된다는 말이다.

23 백옥(白玉)으로……공이로다 : 백옥으로 된 부용은 온천(溫泉)의 탕에 새긴 연꽃 모양의 장식을 가리키는 것으로 추정되나 자세하지 않다. 당나라 왕건(王建)의 시 〈온천궁행(溫泉宮行)〉에 "시월 일일 천자께서 행행하시니, 푸른 끈 둘러친 어로엔 티끌도 없네. 행궁 앞과 안에는 탕이 각별하거니와, 탕마다 백옥으로 된 부용이 피어 있구나.

평생토록 산승이 옛 덕을 추모하여	沒世山僧懷舊德
지금도 허물어진 행궁을 받들어 쓴다오	至今供掃廢行宮

열 번째 其十

시골 백성들이 생계를 신마에 의지하매	村氓生理仰新痲
환곡 요역 다 마치고 넉넉하다 여겼거늘	勘糴完徭準擬多
관청마다 두루 하는 토색질 참 원통해라	痛甚各廳求乞遍
관노와 가짜 어사가 가장 어지럽히도다	官奴假使最紛拏

열한 번째 其十一

귀리 추수가 겨우 스무 곡을 채우면서	耳麥秋收纔廿斛
버젓이 부잣집 노인네라 불리누나	居然稱號富家翁
조정에서 새로 동지 공명첩을 파는데	朝廷新賣同知帖
관지에 이름 쓰며 억지로 동을 요구하네	官旨抄名勒索銅

〔十月一日天子來, 靑繩御路無塵埃. 宮前內裏湯各別, 每箇白玉芙蓉開.〕"라는 구절이 있다. 《王司馬集 卷2》 세조(世祖)는 세종(世宗)의 잘못인 듯하다. 《신증동국여지승람(新增東國輿地勝覽)》 강원도 이천현(伊川縣) 조에 "사동온천(寺洞溫泉)이 현(縣)의 북쪽 99리에 있다. 정통(正統) 6년(1441)에 우리 세종이 행궁(行宮)을 지으라 명하고, 7년 봄에 임금이 거둥하였다. 그 뒤에 불에 타 버렸다."라는 말이 있다. 《임하필기(林下筆記)》 〈춘명일사(春明逸史)〉에는 "예전에 세종께서 안환(眼患)이 있어 각처의 온천물을 가져다가 저울에 달아 보니 이천 갈산(葛山)의 물이 가장 무거워 임행(臨幸)하여 시험을 하였는데, 행궁의 유지(遺址)가 지금까지도 그대로 남아 있다."라는 말이 나온다. 세조가 이천의 온천에 행행한 기록은 보이지 않는다.

열두 번째 其十二

칠월이면 산봉 새 꿀이 방울져 흐르는데　七月山蜂迸溜新
향기로운 둥근 벌집은 바퀴만큼 크다네　生香圈蠟大如輪
간악한 백성들은 문득 관납을 피하려고　奸氓輒擬逃官納
바위굴에 숨겨 두고 이웃에도 말 안 하네　藏得巖窠不泄鄰

열세 번째 其十三

가을에는 풍헌[24]의 권세가 가볍지 않아　風憲秋來權不輕
민가를 일일이 적간하여 보고하는데　煙家一一摘奸呈
해방에게 번거로이 점퇴[25]될까 두려워서　恐被該房煩點退
몰래 남는 호를 인정으로 삼는도다[26]　暗將餘戶作人情

열네 번째 其十四

전립에 금으로 새긴 용 자가 또렷한데　氈笠金鐫勇字明

24 풍헌(風憲) : 조선 시대 수령을 보좌하여 백성에 대한 권농(勸農), 부세(賦稅), 교화(敎化), 호구(戶口) 파악, 관령(官令)의 전달 등을 담당하던 말단 책임자이다.

25 점퇴(點退) : 공물(貢物) 등의 규격을 검사하여 문제가 있을 경우 퇴짜를 놓는 것이다.

26 몰래……삼는도다 : 장부에 기록되지 않은 호(戶)에서 거둔 베나 공물 등을 뇌물로 삼아 청탁을 하였다는 말이다. 인정(人情)은 벼슬아치들에게 청탁을 위해 주는 뇌물을 가리킨다.

군뢰[27]들의 풍채는 너무도 사납구나	軍牢身手劇生獰
관가는 부디 자주 기찰을 말지어다	官家愼勿頻譏察
붉은 포승 휘날릴 때 뇌물이 횡행하니	彤索揚時赤仄行

열다섯 번째 其十五

산꼭대기 뽕 따는 곳 하늘 높이 가까웁고	山頂採桑高近天
산촌이라 어렵사리 잠든 누에 보호하네	山家辛苦護蠶眠
실 짜기 마치기도 전에 공삼[28]을 재촉하니	機絲未了公蔘急
송도 상인의 돈을 미리 전당(典當)해 쓰누나	預當松都賈客錢

열여섯 번째 其十六

흉년과 염병이 서로 해마다 이어져서	凶荒癘疫互連年
쓸쓸한 마을에 밥 짓는 연기 드물더니	閭井蕭條少起煙
백발의 유민들이 새로이 의기[29]하여	頭白遺氓新義起

27 군뢰(軍牢) : 군대에서 죄인을 다루는 군졸이다.

28 공삼(公蔘) : 공삼(貢蔘) 즉 공물로 바치는 삼을 가리키는 듯하다. 정약용(丁若鏞)의 《목민심서(牧民心書)》 공전육조(工典六條) 산림(山林) 편에 공삼의 폐단을 논하기를 "삼을 바치는 데 따른 폐단은 오늘에 이르러 극도에 달하였습니다. 산에서 캐는 것은 점점 드물어지고 집에 심는 것이 드디어 많아졌습니다. 예전에 일컫던 소위 나삼(羅蔘)이 혹 산에서 나온 것이 있기는 하나, 삼 장수가 몰래 심약(審藥)과 짜고 농간하여 제가 판 것이 아니면 불합격품이라 하여 물리치므로, 각 고을의 삼 공납(貢納)은 모두 삼 장수에게서 사서 바치는 것이 이미 관례가 되어 고칠 수가 없습니다."라고 하였다.

가을 오자 산천에 기도하며 제사 올리네　秋來祈禱祭山川

열일곱 번째 其十七

식년마다 승호[30]하여 도감에 편입하니　式年陞戶入都監
안주하려는 인정상 견디기 힘들어라　安土人情苦不堪
패자 내려 불려 가매 계책이 다급하니　牌子招來謀計急
갑자기 앉은뱅이 되고 벙어리도 되누나　忽然成躄又成喑

열여덟 번째 其十八

가죽신에 띠 두른 군관이 군령판 받들어　鞾帶軍官令板擎
내일 아침 좌품[31]을 두 손으로 올렸는데　明朝坐稟手雙呈
사군이 문득 권정례[32]를 허락하니　使君輒許權停例
산빛 물소리조차 맘에 가득 기쁘구나　滿意山光與水聲

29 의기(義起) : 《예기(禮記)》 〈예운(禮運)〉에 "예라는 것은 의(義)의 실질이다. 의에 맞추어서 맞으면 예는 비록 선왕 때에 없던 것일지라도 의로써 새로 만들 수 있다.〔禮也者, 義之實也. 協諸義而協, 則禮雖先王未之有, 可以義起.〕"라고 한 데서 온 말로 예문(禮文)에 없더라도 이치를 참작하여 새로운 예를 만드는 것이다.

30 승호(陞戶) : 천민(賤民)의 신분을 올려 양인(良人)으로 삼는 것을 말한다. 식년(式年)마다 서울 및 각 지방에서 선발하여 훈련도감(訓鍊都監)의 정군(正軍)으로 삼는데, 이들을 승호군(陞戶軍) 또는 승호포수(陞戶砲手)라고 부른다.

31 좌품(坐稟) : 무엇을 가리키는지 미상이다.

32 권정례(權停例) : 절차를 다 밟지 않고 약식으로 하는 의식이다.

달밤에 남한의 찬 상인이 찾아오다
月夜南漢贊上人至

다리 위에서 작별한 뒤로 여러 해가 흘러	橋上相離歲屢移
먼지 속에 자고시 짓기를 그만두려 했네[33]	塵埃欲廢鷓鴣詩
장마철 달을 마주하니 정은 더욱 각별하고	霖天得月情逾別
관아에서 스님을 만나니 일 또한 기이하네	訟閣逢僧事亦奇
일백 굽이 구름을 뚫고 여기 도착했거니와	百曲穿雲應到此
천금 같은 편지 전달도 약속이나 한 듯하네	千金傳札也如期
기쁘게 한바탕 웃으며 주객을 잊고 보니	怡然一笑忘賓主
우리 둘 다 빈 당에서 면벽하는 때로구나	同是虛堂面壁時

33 먼지……했네 : 〈자고(鷓鴣)〉 시로 유명한 당나라 시인 정곡(鄭谷)은 승려들과 시우(詩友)로 사귀면서 많은 시를 지은 바 있다. 번암이 자신을 정곡에 견주어 세속에 사느라 스님을 만나 시 지을 기회가 없었음을 표현한 말이다.

아침에 일어나 문을 여니 산안개가 사방을 뒤덮어 마을이며 나무들이 간데없이 사라지고 그 사이에 닭 울음만 들릴 뿐이었다. 낭랑하게 시를 읊다 보니 홀연 이 몸이 관아에 있는 것도 잊었다

朝起開戶 山霧四冪 閭井桑楡 不知所去 但鷄聲時在其中 泠然吟嘯 忽不省身在官居也

맑은 정신과 기운으로 일찌감치 문을 여니	淸泠神氣早開門
연무는 자욱하고 해는 아직 솟지 않았네	煙霧蒼蒼天未暾
만 겹 골짝과 일만 봉우리가 혼연 일색인데	萬壑千峯渾一抹
닭 울음소리는 어느 마을에서 들려오는고	不知鷄唱是何村

소헌에서

小軒

길게 늘어선 농가는 소나무가 감싸 안았고	井屋迤迤松四圍
소헌에는 가을비 개고 맑은 숲엔 안개 꼈네	小軒秋霽淨林霏
한 줄기 시냇가에 공무가 한가하거니	一溪流水少公事
만 겹 흰 구름 속에 속된 일이 없어라	萬疊白雲無世機
궁궐 문에 마음 걸어 둔 건 급장유와 같고[34]	禁闥心懸汲長孺
고을 누대가 산을 마주하니 사현휘와 같네[35]	郡樓山對謝玄暉
오동 바람 부는 근래 들어 여름옷 얇은데	桐風近日夏衣薄
한양 집에서 보내오는 편지가 드물어라	家在漢陽來信稀

34 궁궐……같고 : 급장유(汲長孺)는 한나라 무제(武帝) 때의 직신(直臣)으로 유명한 급암(汲黯)으로, 장유는 그의 자(字)이다. 회양 태수(淮陽太守)로 나가게 되자, 눈물을 흘리면서 상소하기를 "신은 그저 조정에 중랑(中郎)으로 남아 궁궐에 출입하면서 폐하를 보좌하는 것이 소원입니다."라고 하였던 고사에서 온 말로, 임금을 잊지 못하는 번암 자신의 마음을 비유한 구절이다. 《史記 卷120 汲黯列傳》

35 고을……같네 : 사현휘(謝玄暉)는 남제(南齊)의 시인 사조(謝朓)로, 현휘는 그의 자이다. 선성 태수(宣城太守)로 부임하여 고을의 산 남쪽에 누대를 짓고 많은 시를 남겼다. 후대에 이 누대를 사공루(謝公樓), 사루(謝樓)라 하고 그 산 이름을 사공산(謝公山)이라고 하였다. 《南齊書 卷47 謝朓列傳》

밤에 앉아

夜坐

새 달빛 좇는 걸 좋아하기에　　愛趣新月色
난간 밖의 자리 자주 옮기네　　楹外座頻遷
전날 밤 비해 꽤나 쌀쌀해진 날씨　　涼比前宵厚
스님은 고향으로 먼저 돌아갔다네　　僧歸故國先
벌레는 누가 울게 하는 것인가　　蟲聲誰所使
강물 흐르는 소리 절로 전해 오네　　江籟自能傳
객지에서 벼슬 살며 시절 바뀜을 보니　　遊宦看時序
그립구나 율리의 전원이여[36]　　懷哉栗里田

36 그립구나 율리(栗里)의 전원이여: 벼슬을 그만두고 전원에 은거하고 싶다는 말이다. 율리는 진(晉)나라 은사인 도잠(陶潛)이 거처하던 곳이다.

이 전부[37] 세익 에 대한 만사
李典簿 世翼 輓

약봉(藥峯) 아래 사문의 모임[38]	藥下斯文會
규성[39]이 초당을 휘감았네	奎星帶草堂
당시 성대했던 뛰어난 준걸들	當時盛才俊
그대가 누구보다 가장 빛났었지	夫子最聲光
무성한 난초는 향기 머금었고	藹藹蘭含馥
영롱한 옥은 문장을 함축했네	英英玉蘊章
침상을 잇대고 면려했던 말들	聯床期勉語
대부분 요순 세상 만들자는 말이었지	多在挽虞唐

두 번째 其二

벼슬은 종친부에 그쳤으나	宦拙宗親府

37 이 전부(李典簿) : 이세익(李世翼, 1707~1756)이다. 자는 사필(士弼), 본관은 연안(延安)이다. 이선수(李善壽)의 아들이고, 연봉(蓮峯) 이기설(李基卨)의 후손이다. 1733년(영조9) 생원시에 합격하였다. 효릉 참봉(孝陵參奉), 서부 도사(西部都事), 종친부 전부(宗親府典簿) 등의 관직을 역임하였다. 《司馬榜目》《承政院日記》

38 약봉(藥峯)……모임 : 약봉은 지금의 서울시 중구 중림동에 있던 작은 언덕이다. 이곳은 원래 허백당(虛白堂) 성현(成俔, 1439~1504)이 살던 곳인데, 나중에 동복 오씨(同福吳氏) 집안에 매각되어 약산(藥山) 오광운(吳光運, 1689~1745)이 살았다. 당시 오광운은 기호 남인의 영수로서 문단(文壇)을 주도하고 있었다.

39 규성(奎星) : 28수(宿) 중의 하나로, 문장(文章)과 문운(文運)을 주관한다고 한다.

재주 높고 명조의 자손이라네　才高名祖孫
이런 분이 끝내 굶어 죽으니　斯人竟餓殺
세도를 어찌 다시 논하랴　世道更堪論
뒤곁의 풀은 삼춘에 저물어 가고　背草三春暮
풍성의 검은 만고에 원통하여라[40]　豐鋋萬古冤
자욱하게 안개 낀 이 세상에도　棼棼霧蓋底
맑은 그 기운은 길이 남으리라　淸氣可長存

세 번째 其三

쓸쓸한 약산 노인의 집에　蕭條藥老宅
노인은 가고 섬돌에 풀이 돋았네　人去草生墀
그대 올 때마다 맞이해 담소 나누면　每到邀君話
예와 다름없어 그래도 좋았었지　猶憐似昔時
궁궐 종소리는 처마 가에 떨어지고　禁鍾簷際落
산에 걸린 해는 회나무 곁으로 더디 지는데　山景檜邊遲
한참 동안 일을 상의하다 보면　更僕商量事
흉금의 기약을 우리 둘은 절로 알았네　襟期兩自知

40 풍성(豐城)의……원통하여라 : 진(晉)나라 때 장화(張華)가 북두(北斗)와 견우(牽牛) 사이에 자기(紫氣)가 쏘아 비추는 것을 보고는, 예장(豫章)의 풍성현(豐城縣)으로 뇌환(雷煥)을 보내 그로 하여금 풍성의 옛 옥사(獄舍) 터를 발굴해서 마침내 용천(龍泉)과 태아(太阿) 두 보검을 찾아내게 했던 데서 온 말이다.《晉書 卷36 張華列傳》 이세익(李世翼)이 포부를 펼치지 못하고 죽은 것을 비유한 말이다.

네 번째 其四

우리의 도가 지금 어떠한가	吾道今何似
그대 같은 분이 또 세상 떠났으니	如君又蓋棺
읽다 남은 책은 짧은 삶에 묻혀 버리고	殘書泥短局
빼어난 기상은 미관말직에 그쳤구려	奇氣了微官
팔월이라 충강[41]에는 물이 불었는데	八月忠江大
외로운 배의 흰 상여 끈은 차기도 하네	孤舟素紼寒
상자 속에 담긴 〈유수곡〉[42]은	匣中流水曲
거문고 줄이 끊어져 탈 수가 없구려	絃斷不堪彈

41 충강(忠江) : 충주(忠州) 부근의 남한강을 가리킨다.

42 유수곡(流水曲) : 춘추 시대 백아(伯牙)가 타고 그의 벗 종자기(鍾子期)가 들었다는 거문고 곡조로, 고산유수곡(高山流水曲), 아양곡(峨洋曲), 산수곡(山水曲)이라고도 한다. 백아가 마음속에 '높은 산〔高山〕'을 두고 거문고를 타면 종자기는 이를 알아듣고 "아, 훌륭하다. 험준하기가 태산과 같다.〔善哉! 峨峨兮若泰山.〕" 하였으며, 백아가 마음속에 '흐르는 물〔流水〕'을 두고 거문고를 타면 종자기는 이를 알아듣고 "아, 훌륭하다. 광대히 흐름이 강하와 같다.〔善哉! 洋洋兮若江河.〕" 하였다. 이를 지음(知音)이라 하여 친구 간에 서로 상대의 포부나 경륜을 알아줌을 비유하게 되었다. 《列子 湯問》

즉사

卽事

하루 종일 몇 건의 공문서 있어	三時有數牒
구리 인장 간간이 열 수 있었네	銅印間能開
거센 빗줄기는 기울었다 곧았다	急雨斜還直
그윽한 숲 새는 날아갔다 돌아왔다	幽禽去卽回
고을이 가난하니 예절이 엉성하고	官貧疎禮節
손님이 끊기니 이끼가 자라누나	客斷養莓苔
가을 곡식 익어 새로이 술 빚으니	秋熟又新酒
앞마을에서 풍악 소리 들리어 오네	前村笙管來

가을비

秋雨

가을 창공이 이미 맑고 푸른데　　秋空已澄碧
지금 비는 참으로 때가 아니네　　此雨頗非時
못에 떨어지는 가는 방울을 보고　　細滴塘心見
잎 위로 듣는 차가운 소리로 아네　　寒聲葉上知
강은 사인 바위 곁에 편평히 흐르고　　江平舍人石
구름은 박공의 사당을 뒤덮고 있네　　雲罨朴公祠
농부들의 시름이 하고많아라　　田父煩愁思
날씨 흐려 기장이 더디 익누나　　天陰黍熟遲

안개 걷힌 가을날의 따스한 날씨가 봄과 같아 온화한 분위기가 참 좋았다. 당시에 나는 부모님을 뵈러 가려던 차였다

霧餘秋日 暄暖似春 藹藹可喜 時余將作省覲之行

산기운이 홀연 환히 밝아지더니 山氛忽通透
밝은 해가 창공에 벌써 걸렸네 白日已懸空
기장에는 향기가 깊이 서렸고 黍稷深蟠氣
숲속 못엔 평온히 바람 아니 부네 林塘穩不風
이궐[43]의 입구에서 갈 길 묻고서 問程伊闕口
채릉 동쪽으로 객을 전송하네 送客蔡陵東
양음산[44] 산굴에다 약속 남겨 두었거니 留約陽陰岫

43 이궐(伊闕) : 춘추 시대 주(周)나라의 관새(關塞)이다. 두 산이 궐문(闕門)처럼 마주하고, 그 사이에 이수(伊水)가 흐른다고 한다. 번암이 당시 이천 도호부사(伊川都護府使)로 재임하고 있었으므로 이렇게 말한 것이다.

44 양음산(陽陰山) : 이천부에 있는 산이다. 박태보(朴泰輔, 1654~1689)가 지은 〈서이천오승(敍伊川五勝)〉에 "양음산은 현(縣)의 동북쪽 70리에 있다. 석봉(石峯)이 땅에서 솟아 은하수에 닿을 정도이고, 바위 절벽은 험준해서 부여잡고 올라갈 수 없다. 다가가 바라보면 사람을 두렵게 하여 정신을 잃게 만든다. 옆으로 뻗어 나가 곁에 늘어선 작은 봉우리가 열 개 남짓인데, 험준하기로는 모두 마찬가지이다. 가운데에 동천(洞天)이 있어 둥글고 널찍하다. 계곡의 물길은 동구(洞口)에서 모여 암석에 부딪치는데, 흐르는 물이 맑고 깨끗하다. 그 바위는 눈처럼 깨끗하고 흰데, 편평한 것은 소반(小盤) 같고 움푹한 것은 솥과 같다. 여기에 이른 사람은 머물러 놀며 돌아가기를 잊어버린다." 라고 하였다.《定齋集 卷3 敍伊川五勝, 韓國文集叢刊 168輯》

이른 단풍 들 때 맞춰 돌아오리라고 歸來及早楓

평강(平康)에 채씨 선조(先祖)의 누대 분묘(墳墓)가 있어 부로(父老)들이 지금도 '채가릉(蔡家陵)'이라고 부른다. 당시에 묘소 아래 사는 동성(同姓)의 족인(族人)이 마침 이틀 밤을 묵고 돌아갔기에 시편 안에서 언급하였다.

하루 종일 문서를 기다렸으나 오지 않아 난간에 기대어 졸았다. 반나절을 졸다가 홀연 빗소리에 깨어 일어나니, 뒤섞인 구름 가운데 내가 있기에 쓸쓸한 감회를 더욱 이길 수 없었다

終日待簿書 不至 倚檻以睡 睡半餉 忽爲雨聲所驚起 身在亂雲中矣 益不勝悄然

솔 그늘 아래 잠 깨니 향 연기는 다 꺼지고　松陰睡起篆煙消
버들 밖 다리에는 아전들 자취 전혀 없구나　吏屧全稀柳外橋
가랑비가 주렴에 드니 가을이 쌀쌀하고　微雨入簾秋淅淅
한 마리 새가 난간에 우니 낮에도 쓸쓸하네　一禽啼檻晝寥寥
구루에서 단사를 찾는 건 이전 인연이 중하거니[45]　丹砂句漏前緣重
시상에서 국화를 키우던 일 어제 꿈에 아득하네[46]　黃菊柴桑昨夢遙
청량한 외진 산골짜기라 찬 계절이 이르기에　窮峽泠泠寒事早
온 민가의 다듬이소리가 저녁 구름을 뒤흔드네　百家砧杵暮雲搖

45 구루(句漏)에서……중하거니 : 번암이 선향(仙鄕)과 같은 이천에 수령으로 오게 된 것을 비유한 말이다. 구루는 도가(道家)에서 말하는 36개의 소동천(小洞天) 중의 스물두 번째 동천인데, 《진서(晉書)》 권72 〈갈홍열전(葛洪列傳)〉에 "나이 들어 늙어가자 연단(鍊丹)을 해서 수명을 늘려 볼 목적으로, 교지(交阯)에서 단사(丹砂)가 나온다는 소문을 듣고는 자원해서 구루의 현령이 되었다."라고 하였다.

46 시상(柴桑)에서……아득하네 : 벼슬을 버리고 전원(田園)에 은거하고 싶은 심정을 표현한 말이다. 시상은 중국의 지명으로, 진(晉)나라의 처사(處士) 도잠(陶潛)의 고리(故里)가 있던 곳이다. 도잠이 일찍이 팽택 영(彭澤令)을 그만두고 〈귀거래사(歸去來辭)〉를 지어 심경을 피력하고 즉시 시상으로 돌아간 고사가 전한다.

새벽에 누워 빗소리를 듣다

曉枕聞雨聲

가을벌레가 거센 비와 다투는 듯	寒蟲爭急雨
오경에 이르도록 다 같이 울고 있네	齊到五更啼
등 뒤 휘장의 어둑한 등불은 가늘어지고	背幌幽燈細
구름 뚫고 어지러운 물 아득히 흐르네	穿雲亂水迷
가을걷이에 해가 있을까 깊이 근심하며	端憂損秋稼
외로이 누워 새벽닭 울음 세어 보는데	孤臥數晨鷄
써늘한 기운 드는 걸 은연중 느끼노니	暗覺虛涼入
문 앞으로 푸른 시냇물이 흘러가누나	門前有碧溪

부임한 이래 석 달 동안 문을 닫아걸고 좌선하듯 조용히 있던 차에, 광복동[47]의 수석이 빼어나 유람할 만하고, 또 광복동에서 사오십 리쯤 되는 곳에 갈산 온정이 있는데 다리가 불편한 사람이 왕왕 실려 갔다가 걸어서 돌아온다는 말을 들었다. 이곳은 광묘께서 일찍이 행행하셨던 곳이다.[48] 하루는 가을이 깊어지고 장마도 물러갔기에 훌쩍 말을 타고 나갔는데, 해가 소나무에 걸릴 무렵 들판의 기운이 청량해지면서 가벼이 신선처럼 날아오르는 듯한 흥취가 들게 하므로 시로써 이를 기록하였다

到官來 三朔閉戶 寂然若坐禪 聞廣福洞水石奇勝可遊 距廣福可四五十里又有葛山溫井 跛躄者往往駄往而步歸 蓋光廟所嘗臨幸處也 一日秋深潦散 率然騎馬以出 日上松際 野氣泠然 令人有飄飄登仙之興 詩以記之

동쪽 봉우리 청명한 하늘에 해가 떠오르고　東峯日上泬寥天

찬 물가 멀리 바라보매 갠 경치가 또렷하네　極目寒汀霽色鮮

성문을 서둘러 나서니 새가 새장을 떠나는 듯　催出府城籠謝鳥

47 광복동(廣福洞) : 이천부(伊川府) 동쪽 30리, 양음산(陽陰山) 뒤쪽에 있는 계곡이다. 수려한 경치가 서울의 세검정(洗劍亭)에 비길 만하다고 한다. 계곡은 길이가 40리나 되고 높이가 100여 길이나 되는 석벽이 성곽처럼 둘러 있다. 원래 이름이 광복동인데 뒤에 은선동(隱仙洞)으로 바뀌었다. 동구(洞口)에 박태보(朴泰輔)의 시가 새겨져 있다.《林下筆記 卷27 春明逸史》

48 광묘(光廟)께서……곳이다 : 광묘는 능호(陵號)가 광릉(光陵)인 세조(世祖)를 가리킨다. 그러나 세조가 이천의 온천에 행행한 기록은 보이지 않는 것으로 볼 때, 세종의 일을 세조의 일로 오인한 것으로 보인다. 400쪽 주23 참조.

공문서 웃으며 물리치니 매미가 허물 벗는 듯	笑麾朱墨蛻如蟬
강호에 쌓인 기운은 외로운 배를 적시우고	江湖積氣孤舟濕
새로 익은 벼 향기는 사방 들판으로 퍼져 가네	秔稻新香四野傳
가을 느지막이 명산에 그윽한 교분 있는지라	秋晚名山幽契在
이번의 수령 노릇은 진정 신선을 겸했어라	此行眞是吏兼仙

정오에 판교촌에서 쉬다

午憩板橋村

닭 개 소리 적막한 골짝은 관문 같은데 / 鷄犬蕭條峽似扃
판교에 해 비낄 제 지나는 사람 드무네 / 板橋斜日少人經
쉬어 가는 단풍 언덕은 산을 마주하고 / 憩來楓岸山當面
그윽한 곳의 인가 뜰엔 구름이 일어나네 / 幽處人家雲起庭
남석의 표륜[49]이 능히 나를 기다리는데 / 南石飆輪能我待
타향의 서리 국화엔 벌써 가을 향기 나네 / 異鄉霜菊已秋馨
좋은 경치 찾았어도 백성 질고를 외면치 못하고 / 尋眞未掉蒼生累
애써 농사 형편을 자세히 들어 본다네 / 强把農形入細聽

49 남석(南石)의 표륜(飆輪) : 남석은 신선의 이름으로, 신라 시대 삼일포(三日浦)에 와서 사흘을 놀았다는 영랑(永郞), 술랑(述郞), 남석랑(南石郞), 안상랑(安祥郞) 가운데 한 명이다. 표륜은 바람을 타고 날아다니는 신선의 수레이다.

말 위에서 읊다

馬上有吟

온천의 숨겨진 땅이 신령하다 들었는데　　聞說溫泉秘地靈
조각구름은 어느 곳에서 산문을 닫았는가　　片雲何處掩山扃
메밀꽃이 구릉 덮어 바윗길은 새하얗고　　蕎花覆隴巖蹊白
박잎이 울타리 둘러 판잣집은 푸르구나　　匏葉籠籬板屋靑
가을 골짝 농사의 걱정은 항시 이른 서리인데　　秋峽農憂霜每早
저녁 강에 찬 바람 불고 비가 새로 지나갔네　　暮江寒吹雨新經
공문[50]에 앉아 참선하길 기다리지 않더라도　　空門不待參禪坐
구구절절한 속세 인연 이미 사라져 버렸어라　　曲曲塵緣已蹈冥

50 공문(空門) : 불사(佛寺) 또는 불법(佛法)을 가리키는 말이다.

가려주[51]

佳麗洲

깊숙한 골짝을 비로소 벗어나면　始脫深深峽
처음으로 펼쳐지는 드넓은 하늘　初成納納天
시내 바람은 늦기장을 뒤흔들고　川風搖晩黍
들판 풍경엔 가을 연무 흩어지네　野色散秋煙
실책이야 관방을 잃은 것이지만[52]　遺策關防失
아름다운 이름을 부로가 전한다네　佳名父老傳
기회를 만날 날이 응당 있으리니[53]　遭逢應有日
귀신이 여러 해를 보호해 주리라　神鬼護多年

51 가려주(佳麗洲) : 이천부에 있는 지명인데, 자세한 것은 미상이다.

52 실책이야……것이지만 : 이곳의 험준한 형세가 관방(關防)을 설치하여 국가의 보장(保障)으로 삼을 수 있는데 하지 않았음을 말한 것이다.

53 기회를……있으리니 : 당국자(當局者)가 알아보고 관방을 설치할 날이 있을 것이라는 말이다.

여행길 밤에 감회를 적다

旅夜識感

애써 꿀을 만드는 가련한 꿀벌 같은 그대여	辛勤蜜熟可憐蜂
젊은 나이로 전성[54]하러 올 때 아니 따라왔지	年少專城君不從
오늘 밤 꿈속에 본 얼굴이 아직 눈에 선하거늘	夢裏今宵猶髣髴
인간 세상 어느 곳에서 다시 그 모습 보겠는가	人間何處更聲容
찬 창 아래 밀초 눈물은 남은 방울 엉겼는데	窓寒蠟淚凝殘滴
달 떨어지는 풍천을 몇 겹 산이 에둘렀던고	月落風泉繞幾重
매번 슬픈 서신이 약봉 아래에서 당도할 때면	每度悲辭來藥下
편지 부여잡고 차마 바로 열어 보지 못하였네	攀書未忍便開封

54 전성(專城) : 하나의 성(城)을 전담한다는 뜻으로 지방 수령에 임명되는 것을 가리키는 말이다.

온정
溫井

보배로운 벽돌담은 임금님 덕택이요	寶甃因王造
이름난 온천은 조물주의 공력이로다	名泉眞宰功
근원이 흘러내려 너른 물을 이루었고	源流成溥博
인애가 베풀어져 병든 이에 미쳤어라	仁愛及疲癃
기운 후끈한 숲속 탕에선 안개 일어나고	氣爍林盤霧
소리 높은 대나무 홈통에선 무지개 떨어지네	聲高筧墜虹
백성들 치료하는 데 나는 무슨 방법이 있나	醫民我何術
목욕하는 미천한 이 몸이 부끄러울 뿐이로다	沐浴愧微躬

온탕 곁에 대나무 홈통으로 물을 끌어왔는데, 바닥으로 떨어지는 것이 한 길 남짓 높이였다. 머리카락을 뒤로 땋은 채로 머리를 들이밀어 떨어지는 물줄기를 꽤 한참 동안 우러러 맞다가 그 자리에서 읊었다

溫湯之側以筧引水 落地可丈餘 辮髮入頭 仰受飛湍頗久 卽地有吟

옷깃 헤치고 머리칼 풀어 떨어지는 샘을 맞으니　披襟開髮灌飛泉
무수한 은혜로운 물방울이 하늘에서 떨어지누나　無數恩波隕自天
우스워라 사마상여는 좋은 임금을 만나지 못해　堪笑相如無際會
금경의 이슬 한 잔도 허락받지 못하였어라[55]　金莖不許一杯宣

55 사마상여(司馬相如)는……못하였어라 : 사마상여는 한나라 때의 저명한 문장가로, 한 무제(漢武帝) 밑에서 벼슬을 살았는데, 소갈증(消渴症)을 앓았던 것으로 유명하다. 금경(金莖)은 한 무제가 세웠던 승로반(承露盤)의 동주(銅柱)이다. 무제가 일찍이 신선을 사모한 나머지, 건장궁(建章宮)에 동(銅)으로 선인장(仙人掌)을 만들어 세워서 승로반을 받쳐 들고 이슬을 받게 하여 그 이슬을 옥가루에 타서 마셨다는 고사가 전한다. 이 구절은 당나라 때 시인 이상은(李商隱)의 〈한궁사(漢宮詞)〉에 "시종신 중에 사마상여의 소갈증이 가장 심하였거늘, 금경의 이슬 한 잔도 하사하지 아니했네.〔侍臣最有相如渴, 不賜金莖露一杯.〕"라고 한 데서 온 말이다.

감로사가 온정 곁에 있는데, 바로 행궁의 옛터이다. 고을 자제가 와서 문안하면서 이 승지[56] 형만 가 연전에 온정을 방문하여 지은 시를 읊어 전하기에 그 시에 차운하여 고을 자제에게 보여 주었다

甘露寺在溫井傍 卽行宮舊基 邑子來候 仍誦傳李承旨 衡萬 年前訪溫井詩 走次其韻 示邑子

나무꾼과 산골 손님이 각자 귀가한 뒤에　　樵翁峒客各歸家
절에는 한 줄기 연기 조용히 비껴 오르네　　蕭寺孤煙澹澹斜
바람이 주렴에 드니 촛불 그림자 흔들리고　　虛籟入簾搖燭影
가을 음기는 잣나무에 머물러 별빛 가리우네　　秋陰屯柏隱星華
신령한 온천물이 따스하매 인삼 백출 하찮거니　　靈泉水暖輕蔘朮
옛 골짝에 공무가 한가하니 국화를 찾아왔어라　　古峽官閒訪菊花
오만한 관리가 하필 세상 다스리는 일을 하랴　　傲吏何須經世務
몇 가지 국화라면 한가로이 지낼 수 있는 것을　　數枝猶足寄婆娑

56 이 승지(李承旨) : 이형만(李衡萬, 1711～?)은 자가 평일(平一), 본관은 경주(慶州)이다. 이성룡(李聖龍)의 아들이다. 1735년(영조11) 문과에 급제하였다. 정언, 승지, 판결사 등의 직책을 역임하였다.

절에서 지내는 밤

寺夜

나무하는 중이 돌아간 뒤 솔문을 닫으니	樵僧歸後掩松關
달은 서쪽 몇 번째 봉우리에 걸려 있는고	月在西峯第幾鬟
날개 돋아 신선 되어 물외에 살면서도	羽化眞成棲物表
벌레 소린 괴이케도 인간을 본받누나[57]	蟲聲頗怪效人間
백발 없애려 해도 영액[58]이 필요하거니와	擬除白髮須靈液
시름겨워 황국을 봐도 고향 꽃이 아니로다	愁見黃花非故山
새벽에 멀리 떠나 경치 보며 읊조리다	明發迢迢吟望眼
사람 좇아 곧바로 벽하[59] 물굽이에 이르리라	隨人直到碧霞灣

당시에 풍악(楓岳)에 들어가는 사람을 전송하였으므로 이렇게 말한 것이다.

57 날개……본받누나 : 가을벌레의 우는 소리가 세속의 인간들처럼 시끄러운 것을 비유한 말이다.

58 영액(靈液) : 신선이 먹는다는 영약(靈藥)이다.

59 벽하(碧霞) : 푸른색의 구름과 놀을 뜻하는데, 주로 신선이 사는 곳을 가리킨다.

감로사에서 돌아오는 길에 구당의 서실을 방문하여 김생 홍윤에게 써서 주다

甘露寺歸路 訪龜塘書室 書贈金生弘胤

한번 웃는 가운데 글 읽는 소리 들리더니	一笑聞絃誦
그대 집이 물굽이를 굽어보고 서 있구려	君家臨曲灣
수령의 쌍깃발[60]이 온천을 떠나와서	雙旌謝溫水
한 조각 빗돌 보려 한산을 방문했네[61]	片石訪寒山
거여[62]를 만들어 손님을 반갑게 맞이하고	粔籹迎賓喜
상마를 가꾸며 노년을 한가히 보내누나	桑麻送老閒
구양첨(歐陽詹)이 홀로 우뚝하니	歐陽獨秀出
상곤이 어찌 예를 아낄 것인가[63]	常袞禮何慳

60 쌍깃발 : 수령의 행차를 가리킨다. 당나라 때에 절도사(節度使)로 출행하는 관리에게 쌍정(雙旌)과 쌍절(雙節)을 하사했던 데서 유래한다.

61 한 조각……방문했네 : 김홍윤(金弘胤)의 문장이 뛰어난 것을 비유한 말이다. 중국 남북조(南北朝) 시대에 유신(庾信)이 북방에 사신으로 갔다가 돌아왔는데, 여러 문사들이 북방의 문장을 물었더니, 답하기를 "한산사(寒山寺)에 한 조각 빗돌이 이야기할 만하고 그 나머지는 모두 당나귀 울고 개 짖는 소리와 같다." 하였다. 온자승(溫子昇)이 지은 한산사의 비문(碑文)만 문장이 볼만하다는 말이다. 《類說 卷25》

62 거여(粔籹) : 밀가루나 쌀가루를 꿀이나 조청에 개어 네모꼴로 가늘게 썬 다음 기름에 지져서 만든 떡이다.

63 구양첨(歐陽詹)이……것인가 : 구양첨은 김홍윤(金弘胤)을 비유한 것이고, 상곤(常袞)은 번암 자신을 비유한 것이다. 당나라 덕종(德宗) 때에 상곤이 복건 관찰사(福建觀察使)가 되었는데, 그 지방의 글 잘하는 수재(秀才)들을 불러 주객(主客)의 예를

광복동[64]에 들어갔다. 이날은 중양절이었다
入廣福洞 是日重陽

둥글기는 휜 활 같고 험하기는 칼끝 같은데	圓似弓彎狠似鋒
골짝 문의 구획에는 조물주 공력이 들었구나	洞門區劃費陶鎔
반쯤 열린 봉우리 사이로 물줄기 다투어 흐르고	峯開半握爭千澗
새 높이 나는 험한 바위는 일만 성곽을 대신하네	巖絶高禽替萬墉
큰 그릇이 조금 늦게 이루어진들 무에 해로우랴[65]	大器何妨差晩達
찬 계절 국화는 짐짓 태평스런 얼굴을 짓는구나	寒花故作太平容
자수하는 일과 저자에 의탁함을 분별치 말라[66]	刺紋倚市休分別

행하였다. 당시 구양첨이 수재들 가운데 특히 빼어나 상곤의 예우를 받으니, 선비들이 그를 추종하였다. 복건 지방에서 진사에 합격한 것은 구양첨으로부터 시작되었다고 한다. 《唐宋八大家文鈔 卷16 歐陽生哀辭》

64 광복동(廣福洞) : 이천부(伊川府) 동쪽 30리, 양음산(陽陰山) 뒤쪽에 있는 계곡이다. 418쪽 주47 참조.

65 큰 그릇이……해로우랴 : 광복동의 지세(地勢)가 관방(關防)을 설치하기에 적합하므로 언젠가는 반드시 크게 쓰일 것이니, 지금 쓰이지 않는 것을 걱정하지 않는다는 말이다.

66 자수하는……말라 : 《사기(史記)》 권129 〈화식열전(貨殖列傳)〉에 "가난한 사람이 부자가 되려면 농업은 공업만 못하고, 공업은 상업만 못하며, 자수하는 일은 저자에 의탁함만 못하다.〔夫用貧求富, 農不如工, 工不如商, 刺繡文不如倚市門.〕"라고 한 데서 온 말이다. 자수하는 일은 규방(閨房)의 얌전한 여자를 뜻하고, 저자에 의탁하는 것은 저잣거리에 기대어 웃음을 파는 탕녀(蕩女)를 뜻한다. 여기서는 광복동이 성을 쌓아 관방(關防)으로 삼을 만하지만, 세상에 알려지지 않아 규방의 여자 같음을 비유한 말이다.

서리 내린 벼랑에 단풍 짙은 걸 사랑하노라　　　　且喜霜崖葉正濃

바위 위에 박정재(朴定齋)의 시가 새겨져 있는데, "자수하는 일과 저자에 의탁함을 누가 능히 분별하랴, 듣자니 양주에다 다시 축성한다 하네.〔刺紋倚市誰能別 聞道楊州又築城〕"라는 구절이 있기에[67] 시편 안에서 언급하였다.

67 박정재(朴定齋)의……있기에 : 박정재는 조선 숙종 때의 문인 박태보(朴泰輔, 1654~1689)로, 정재는 그의 호이다. 자는 사원(士元), 본관은 반남(潘南)이다. 서계(西溪) 박세당(朴世堂)의 아들이다. 인현왕후(仁顯王后)를 폐위할 때, 그 부당함을 주장하여 왕의 노여움을 샀으나 끝내 굽히지 않고 항변하여 심한 고문을 받고 진도(珍島)로 귀양 가던 도중 노량진(鷺梁津)에서 젊은 나이로 죽었다. 시호는 문열(文烈)이다. 이 시는 박태보가 1682년(숙종8) 이천 현감(伊川縣監)으로 재직할 때 지은 것이다. 그 제목에 〈광복동은 양음산 북쪽에 있다. 꽉 막히고 견고한 지세(地勢)는 거의 하늘이 만든 것으로,……당시 홍복성을 쌓자는 논의가 있으므로 말구(末句)에 언급하였다.〔廣福洞在陽陰山北 其阻塞壯固 殆天所作……時有築洪福城之議 故末句及之〕〉라고 하였다. 시의 내용에 "옥을 깎고 금을 녹여 네 벽을 만들고, 자욱한 연기 달을 안아 들이 반듯하네. 험준함은 등애가 도로 달아날 듯하고, 군색함은 형양처럼 농사지을 만하네. 조물주는 유심하여 괜히 만들지 않는 것을, 세인은 안목이 없어 머물지 않고 가 버리네. 자수하는 일과 저자에 의탁함을 누가 능히 분별하랴, 듣자니 양주에다 다시 축성한다 하네.〔削玉鎔金四壁成, 迷煙抱月一郊平. 狠如鄧艾須還走, 窘似滎陽可坐耕. 造物有心非謾設, 世人無眼不留行. 刺紋倚市誰能別? 聞道楊州又築城.〕"라고 하였다. 홍복성은 양주(楊州) 서쪽의 홍복산(洪福山)에 쌓으려던 성을 가리킨다.《定齋集 卷1, 韓國文集叢刊 168輯》

꿈에 용안을 뵈니 또렷하기가 평소와 같았다. 꿈을 깬 뒤 달빛이 뜰에 가득한데 사방에는 인적이 없기로 쓸쓸함을 이기지 못하고 애오라지 짧게 서술하였다

夢拜天顔 歷歷如平日 覺後月色滿庭 四無人聲 不勝悄然 聊以短述

푸른 하늘은 거울 같고 찬 달은 서리 같아	青天如鏡月如霜
낙엽 지고 바람 불어 밤은 정녕 길어라	落葉流風夜正長
갈대 자리 소나무 창에 인적은 적막한데	蘆簟松窓人寂寂
주렴 가득 은하수 아래 성상을 꿈에 뵈었네	一簾河漢夢君王

게으른 수령

懶守

게으른 수령 잠 좋아해 느지막이 일어나서	懶守愛眠朝起遲
억지로 남쪽 창을 여니 해 높이 솟은 때라	强開南牖日高時
한가로운 뜰에 가려운 말은 나무에 비벼 대고	閒庭馬癢能磨樹
깊은 정원엔 까마귀 자주 와 배를 쪼아 대네	深院烏頻爲啄梨
외진 골짜기라 의원 없어 잦은 병을 근심하고	絶峽無醫憂善病
단구에서 편지 보내 시를 논해 주셨도다[68]	丹丘有札荷論詩
고향 집 뜰에 핀 노란 국화 정이 많기에	故園黃菊多情緖
울타리에 만발하여 내가 오길 기다리리	定待吾行開滿籬

68 단구(丹丘)에서……주셨도다 : 단구는 원래 신선이 사는 곳인데, 여기서는 중의적인 의미로 쓰여 번암의 벗인 홍중효(洪重孝, 1708~1772)가 사는 원주(原州)의 단구를 가리킨다. 홍중효가 편지를 보내어 시를 논하였다는 말이다. 홍중효에 대해서는 307쪽 주4 참조.

평강을 지나며
過平康

평강(平康)은 바로 나의 성관(姓貫)이다. 시조인 고려 때의 평장사(平章事) 경평공(景平公)[69]께서 실제로 사셨으니, 현(縣)의 서쪽 10리에 있는 갑기천(甲岐川)이라는 지명을 가진 곳이 그곳이다. 목전(木田)에는 세 선조의 분묘가 있고, 금평(金坪)에도 세 선조의 분묘가 있어 사람들이 지금도 그 산을 '채평장릉(蔡平章陵)'이라고 부른다. 내가 마침 관찰사 감영에 공무로 가면서 새벽에 평강을 지났다. 당시에 날이 아직 밝지 않아 길에 사람이 없었는데, 종자(從者)에게 말을 빨리 몰지 말라고 명하고는 바야흐로 우러러 추념하면서 배회하였다. 전야(田野)의 이슬 내린 풀밭 사이에 목동 하나가 서 있기에 내가 멀리서 "아이야, '갑기천'이라는 지명을 아느냐?"라고 물으니, 아이가 "갑기천은 없고, 여기에는 '갑이천(甲伊川)'이라는 곳만 있습니다."라고 대답하였다. 내가 어디냐고 물으니, 아이가 바로 숲이 무성한 한 무리의 촌락을 가리키며 "바로 저기가 그곳입니다."라고 하였다. 아이가 '이(伊)' 자와 '기(岐)' 자의 음이 서로 비슷하여 잘못이 초래된 것임을 모르고서 함부로

69 경평공(景平公) : 고려 후기의 문신 채송년(蔡松年, ?~1251)이다. 자는 천로(天老), 시호는 경평이다. 최충헌(崔忠獻)의 신임을 받아 추밀승선(樞密承宣)이 되었다. 1228년(고종15) 병마사(兵馬使)로서 청새진(淸塞鎭) 호장(戶長) 등의 모반을 사전에 탐지하여 주동자를 주살하였으며, 1231년 몽고군을 막기 위하여 대장군(大將軍)으로서 북계 병마사(北界兵馬使)가 되어 제도(諸道)의 병사를 징집하였다. 그 뒤 어사대부(御史大夫), 참지정사(參知政事)를 거쳐 중서시랑평장사(中書侍郎平章事)에 이르렀다.

그런 지명이 없다고 대답한 것이지만, 내가 알고자 했던 곳이 바로 이곳에 있을 따름이다. 아, 오륙백 년이 흐른 사이에도 지명이 사람의 입에서 증명되는 것이 이와 같으니, 그 밖에 전해지는 말에 어찌 또한 근거하여 믿을 만한 것이 없겠는가. 혹자는 "우리 선조들께서 신라 부마공(駙馬公) 때부터 이미 여기에 사셨으므로 그대로 누대(累代)의 소유가 되었다."라고 한다.

갑천이 도도하게 화살처럼 흘러가도다	甲川滔滔如箭過
이렇게 흘러가는 것을 어찌할 수 있으랴	逝者如斯可奈何
사환이 성대했던 우리 채씨 문중이여	簪組赫舃吾蔡門
훈업의 찬란한 명성이 고려 신라 진동했네	勳業聲光動麗羅
한 시대에 관직 높아 재상 지위 올랐고	官尊一代居鼎鼐
동쪽 언덕 마을에는 벽라 넝쿨 자라났네[70]	村占東岡長薜蘿
곽공 문전엔 홰나무와 버들이 함께 자랐고	郭公門前槐柳合
배령의 당중에는 종과 북이 하고많았지[71]	裵令堂中鍾鼓多

70 동쪽……자라났네 : 벼슬에 나아가지 않고 은거하기도 하였다는 말이다. 동쪽 언덕은 은거지를 뜻한다. 후한(後漢)의 주섭(周燮)이 벼슬길에 나아가지 않자, 누군가 "선세(先世)로부터 훈총(勳寵)이 줄을 이었는데 그대만 어찌 유독 동쪽 언덕을 지키는가?"라고 하였다는 데에서 유래한다.《後漢書 卷53 周燮列傳》 벽라(薜蘿)는 벽려(薜荔) 넝쿨과 여라(女蘿) 넝쿨을 합한 말이다. 옛날에 은자(隱者)들이 흔히 이것으로 옷을 지어 입었던 데서 은자나 고사(高士)의 처소를 가리키기도 한다.

71 곽공(郭公)……하고많았지 : 곽공은 당나라의 명장(名將) 곽자의(郭子儀)를 가리킨다. 현종(玄宗) 때 삭방절도우병마사가 되어 안녹산(安祿山)의 난을 평정하였다. 벼슬이 태위(太尉)에 이르고 분양군왕(汾陽郡王)에 봉해졌다. 배령(裴令)은 당나라의 명상(名相) 배도(裴度)이다. 헌종(憲宗), 목종(穆宗), 문종(文宗) 삼조(三朝)를 섬겼

조정과 산림 사이에서 진퇴를 근심하던 일	廊廟林園進退憂
가승과 야사에 쓰인 말들 거짓이 아니로다	家乘野錄言非譌
후손들이 망복의 의리로 그대로 피난하여	後孫罔僕仍避地
가족 이끌고 바다를 떠가 거기에 정착했네[72]	江海浮家家阿那
지금 장차 오백 년이 되어 가는데	秖今行將五百年
소자가 말을 멈추고 비가 한 곡을 부르네	小子駐馬一悲歌
명문대가의 유업은 이제 찾아볼 수 없고	王謝堂構不可見
닭 둥지 같은 평범한 촌락의 가옥들뿐	尋常村屋如鷄窠
지난 자취인가 의심스러운 불탑은 웅장하고	往跡然疑塔刼壯
옛 유물이라 높이 솟아오른 번암은 우뚝해라	舊物戌削樊巖峩
자손들이 곳곳마다 지금은 번성하니	子孫往往於今庶
나를 맞아 감격하여 눈물 뚝뚝 흘리누나	迎我感淚還滂沱
그대들은 보시게나 불길이 섶에 전해지는 걸	君看以火傳於薪
섶의 불길이 서로 이어져 천겁을 타오른다네[73]	薪火相仍千刼俄

는데, 특히 회채(淮蔡)의 반란 등을 평정하는 데 큰 공을 세웠다. 이 두 구절은 모두 고관(高官)에 올라 공훈을 세우고 부귀를 누렸던 채씨 선조들을 비유한 말이다.

72 후손들이……정착했네 : 고려가 망하자 개성(開城)에 살던 채씨의 선조 채양생(蔡陽生)이 가족을 이끌고 바다를 통해 전라도 임피(臨陂)로 옮겨 가서 살았던 일을 가리킨다. 《樊巖集 卷40 伯從祖祖父……五視齋先生行狀, 韓國文集叢刊 236輯》 '망복(罔僕)의 의리'는 망국의 신하로서 의리를 지켜 새 왕조의 신복(臣僕)이 되지 않으려는 절조를 말한다. 은(殷)나라가 망할 무렵 기자(箕子)가 "은나라가 망하더라도 나는 남의 신복이 되지 않으리라.〔商其淪喪, 我罔爲臣僕.〕"라고 한 데서 온 말이다. 《書經 微子》

73 그대들은……타오른다네 : 선조의 유업(遺業)이 영원토록 면면히 계승됨을 비유한 말이다. 《장자(莊子)》 〈양생주(養生主)〉에 "손으로 섶을 계속하여 밀어 넣으면 불길이 전해져서 끝날 줄을 모른다.〔指窮於爲薪, 火傳也, 不知其盡也.〕"라고 한 데서 온 말이다.

다시 읊다

又

우리 선조 평장공께서 덕업이 높으시어	吾祖平章德業尊
지금까지도 남은 경사가 후손을 감싸 주네	至今餘慶庇雲孫
사는 사람은 간혹 스스로 동성이라 하거니와	居人或自稱同姓
떠돌던 길손은 진정으로 옛 고향에 돌아왔네	遊子眞成返故園
금날[74] 있던 황폐한 곳에 공연히 말 멈추고	金埒基荒空駐馬
갑기천 멀리에서 다시 근원을 찾아보거니	甲岐川逈尙尋源
아득하구나 화표주엔 천년의 감개가 일고[75]	茫茫華表千年感
송백 아래 가을 그늘은 묘문으로 이어지네	松柏秋陰接墓門

74 금날(金埒) : 황금 울타리라는 뜻이다. 진(晉)나라 왕제(王濟)가 말달리며 활을 쏘는 장소를 마련하기 위해, 낙양(洛陽) 교외 북망산(北邙山) 아래의 금싸라기 땅을 대거 사들인 뒤에, 동전(銅錢)을 꿰어 엮어서 울타리를 둘렀다는 고사에서 온 말이다. 《世說新語 汰侈》

75 화표주(華表柱)엔……일고 : 화표주는 옛날에 교량, 궁전, 성문, 묘소 등에 장식용으로 세우던 거대한 돌기둥이다. 한(漢)나라 때 요동(遼東) 사람 정영위(丁令威)가 일찍이 영허산(靈虛山)에 들어가 선술(仙術)을 배우고 뒤에 학으로 변화하여 자기 고향에 돌아가서 성문(城門)의 화표주에 앉았는데, 한 소년이 활을 가지고 그를 쏘려 하자, 그 학이 날아올라 공중을 배회하면서 말하기를 "새여 새여 정영위가 집 떠난 지 천년 만에 이제야 돌아왔네. 성곽은 예전 같은데 사람은 그때 사람 아니어라, 어이해 신선 안 배우고 무덤만 즐비한고."라고 했다는 고사가 있다. 《搜神後記》

마전현[76]

馬轉峴

서늘한 아침 해가 쓸쓸히 숨으니	涼旭蕭蕭隱
높은 봉우리에 구름 가벼이 흩날리네	高峯易洩雲
사람들 집은 언덕 곁에 자리하고	人家傍壟住
고을 경계는 산을 향해 나뉘네	郡界向山分
외물에 매인 신세 언제나 그만두나	物役何時歇
농사 근심 소리 도처에 들려오네	農憂到處聞
남여를 타고 가도 흥취는 적고	籃輿少意趣
처량한 골짜기엔 낙엽 소리뿐	哀壑葉聲紛

76 마전현(馬轉峴) : 강원도 낭천현(狼川縣)에 있던 마현(馬峴)을 가리키는 것으로 추정되나, 자세한 것은 미상이다.

모진강[77]

暮津江

골짝 기운 스산하고 찬 바람 불어오는데　　峽氣蒼涼正緒風
숲 비치는 수레는 새벽빛 속을 달려가네　　暎林飛蓋曉光中
강물은 말을 따라 수시로 헤어졌다 만났다　　江流趁馬時離合
산세는 사람을 감돌며 시종일관 함께하네　　峯勢縈人與始終
층층 구름 일어 어느 고을에 비 내리는가　　朶朶雲成何郡雨
쓸쓸한 돛배는 모진 나루 기러기 좇아가네　　蕭蕭帆逐暮津鴻
뱃사공이 작별하며 내게 간곡히 당부키를　　長年送我煩相戒
벼랑길 험난하니 보통 벼랑을 조심하소서　　遷路艱難愼普通

보통(普通)은 험한 벼랑의 이름이다.

77 모진강(暮津江): 강원도 낭천현(狼川縣)을 흐르던 하천으로, 금강산에서 발원하는 북한강 상류를 가리킨다. 일반적으로 '모진강(母津江)'이라고 쓴다.

소양정[78]

昭陽亭

바위 오솔길 쓸쓸히 낙엽 깊은데 巖徑蕭蕭落葉深
조각배 멈추고서 비로소 올라보네 扁舟繫纜始登臨
산세는 감돌아 솟아 둥그런 부채 같고 山容繞出團圓扇
물결은 좌우로 교차되어 굽은 옷깃 같네 浪態橫交委曲襟
패국[79]의 흥망성쇠를 오직 새들만 말하는데 覇國興亡惟鳥語
그림 난간에서 시 읊조리니 절로 솔 그늘 지네 畫欄吟嘯自松陰
주인 사군의 행차는 어느 마을에 머무시는지[80] 主人旌蓋何村宿
나루터에 비끼는 석양이 나를 시름겹게 하네 渡口斜陽愁我心

78 소양정(昭陽亭) : 춘천(春川) 소양강 기슭에 있던 정자이다. 이유원(李裕元, 1814~1888)의 《임하필기(林下筆記)》에 "소양정은 춘천부(春川府) 동쪽 6리 소양강 기슭에 있다. 전해 오는 말에 의하면 삼한(三韓) 때에 창건한 것이라고 하는데 중간에 이요루(二樂樓)라고 고쳐 부르다가 뒤에 지금의 이름으로 복구하였다."라고 하였다.

79 패국(覇國) : 춘천에 있었다고 전해지는, 고대 부족국가인 맥국(貊國)을 잘못 기록한 것이 아닌지 의심된다.

80 주인……머무시는지 : 번암이 소양정을 지날 당시 새로 임명된 춘천 현감이 임지로 부임하던 길이었으므로 이렇게 말한 것이다.

춘천 유 사군 여인[81] 한소 이 내일 부임한다는 소식을 듣고 시를 남겨 주다

春川兪使君汝人 漢蕭 聞明日上官 留詩以贈

그대 홍안이고 나는 흑발일 때부터　　君是朱顏我黑顚
궁궐 향로 향기 속에 함께 근무했지　　御爐香裏共周旋
동죽부 받들고 또한 길을 같이하니[82]　　卽看銅竹還同道
은대의 인연이 끝나지 않은 걸 알겠구려[83]　　方信銀臺未了緣
석양 아득한 들판 시름 속에 말은 떠나는데　　迥野日斜愁去馬
높은 누대에는 가을이 일러 매미 울어 대네　　高樓秋早有鳴蟬
어여쁠사 두 물줄기 동북에서 흘러내려[84]　　憐他二水來東北
정자 앞에서 모여 둥그런 거울이 되었구려　　合作亭前鏡面圓

81 유 사군 여인(兪使君汝人) : 유한소(兪漢蕭, 1718~1769)는 자가 여인, 본관은 기계(杞溪)이다. 유언탁(兪彦鐸)의 아들이다. 1740년(영조16) 문과에 합격하였다. 지평, 정언, 승지, 춘천 현감(春川縣監), 대사간, 예조 참판 등의 관직을 역임하였다. 춘천 현감으로 재임한 시기는 1756년부터 1758년까지이다. 《承政院日記》

82 동죽부(銅竹符)……같이하니 : 동죽부는 동호부(銅虎符)와 죽사부(竹使符)로, 한(漢)나라 때에 한 지방을 맡아 다스리는 관원에게 내려 주던 부절이다. 이 부절을 둘로 나눈 다음 오른쪽은 경사(京師)에 두고 왼쪽은 군국(郡國)에 주었는데, 군사를 출동하는 데에는 동호부를 쓰고 그 나머지 일에는 죽사부를 써서 신표(信表)로 삼았다고 한다. 이 구절은 번암과 유한소가 같은 시기에 강원도 고을의 수령을 맡게 된 것을 표현한 말이다.

83 은대(銀臺)의……알겠구려 : 번암과 유한소는 1755년(영조31)부터 1756년까지 승정원에서 승지로 같이 근무하였다. 은대는 승정원의 별칭이다.

84 두 물줄기……흘러내려 : 금강산에서 발원하는 모진강(母津江)과 인제(麟蹄)에서 발원하는 소양강(昭陽江)이 춘천에서 합류한다.

양근의 안씨 정자

楊根安氏亭

단풍이며 국화로 가을 깊은 안씨의 정원	楓菊秋深安氏園
작은 언덕이 둥그렇게 용문산을 마주했네	小丘團結對龍門
동남쪽 하늘 광대하니 막힌 적이 있었던가	東南天大何曾障
위아래 파도 잔잔하여 끝내 시끄럽지 않네	上下波寬遂不喧
고목에서 새가 울어 대고 구름이 뒤덮더니	老樹鳥啼雲羃歷
돌아가는 배엔 사람 소리 황혼에 비 내리네	歸舟人語雨黃昏
빈 난간에 한번 올라보니 너무도 슬프구나	空欄一上堪惆悵
기와 떨어진 한가로운 뜰엔 잡초만 무성하네	瓦落閒庭草沒垣

자친을 모시고 이주부로 향하다

奉慈親 向伊州府

찬란한 채색 수레가 떠나가는데	燀赫雕軒去
스산한 번화가가 길기도 하네	蒼涼綺陌長
수령이 된 아들이 아직 젊기에	專城兒尙少
날을 택해 모친을 모셔 간다네	揀日母仍將
망연자실 궁궐을 우러러보고	惘惘瞻宸極
더디 가며 석양을 애석해하네	遲遲愛夕陽
이 몸은 다 성상의 공덕인지라	此身皆聖造
어디인들 은택이 아닌 곳 없네	無處不恩光

진대[85]를 논의하기 위해 영문으로 가다가 도중에 읊다 정축년 (1757, 영조33)

爲議賑貸 發向營門 路中有吟 丁丑

백성의 시름을 얼마나 수레에 싣고 가는고	民愁幾許載征軒
금학이 고향으로 돌아가는 것이 전혀 아니네[86]	琴鶴殊非返故園
예부터 생명이 있는 건 외물에 다 매이는 법	終古有生皆物役
흉년이라 임금님 은혜에 보답할 계책이 없네	荒年無計答君恩
봄 진창 무너진 길엔 샘물 줄기가 얽혀 있고	春泥壞道縈泉脈
일찍 태운 빈 들판엔 억새 뿌리도 타 버렸네	早燒空原犯荻根
간절한 성상의 윤음이 귀신을 감읍게 하니	勤懇綵綸神鬼泣
풍진 속에 분주해도 불평할 게 무에 있으랴	風埃奔走不須言

85 진대(賑貸) : 재난이나 흉년이 든 해에 나라의 곡식을 풀어서 어려운 백성에게 꾸어 주던 일이다.

86 백성의……아니네 : 백성을 구휼하러 가는 무거운 마음이지, 거문고와 학을 싣고 고향으로 돌아가는 가벼운 마음이 아니라는 말이다. 금학(琴鶴)은 송(宋)나라 때 조변(趙抃)이 필마(匹馬)로 촉(蜀)에 부임할 때 거문고 한 벌과 학 한 마리만 지니고 갔던 고사에서 유래한 말이다. 《宋史 卷316 趙抃列傳》

사창에서 진휼미를 나누어 주다

司倉分賑

수령의 주방에는 고기가 쌓여 있고	肉堆使君廚
수령의 밥상에는 밥이 향기로운데	飯香使君盤
이것들이 차마 목으로 넘어가랴	此物豈下咽
굶주린 백성들을 한번 보자꾸나	試向饑民看
산골 물산 일정치 않아 괴로운데	峽産苦不恒
흉년을 당해서는 더욱 어렵다네	値凶尤艱難
아침거리 없는 데다 저녁거리도 없어	無朝又無夕
곳곳 마을마다 밥 짓는 연기 없네	在在村煙寒
얼굴은 모두들 누렇게 떴고	其面皆向浮
의복은 하나같이 온전치 못해	其服皆不完
널브러진 목숨이 실낱같아서	匍匐命如線
굽어보자니 코끝이 시큰해 오네	俯視鼻欲酸
서둘러 한 바가지 죽을 담아서	催盛一瓢粥
마른 목구멍 우선 적시게 했네	先使潤喉乾
한 집에 가족이 서너 명인데	一室三四口
진안에 한 사람만 뽑아 올리니	賑案抄以單
한 사람만 뽑는 것이 내가 원해서이랴	單抄豈我欲
곡식은 부족하고 재정이 고갈되어서라네	穀少官力殫
애처로운 호소가 분분히 그치지 않고	哀訴紛未已
호소 마치고선 눈물을 뚝뚝 떨구네	訴罷淚汍瀾

한 되 한 되 날을 헤아려 지급하니 升升計日給
됫박은 좁은데 날이라고 넉넉할까 升窄日何寬
일전에 슬퍼하시는 윤음을 내리시니 日昨哀綸降
열 줄의 성상 말씀에 재삼 탄복했네 十行見三嘆
부모와 같은 성스러운 임금님이 계시니 聖后如父母
가난해도 그대들은 마음을 편히 가지라 環堵爾須安

천유당[87]가

天遊堂歌

공문서를 보면 내 눈이 감기고　　朱墨吾眼闔
군악 소리에 내 귀가 어두워지네　　笳角吾耳聾
내 마음엔 천연의 노닒이 있어　　吾心有天遊
날마다 천유당에 와서 앉았노라　　日日來坐天遊中
동헌의 오른편이요 작은 언덕의 곁　　政事堂右小丘傍
지팡이 짚고 거닐면 항시 구름 노을과 통하고　　一笻每與雲霞通
샘물 소리는 홀연 높아졌다가 다시 낮아지네　　泉聲忽高還復低
난간에 기대 자다 깬 뒤엔 형신이 융화되거니　　憑軒睡罷形神融
경저인[88]이여 풍진의 일일랑은 알리지 말게나　　邸人莫報風塵事
송백 맑은 그늘과 양류 바람이 손상될까 두려우니
恐損我松柏淸陰楊柳風

87 천유당(天遊堂) : 이천 현감(伊川縣監)으로 재직하던 박태보(朴泰輔, 1654~1689)가 1685년(숙종11) 관아 옆 서쪽 언덕에 지은 건물이다. '천유(天遊)'라는 말은 《장자(莊子)》 〈외물(外物)〉에 "사람의 배 속에는 텅 빈 곳이 있고, 마음에는 천연의 노닒이 있다. 집에 빈 공간이 없으면 며느리와 시어머니가 다투게 되듯, 마음에 천연의 노닒이 없으면 여섯 구멍의 감각기관이 다투게 된다.〔胞有重閬, 心有天遊. 室無空虛, 則婦姑勃谿, 心無天遊, 則六鑿相攘.〕"라고 한 데서 온 말이다. 《定齋集 卷4 天遊堂記, 韓國文集叢刊 168輯》

88 경저인(京邸人) : 경저리(京邸吏)라고도 한다. 중앙과 지방 관청의 연락 사무를 맡아보던 아전이다.

이형 상보[89]가 가대인[90]을 모시고 금강산에 들어가는 것을 전송하는 노래

送李兄尙輔奉陪家大人入金剛山歌

수성[91]이 우리 고당 위를 비추어 주니	壽星照我高堂上
칠십이 세에도 정신이 왕성하시네	七十二歲神精旺
지난해 겨울 아들을 따라오셨지만	去年之冬逐子至
전성[92]의 봉양은 평소 뜻이 아니셨지	雅志非爲專城養
동해 바다 동쪽 머리 백팔 암자[93]를	東海東頭百八庵
가을이 오자 밤마다 꿈에 그리셨네	秋來夜夜發夢想
소자가 감히 여행길을 만류치 못하거니	小子不敢挽行李
말 한 필과 동복 둘로 천 봉우리 오르시려네	一馬二僮凌千嶂
이형은 반평생 내 부친을 부친으로 섬긴 사람	李兄半生父吾父
뛸 듯 기뻐하며 짐을 꾸려 구장[94]을 따라가네	踊躍結束隨鳩杖

89 이형 상보(李兄尙輔) : 이재망(李載望, 1709~?)이다. 자는 상보, 본관은 한산(韓山)이다. 부친은 이미년(李眉年)이고, 모친은 번암의 백종조(伯從祖) 채명윤(蔡明胤)의 딸이다. 1747년(영조23) 진사시에 합격하였다. 《司馬榜目》

90 가대인(家大人) : 번암의 부친 채응일(蔡膺一, 1686~1765)이다.

91 수성(壽星) : 장수(長壽)를 상징하는 별로, 노인성(老人星)이라고도 한다.

92 전성(專城) : 하나의 성(城)을 전담한다는 뜻으로, 지방 수령에 임명되는 것을 말한다.

93 백팔 암자 : 예부터 전하는 속설에 금강산에는 일만 이천 개의 봉우리가 있고, 일백팔 개의 절이 있다고 한다.

94 구장(鳩杖) : 끝에 비둘기 모양을 조각한 지팡이이다. 옛날에 나라에서 노인들에게 하사하였다고 한다.

이때 골짜기 하늘에는 새로 서리 내렸는데　是時峽天新雨霜
단풍은 사람 비추고 시내엔 해가 일렁이네　赤葉暎人溪日盪
공무가 번다하기에 나는 따라가지 못하고서　公事紜紛不可從
갈림길에서 절을 하고 그저 서글피 바라보네　臨歧拜辭空悵望
만폭동[95] 폭포의 우렛소리 귀에 선하거니　萬瀑雷聲如在耳
중향성[96]의 서릿발 같은 골격도 무고하리라　衆香霜骨應無恙
희옹께서 떠나신 지 어언 삼십 년　希翁去後三十年
적막한 봉래산은 기운이 처량하네[97]　寂寂蓬萊氣悽愴
부친께서 앞에 서고 그대가 뒤따르면　吾翁在前君在後

95 만폭동(萬瀑洞) : 금강산 내금강(內金剛)에 있는 골짜기이다. 이유원(李裕元, 1814~1888)이 쓴 〈봉래비서(蓬萊秘書)〉에 "만폭동은 표훈사(表訓寺)에서 5리쯤 떨어진 지점에 있는데, 수미동(須彌洞)과 팔담동(八潭洞)의 물이 교류하는 곳이다. 대소(大小)의 향로봉(香爐峯)이 문을 이루고 청학대(靑鶴臺)가 대치하고 있다. 바위 면에는 '소동령령 풍패청청(疎桐泠泠風佩淸淸)', '봉래풍악 원화동천(蓬萊楓嶽元化洞天)', '만폭동(萬瀑洞)'이란 문구가 새겨져 있는데, 모두 양봉래(楊蓬萊)의 글씨이고, 또 '천하제일명산(天下第一名山)'이란 것이 새겨져 있는데, 김곡운(金谷雲)의 글씨이다. 또 돌 면에 바둑판이 새겨져 있는데 이름은 삼산국(三山局)이라 한다."라고 하였다. 《국역 임하필기 제37권 봉래비서, 한국고전번역원, 2000》

96 중향성(衆香城) : 금강산의 마하연(摩訶衍) 뒤를 병풍처럼 에워싸고 있는 하얀 바위 봉우리의 명칭이다. 달빛이 비치는 풍경이 특히 아름답다고 한다.

97 희옹(希翁)께서……처량하네 : 희옹은 번암의 종조부(從祖父) 채팽윤(蔡彭胤, 1669~1731)을 가리킨다. 자는 중기(仲耆), 호는 희암(希菴), 본관은 평강(平康)이다. 현감 채시상(蔡時祥)의 아들이다. 1689년(숙종15) 문과에 합격하고 검열(檢閱)을 지낸 뒤, 그해 사가독서(賜暇讀書)하였다. 정언, 도승지, 대사간, 예문관 제학 등의 관직을 역임하였다. 문집으로 《희암집(希菴集)》이 전한다. 채팽윤이 양양 부사(襄陽府使)로 재임하던 1723년(경종3)에 금강산을 유람하면서 많은 시를 지었는데, 이 시가 풍악록(楓岳錄)으로 묶여 문집 권17에 실려 있다.

산천의 신령들이 기뻐하며 맞아 주리　川神嶽靈喜相向
유독 어여쁜 건 높은 누대 계수 그늘에서　獨憐天臺桂樹陰
은은히 우는 학이 외로운 노래 부르는 것이라네　依依鳴鶴發孤唱

전둔전가
前屯田歌

이천부 5개 면(面)의 화전을 훈련도감(訓鍊都監)에 소속시키고 '둔전(屯田)'이라고 이름을 붙였다. 매년 도감에서 감관(監官)을 파견하여 세(稅)를 거두는데, 감관이 된 자가 가렴주구(苛斂誅求)를 일삼으니, 백성들 가운데 그 고통을 이기지 못하고 도망하는 자가 줄을 이었다. 5개 면에 걸쳐 있는 가옥의 허물어진 담장과 깨진 벽은 대개 모두 둔전이 빌미가 된 것이다. 공자께서 "가혹한 정사는 호랑이보다도 사나운 것이다."라고 하셨는데,[98] 밝으신 성상께서 위에 계시다고 하면서 정사가 혹시라도 이와 같을 수 있단 말인가. 내가 슬퍼서 상심(傷心)하지 않을 수 없었다.

괭이 있어도 김매지 않아 둔전에 잡초 무성하고	有鎛莫薅屯田莽
씨가 있어도 파종하지 않아 둔전이 황무지 되었네	有種莫播屯田土
둔전이 어찌 경작하기 알맞지 않으랴마는	屯田豈不宜耕作
감관이 호랑이보다 사나워 두렵다네	所畏監官猛於虎

98 공자께서……하셨는데 : 공자가 제자들과 태산(泰山) 부근을 지나가다가 어떤 아낙네가 묘(墓) 옆에서 통곡하고 있는 것을 보고는 어찌 된 영문인지 물었더니, 예전에 시아버지와 남편을 호랑이가 잡아먹었는데 이제는 아들까지 잡아먹었다고 하였다. 공자가 그렇다면 왜 이곳을 떠나지 않느냐고 묻자, 여기는 가혹한 정사가 없어서 그렇다고 대답하니 공자가 제자들에게 "너희들은 기억해 두어라. 가혹한 정사는 호랑이보다도 사나운 것이다.〔小子聽之, 苛政猛於虎.〕"라고 하였다. 《禮記 檀弓下》

감관은 도감에서 왔다고 말하면서	監官云自都監來
백성 고혈 빨아먹길 엿 달게 먹듯 하네	吮民膏血甘如飴
산밭이 척박한데도 세금 너무 무거워라	山田甚薄稅甚重
붉은 방망이로 위세 부리며 사방으로 치달리면	赤棒耀威威四馳
어리석은 백성 머리 조아린 채 감히 못 어기고	愚氓頫首無敢違
밭에 거름 주기도 부족한데 가산을 다 쏟아 주네	糞田不足傾家貲
흰 닭이며 누런 개를 다시 논할 겨를 있나	白鷄黃犬更暇論
시장에다 솥을 내다 팔고 마을에다 수저 파네	場市賣鼎村賣匙
일만 사람 말라 가고 한 사람만 살찌는데	萬人身枯一人肥
이것이 공인지 사인지 나는 모르겠네	爲公爲私吾不知
태수는 상사에 대해 어찌할 수 없어[99]	太守無如上司何
백성 죽음 두고 보며 부질없이 탄식할 뿐	立視民死空嗟咨
다섯 면에는 밥 짓는 연기 적막히 없고	五面人煙寂不起
황폐한 울타리 무너진 집만 청산 속에 있네	荒籬敗屋靑山裏
누가 사람 기르는 것으로써 도리어 사람을 해치는가	誰將養人反害人
사람 잡는 덫과 함정이 모두 여기 다 있도다	罟擭陷穽都在此
과부가 가을 들판에서 울면서 말하기를	寡婦秋原哭且語
괭이가 있어도 둔전을 가꾸지 말지어다	有鎛莫向屯田理

99 태수는……없어 : 둔전이 호조(戶曹)의 관할이므로 수령도 어쩔 수가 없었다는 말이다. 《번암집》 권32에 실려 있는 〈이천둔전절목서(伊川屯田節目序)〉에 "호조는 세금 징수에 급급하여 백성을 돌보지 않았고, 수령은 호조를 두려워하여 다투지 않았다." 라는 말이 나온다.

후둔전가
後屯田歌

정축년(1757, 영조33) 가을 나는 명릉 회장관(明陵會葬官)으로 도성에 달려갔다. 상께서 특별히 사대(賜對)하시고 하고 싶은 말이 있는지 물으시니, 백성들이 둔전의 세금이 과중함을 견디지 못해 안주할 수 없는 상황을 아뢰었다. 이에 상께서 열 줄의 윤음(綸音)을 내리시어 호조(戶曹)의 장관(長官)을 엄하게 추고하도록 하고, 감관(監官)의 명칭을 혁파하게 하였으며, 본부(本府)에 명하여 그 세금을 거두어 향청(餉廳)에 들이도록 하였다. 그리고 그 세액(稅額)은 최초에 정한 것에 의거하여 감히 더하지 못하게 하였는데, 그것을 어기는 경우에는 처벌을 받게 하였다. 명이 내린 날에 백성들이 모두 기뻐 날뛰면서 서로 알리니, 달아났던 백성들이 사방에서 돌아와 개간하는 땅이 더욱 늘어났다. 공자께서 "덕의 유행이 역마(驛馬)로 명령을 전달하는 것보다 빠르다.〔德之流行 速於置郵而傳命〕"라고 하셨는데,[100] 내가 이 일을 통해 성인께서 나를 속이지 않으셨다는 것을 더욱 믿게 되었다.

이천의 백성들 이전엔 둔전으로 괴롭더니　伊民昔以屯田苦
이천의 백성들 지금은 둔전으로 즐거워라　伊民今以屯田樂

100 공자께서……하셨는데 : 맹자(孟子)가, 천하에 인정(仁政)을 베풀어 왕자(王者)가 되는 것을 설파하면서 인용한 공자의 말이다. 《맹자》 〈공손추 상(公孫丑上)〉에 나온다.

둔전이 전후로 어찌 다름이 있으랴만　屯田豈伊前後殊
이전 세금 과중하고 지금 세금 가볍다네　昔稅苦重今稅薄
태수가 아뢰자 성명하신 임금님 놀라시어　太守陳之聖主驚
윤음의 글자마다 따스한 봄이 생동하였네　絲綸字字陽春生
탁지의 신하를 추궁하라 명하시고서　旣命何問度支臣
이어서 감관이란 명칭도 혁파하셨지　因之革去監官名
그 세금은 세월 흘러도 감히 더할 수 없고　其稅有經不敢加
더한 자는 일정한 형벌 결코 피할 수 없네　加者判不逃常刑
교서가 내리자 수많은 사람이 모여들어서　王言一下千人集
지팡이 짚고 들으며 모두 눈물 흘렸다네　扶杖聽之皆涕泣
마침내 형과 숙부에게 이 일을 알려 주니　遂告而兄與而叔
다시 옛 터전에 돌아와서 생업에 안주했네　重還故土安其業
상제는 높이 거처하니 무슨 힘을 썼겠는가　上帝高居力何有
서로 이끌고 관아 뜰에서 태수를 칭송하네　提挈官庭頌太守
태수는 명을 받들었을 뿐 간여가 없었으니　太守奉令無所與
은혜로운 정사는 밝은 덕을 밝히신 임금님 공덕이로다　惠政惟我明明后
백성들이여 힘을 다해 둔전을 경작하여　民乎盡力理屯田
가을 오면 추수하고 봄 술을 만들어서　秋來收穫爲春酒
남자들은 앞에서 여자들은 뒤에서 절하며　男拜于前女拜後
멀리서 우리 임금님 만수무강을 축원하세　遙獻吾王萬萬壽

광복행
廣福行

이천이라 북쪽에 산수가 특별한 곳	伊州之北山水別
무엇보다 광복동[101]이 빼어나다 칭송받네	最是廣福稱奇絶
광복동의 형세가 참으로 괴이하거니	廣福之形吁可怪
하늘이 이 경치를 무심히 만들었겠나	此物天豈無心設
거령[102]이 쪼개어 삼면의 봉우리를 만들고서	巨靈擘作三面峙
날카로운 검과 예리한 창을 삼엄히 세웠다네	快劍利戟森相列
중간에 열린 들판은 광대하여 사물을 포용하니	中開野勢廓有容
벼며 삼이며 콩이며 보리가 성대하게 자라나네	禾痲菽麥頗鬱鬱
크게 둘러친 벽이 살짝 트여 골짝 입구 통하는데	大環微缺洞門通
뭇 물길이 모여들어 우렛소리 찢어지네	衆水會作雷霆裂
펼쳐지면 못이 되고 화가 나면 폭포 되니	演者爲潭怒爲瀑
흰 바위가 그 물 받아 밝기가 눈과 같네	素石受之明如雪
바위 위에 맑은 시를 새긴 분은 누구인가	石上清詩刻者誰
사원 선생께서 커다란 붓을 드셨도다[103]	士元先生拈大筆

101 광복동(廣福洞) : 이천부(伊川府) 동쪽 30리, 양음산(陽陰山) 뒤쪽에 있는 계곡이다. 418쪽 주47 참조.

102 거령(巨靈) : 황하(黃河)의 신 이름이다. 황하의 물줄기가 화산(華山)에 가로막혀 휘돌아 갈 수밖에 없자, 거령이 손을 들어 산의 머리를 쳐서 둘로 쪼갠 다음에 그 사이로 직진해서 흘러가게 했다는 '거령비희(巨靈贔屭)'의 전설이 후한(後漢) 장형(張衡)이 지은 〈서경부(西京賦)〉의 주(註)에 나온다.

고을 사람들 봄가을로 경승지 가려 놀며　州人揀勝春與秋
앞에서 부르고 뒤에서 응수하길 쉼이 없어라　前呼後應無時休
너희들은 그저 놀며 즐길 줄만 아니　汝等但知遊賞樂
콩잎 먹는 사람[104]이 사물을 대해 어찌 능히 도모하랴　遇物那能藿食謀
경내에 보장이 될 만한 곳 하고많건만　吾觀域內多保障
험준하기로는 여기보다 나은 곳 없네　險阻無如此地尤
중문을 설치하고 격탁을 엄히 한다면　若設重門嚴擊柝
나는 새도 못 넘거늘 더구나 도적이랴　飛鳥不踰況暴客
천하의 기화를 사람들이 차지하지 않고서　天下奇貨人不居
어찌 그리 적막하게 한구석에 버려두는고　棄置一隅何寂寞
만물이 기회를 만남은 때가 있는 법이지만　萬物遭逢會有時
예로부터 재목이 크면 알아보기 어렵다네　古來材大未易識

103 바위……드셨도다 : 광복동의 동구(洞口)에 박태보(朴泰輔, 1654~1689)의 시가 새겨져 있는 것을 가리킨다. 430쪽 주67 참조.

104 콩잎 먹는 사람 : 콩잎을 먹는 빈천한 사람을 가리킨다. 동곽조조(東郭祖朝)가 진 헌공(晉獻公)에게 글을 올려 국가의 계획을 묻자, 헌공이 사자(使者)를 보내어 이르기를 "고기를 먹는 사람이 이미 염려하고 있는데, 콩잎을 먹는 사람이 더 무엇을 관여하려느냐."라고 했다는 고사에서 온 말이다. 고기를 먹는 사람은 부귀한 사람을 가리킨다. 《說苑 善說》

웅이탄[105]가
熊耳灘歌

평생토록 무릉도원을 듣기만 하더니	百年耳聞桃花源
세상 밖에서 진정 웅이촌을 보았어라	世外眞見熊耳村
일백 굽이 푸른 산에 일만 겹 구름	青山百曲雲萬疊
집들은 달팽이 같고 사람은 원숭이 같네	村屋如蝸人似猿
칠팔월이면 서리가 벌써 내리기에	七月八月霜已至
생업은 농사짓는 걸 주로 삼지 않는도다	生業不以西疇事
집집마다 자식 키우듯 꿀벌을 키우나니	家家養蜂如養子
향기로운 꿀이 눈 녹듯 흘러 사람을 도취시키네	香蜜溜雪令人醉
봉황대가 그 가운데 가장 험준한데	鳳凰之臺最險絶
깊은 가을이면 잣 열매가 어지러이 떨어지네	深秋柏子紛紛墜
한밤중에 머리 감고 산신령께 제사하면	中夜沐髮祭山靈
집 뒤에서 가끔씩 삼이 땅에서 나니	屋後往往蔘在地
약은 사람 많이 캐고 어수룩한 사람 적게 캐지만	黠者多採矇者少
산을 나가 삼 팔기가 어찌 쉬우랴	出山貿遷何容易
때로 가려주[106]에서 환곡을 받을 때면	有時受糴佳麗洲

105 웅이탄(熊耳灘) : 이천부 읍치(邑治)에서 북쪽 200리 자지산(紫芝山) 아래에 있는 여울이다. 자지산은 봉황산(鳳凰山)이라고도 부른다.

106 가려주(佳麗洲) : 이천부에 있는 지명인데, 자세한 것은 미상이다. 본집 본권에 〈가려주〉 시가 실려 있다.

도호부 호적에 성명이 걸려 있다 하며	道是府籍懸姓字
산세를 고이 가져다 관가에다 납부하곤	好將山稅納官家
돌아와서 처자식과 두 발 뻗고 잠잔다네	歸來妻子與穩睡
도망친 자들의 소굴이라 누가 함부로 의심하나	阿誰浪疑淵藪萃
성인께서 위에 계시니 사람들 스스로 다스리네	聖人在上人自治
다만 바라건대 관가는 돈만 밝히지 말고	但願官門不愛錢
백성들이 태평세상에서 살아가게 해 주기를	使民生老羲皇天

박 봉조하[107] 필기 에 대한 만사

朴奉朝賀 弼琦 挽

명리 좇는 다툼은 꿈에서도 시름겨운데 名場傾奪夢堪愁

격외로 몸을 뒤집어 급류를 빠져나왔네[108] 格外翻身出急流

말세에는 장저와 걸닉[109]을 치켜세워야겠지만 末路正當扶沮溺

성조에선 오히려 소부와 허유[110]를 인정하였네 聖朝猶許有巢由

작은 고을 다스리는 것쯤이야 티끌 같은 일이거니 雷封政化塵糠細

107 박 봉조하(朴奉朝賀) : 박필기(朴弼琦, 1677～1757)는 자가 치규(稚圭), 호는 무취옹(無臭翁), 본관은 반남(潘南)이다. 세자시강원 필선(世子侍講院弼善) 박태창(朴泰昌)의 아들이다. 1727년(영조3) 문과에 합격하였다. 장령(掌令), 헌납(獻納), 고성 군수(高城郡守), 교하 군수(交河郡守) 등의 관직을 역임하였다. 1746년에 3품관으로서 치사(致仕)를 청하니, 영조가 가상하게 여겨 허락하였다. 과거에 급제한 뒤로 집 밖을 잘 나가지 않아 조신(操身)하다는 평가를 받았다.

108 급류(急流)를 빠져나왔네 : 벼슬자리에서 과감하게 물러나는 것을 말한다. 송나라 전약수(錢若水)에 대해서 어떤 도승(道僧)이 "급류 속에서 용감하게 물러날 수 있는 사람이다."라고 평하였는데, 과연 그가 추밀 부사(樞密副使)에 이르렀을 때 40세도 안 된 나이로 관직에서 물러났다는 일화가 송나라 소백온(邵伯溫)이 지은《문견전록(聞見前錄)》에 나온다. 박필기가 스스로 3품관으로서 치사하였으므로 이렇게 말한 것이다.

109 장저(長沮)와 걸닉(桀溺) : 춘추 시대 초(楚)나라의 은사(隱士)이다. 세상을 피해 함께 농사지으며 은거하였고, 세상을 바꾸어 보려고 애쓰는 공자(孔子)의 태도를 비판하였던 사람들이다.《論語 微子》

110 소부(巢父)와 허유(許由) : 요(堯) 임금 때의 은사(隱士)이다. 요 임금이 일찍이 그들에게 천하를 선양(禪讓)하려고 하였으나, 듣지 않고 산으로 들어가 은거하였다. 치사를 청하고 물러난 박필기를 이 은자들에 빗댄 것이다.

구름 속에서 휘파람 불고픈 마음이 해악에 그윽했네 雲嘯遐情海嶽幽
머리 돌려 사표의 땅 종남산을 바라보매 回首終南矜式地
백 년의 맑은 기운이 눈물 가에 걷히누나 百年淸氣淚邊收

윤생[111] 광소 에 대한 만사

尹生 光素 挽

뛰어난 명성은 선비들을 압도했고	逸價傾多士
청수한 자태는 진정 소년다웠지	淸標正少年
대대로 시례 가업을 전수하였거니	世傳詩禮業
가정에는 어진 부형이 계셨어라	家有父兄賢
하늘은 재주 많은 사람을 낳았는데	天實生才大
신은 어찌하여 그대 아니 사랑했나	神胡不汝憐
〈추풍〉 시 몇 첩만이 남아	秋風第幾疊
쓸쓸히 상자에 버려져 있네[112]	蕭瑟篋中捐

111 윤생(尹生) : 윤광소(尹光素, 1738～1757)는 자가 경례(景禮), 본관은 파평(坡平)이다. 이조 참판 윤동승(尹東昇)의 아들이다. 뛰어난 자질로 명성이 있었으나, 약관(弱冠)의 나이로 병에 걸려 요절하였다. 《雙溪遺稿 卷7 尹生光素墓表, 韓國文集叢刊 237輯》

112 추풍(秋風)……있네 : 〈추풍〉은 송나라 때 문인 형거실(邢居實)이 지은 3첩(疊)으로 이루어진 시이다. 형거실은 자가 돈부(惇夫)이고, 형서(邢恕)의 아들이다. 어려서 신동으로 칭해졌으나, 약관의 나이로 요절하였다. 주희(朱熹)가 〈추풍〉 시에 대해 평가하기를 "형거실이 이 시를 지은 때는 약관이 되기 전이었다. 하지만 그 시어를 음미해 보면, 마음에서 이해하여 자연스레 표출되었으므로 마치 마음을 쓰지 않은 듯하고, 한 글자도 지금 사람의 말투로 짓지 않았다."라고 하였다. 《古今事文類聚 前集 卷10》 유광소가 뛰어난 문학적 재질을 가지고 몇 수의 시만 남긴 채 요절한 것은 이렇게 표현한 듯하다.

두 번째 其二

언젠가 향학에서 시험을 보이던 날	憶試周庠日
영객[113]이 지은 글 놀라서 바라보곤	驚瞻郢客辭
후생이 두렵다는 걸 깊이 느꼈는데	深知後生畏
벗의 아들일 줄 생각이나 하였으랴	那意故人兒
산과 물이 마음속에서 통하였고[114]	山水中心會
자석과 침은 한 기운처럼 따랐도다[115]	磁針一氣隨
풍진세상을 사는 늙은 지기가	風塵老知已
만사 지어 곡하기를 가족처럼 하네	題挽哭如私

113 영객(郢客) : 영인(郢人)과 같은 말로, 노래 잘 부르는 사람을 이른다. 영(郢)은 옛날 초(楚)나라의 수도인데, 이 고장 사람들은 특별히 노래를 잘 불렀다 한다. 여기서는 윤광소를 비유한 말이다.

114 산과……통하였고 : 춘추 시대 백아(伯牙)와 종자기(鍾子期)의 고사에서 온 말로, 친구 간에 서로 알아주는 것을 의미한다. 411쪽 주42 참조.

115 자석과……따랐도다 : 자석과 쇠침이 만나면 서로 끌어당겨 붙는 모양에서 온 말로 의기투합했다는 뜻이다. 왕충(王充)이 지은 《논형(論衡)》 〈난룡(亂龍)〉에 "호박(琥珀)은 지푸라기를 달라붙게 하고, 자석은 바늘을 끌어당기는 법이다.〔頓牟掇芥, 磁石引針.〕"라는 말이 나온다.

가대인께서 여러 달을 병석에 계시다가 겨우 병환이 나으셨다. 봄 경치가 한창 무르익기에 뫼시고 앞 시내의 흰 바위 사이로 가서 화전을 부치고 놀면서 이형 상보와 당나라 사람의 운을 뽑아 기쁨을 표현하였다 무인년(1758, 영조34)

家大人累月床第之餘 纔得勿藥 而春事向闌 陪往前溪白石間 作煮花遊 與李兄尙輔拈唐人韻 用申慶忭 戊寅

시약(侍藥)은 삼동의 일이었고　　藥裹三冬事
남여 타는 지금은 이월 꽃 피는 시절　　籃輿二月花
뭉쳤던 음기가 한창 절로 흩어져서　　屯陰方自散
봄날의 태양이 기울지 않게 하네　　遲日不教斜
봄옷 입고 가벼이 풀밭에 기대어 보니　　春袂輕依草
갠 날이라 연무가 살짝 물가에 피어나네　　晴煙細傍沙
남산에는 화사한 봄 풍경이 많아　　南山多氣色
아침저녁으로 관가를 마주하누나　　朝暮對官家

두 노친을 모시고 관아 뒤 석성산에서 봄을 감상하는 노래
奉兩老親賞春衙後石城山歌

이주부에 봄이 깊으니	春深伊州府
석성산에 꽃이 피고 따스하누나	花暖石城山
해가 너른 하늘에 도달하니 다들 마음이 넉넉하고	日到天衢盡意長
우는 비둘기 새끼 키우는 제비 모두 화사한 안색	鳴鳩乳燕皆好顔
어제는 시탕으로 온갖 근심 쌓이더니	昨日侍湯百憂纏
오늘은 두 노친의 기쁜 얼굴 받들었네	今日奉我雙親歡
문무화[116]를 피워서 산꽃 지짐 부쳐 내니	山花煮出文武火
푸른 소나무 사이로 좋은 향기 풍기누나	異香浮動翠松間
온 집안 식구들을 극락세계 앉혀 두고	坐我全家極樂界
관가의 온갖 일은 여사같이 제쳐 두네	官門百事如等閒
아이 불러 국화 우물물을 길어 오라 해서	呼兒汲取菊井來
두십천[117] 맛난 술을 공당에서 빚어서는	公堂釀酒斗十千
재배하고 저 술잔에 술을 따라	再拜酌彼觥
우리 두 노친 전에 올린 뒤에	獻我雙親前

116 문무화(文武火) : 약이나 차를 달일 때에 적당한 시간과 농도 등을 맞추기 위해 적절하게 조절하는 불을 가리킨다.

117 두십천(斗十千) : 아주 좋은 술을 말한다. 십천은 만전(萬錢)의 돈을 가리킨다. 왕유(王維)의 〈소년행(少年行)〉에 "신풍의 맛 좋은 술은 한 말에 십천인데, 함양의 유협들은 대부분이 소년이로세.〔新豐美酒斗十千, 咸陽游俠多少年.〕"라고 한 데서 온 말이다.

남은 술은 반백 백성들에게 나누어 주니	餘者散與頒白民
화락하게 수역[118]에서 다 함께 취하누나	共醉壽域熙熙然

118 수역(壽域) : 천수(天壽)를 다하며 오래도록 살 수 있는 태평성대를 뜻한다. 《한서(漢書)》 권22 〈예악지(禮樂志)〉에 "한 세상의 백성들을 몰아서 인수의 영역으로 인도한다면, 풍속이 어찌 성강 때처럼 되지 않겠으며, 수명이 어찌 고종 때처럼 되지 않겠는가.〔驅一世之民, 濟之仁壽之域, 則俗何以不若成康? 壽何以不若高宗?〕"라고 한 데서 온 말이다.

임기를 마치고 돌아갈 날을 앞두고 자친을 판여에다 모시고 광복동을 유람하였다

將賦歸 奉陪慈親板輿 遊廣福

병환 나으시자 고당께서 기뻐하시고	七發高堂喜
쌍정 행차에 옛 골짝 활짝 개었네	雙旌古峽晴
사람을 맞이하는 흰 구름 풍경	迎人白雲色
우리 노친 오신 걸 기뻐하누나	怡我老親行
봄은 도화가 피기엔 아직 이르고	春早桃花事
산에는 바위 물소리 차갑게 나네	山寒水石聲
지팡이 앞에 자라난 작은 풀이여	笻前寸草在
봄볕에 답하는 네 마음이 기특하구나	憐爾報暉情

이수청

伊水清

영문(營門)의 고과(考課)에서 "이수가 맑게 되었다.〔伊水爲淸〕"라고 하였다.[119] 돌아갈 날을 앞두고 〈이수청〉 한 편을 장난삼아 지어 부로(父老)들에게 주고 작별하였다.

이수는 마치 텅 빈 듯이 흘러 伊水流若空
예로부터 맑기가 이와 같나니 從古淸如許
나의 오고 감이 너와 무슨 상관이랴 我來我去何關汝
누가 이를 두고 제멋대로 품평하여 誰將浪題品
이수의 수신에게 비웃음을 사게 했나 見笑伊水神
부로들은 이별을 아쉬워하고 내 말은 더딘데 父老惜別余馬遲
이수도 정 깊은지 울음소리 이어지네 水亦有情鳴聲頻
물성은 때에 따라 변천이 많으니 水性隨時多變遷
부디 많은 사람을 망쳐 버린 탐천[120]을 배우지 말라
愼勿學貪泉汩汩多誤人

119 영문(營門)의……하였다 : 번암이 이천 부사가 되어 관내를 청렴하게 잘 다스리자, 관찰사가 그의 고과를 평가하여 "어떤 덕정을 행하였기에 이수가 맑게 되었는가?〔行何德政, 伊水爲淸?〕"라고 기록하였다고 한다. 《牧民心書 律己》

120 탐천(貪泉) : 광동성(廣東省) 남해현(南海縣)에 있는 샘의 이름이다. 진(晉)나라 오은지(吳隱之)는 지조가 있고 청렴하였는데 광주 자사(廣州刺史)가 되어 부임하러 가는 길에 탐천을 보게 되었다. 사람들이 "이 물을 마시면 청렴한 선비도 탐욕스러워진다."라고 하자, 오은지가 그 샘물을 마시고 시를 짓기를 "시험 삼아 백이와 숙제에게 샘물을 마시게 해 보게, 그래도 끝내 마음은 바꾸지 않으리.〔試使夷齊飮, 終當不易心.〕"라고 하고는 부임한 뒤에 청렴한 정사를 베풀었다고 한다. 《晉書 卷90 良吏列傳 吳隱之》

무인년(1758, 영조34) 가을 약봉[121]으로 이사하였다. 옛일을 추억하며 장가를 지어 기록하다

戊寅秋 移家藥峯 感念舊事 作長歌以記之

남쪽으로 숭례문을 나서면	南出崇禮門
조금 서쪽으로 일 리 못 미쳐	稍西未一里
약봉을 등지고 선 저택이 있네	有宅負藥峯
이곳이 바로 허백 성공 사시던 유지이거니	乃是虛白成公之遺址
무학이 점지하고 성씨가 얻었다 하네[122]	無學占之成氏得云
국도와 더불어 시종일관 함께하니	與國都相終始
산기슭이 구불구불 굳게 감싸 안았고	岡麓迤迤緊抱裹
오른쪽 산자락 뻗어 내려 긴 시냇물 맞이하네	右股來逆長川水
도성 남쪽으로 즐비한 일만 가옥을 굽어보니	俯視城南萬屋連
아침엔 연무요 저녁엔 노을 낀 어스름한 풍경	朝煙暮靄蒼然裏
집 뒤 작은 언덕에는 누대를 지었나니	屋後小丘結作臺
단풍이며 팥배며 회나무며 잣나무가 울창히 얽혀 있네	

121 약봉(藥峯) : 지금의 서울시 중구 중림동에 있던 작은 언덕이다. 409쪽 주38 참조.

122 무학(無學)이……하네 : 《번암집》 권34에 실려 있는 〈약봉풍단기(藥峯楓壇記)〉에 따르면, 한양(漢陽)으로 천도할 무렵 무학(1327~1405)이 약봉의 땅을 살펴서 성씨(成氏) 집안에 주었다고 한다. 무학은 여말 선초의 고승(高僧)이다. 속성은 박(朴)이고, 법명은 자초(自超), 호는 무학이다. 공민왕(恭愍王) 때 연경(燕京)에 가서 지공(指空) 대사를 찾고 나옹(懶翁) 등에게 배운 다음 조선 태조(太祖) 등극 후에 왕사(王師)가 되어 한양 천도를 도왔다.

	楓棠檜柏鬱交廻
이 땅이 문명한 건 하늘이 모은 바라	此地文明天所鍾
붓같이 아름다운 봉우리가 먼 하늘에 솟았도다	姸峯如筆遙空開
듣자니 옛날 허백당께서 밤에 시를 읊조리니	聞昔虛白夜誦詩
묵던 객이 신선이 내려온 줄 놀랐다 하네	宿客驚疑神仙來
허백당 후손이 이 집을 지키지 못해	虛白之孫不能守
백 년 만에 팔려서 오씨 소유 되었다네	百年賣作吳氏有
내가 지난날 오씨 집안에 장가들어	我昔委禽入吳門
성운 같으신 약산[123] 어른을 먼저 뵈었는데	先覯星雲藥山叟
약산께서는 나를 맞아 국사로 대하시고	藥山迎我國士遇
창을 열고 강론하며 스승과 벗을 겸하셨네	開軒講討兼師友
치도를 논할 때면 황왕[124]까지 거슬러 올랐거니	論治上溯皇王際
문장을 지을 때면 어찌 한당에 뒤처졌으랴	爲文肯落漢唐後
몇 년 동안 선생을 지척에서 모시었기에	幾年盤旋杖屨側
이곳의 구름과 달을 알고 지낸 지 오래였네	此中雲月相識久
사람 일의 성쇠를 어찌 언급할 수 있으랴	人事反覆那可道
여기 숲과 계곡이 끝내 내 손에 들어왔네	林壑居然落吾手
풍진세상에 창상[125]의 감개가 끝이 없는데	浮世不盡滄桑感
유택을 계승함이 외려 의발을 전수한 듯하네	遺宅還同衣鉢受

123 약산(藥山) : 오광운(吳光運, 1689~1745)의 호이다. 409쪽 주38 참조.

124 황왕(皇王) : 요순(堯舜)과 같은 옛날의 성군들을 가리킨다.

125 창상(滄桑) : 창해상전(滄海桑田)이 준말이다. 큰 바다가 농토로 변하고 농토가 큰 바다로 변한다는 뜻으로 세상사의 변화가 매우 큰 것을 비유한다.

석장은 무단히도 골짜기에 숨겨진 배처럼 옮겨 갔고[126] 石丈無端壑舟移
벽에 쓰인 글씨에는 가련히도 거미줄만 무성하네 壁書可憐蛛網厚
당시에 얼굴 고왔던 동상의 손님[127]이 當時婉孌東床客
이 방에 들어온 지금은 백발이 되었구나 入此室處今白首
오호라 약봉이 작은 땅이지만 매우 신령하고 嗚呼藥峯雖小地靈大
성공과 오공 두 분의 덕택에 보전이 되었거늘 賴得成吳兩公傳不朽
내가 능히 부끄럽지 않게 계승할 수 있을는지 我來續尾能不忸

126 석장(石丈)은……갔고 : 괴석이 있었는데 세상의 변천 속에서 사라졌다는 의미이다. 석장은 괴석을 지칭하는 말이다. 송나라 때의 서화가 미불(米芾)이 기암괴석(奇巖怪石)을 매우 좋아하였는데, 그가 유수(濡須)의 수령이 되었을 때 강변에 괴석이 있다는 소식을 듣고 관아로 옮겨 오게 하였다. 그 돌이 이르자 뜰 아래로 내려와 절을 하며 "내가 돌 형님 보기를 소원한 지가 20년이나 되었소.〔吾欲見石兄二十年矣.〕"라고 하였으며, 그 돌을 가리켜 항상 '석장'이라고 불렀다고 하는 데서 유래한다. 《梁溪漫志 卷6 米元章拜石》 '골짜기에 숨겨진 배'는 《장자(莊子)》 〈대종사(大宗師)〉에 "골짜기에 배를 숨기고 못 속에 산을 숨겨 놓고 견고하다고 여기지만, 밤중에 힘센 사람이 지고 가는데도 어리석은 사람은 모른다.〔夫藏舟於壑, 藏山於澤, 謂之固矣. 然而夜半有力者負之而走, 昧者不知也.〕"라고 한 데서 온 말로, 깨닫지 못하는 사이에 일어나는 세상의 변화를 비유한다.

127 동상(東床)의 손님 : 사위를 말한다. 번암에게 오광운이 처삼촌이 되므로 이렇게 말한 것이다. 왕희지(王羲之)가 어려서부터 행실이 뛰어났는데, 치감(郗鑒)이 왕씨 집안 자제들이 뛰어나다는 소문을 듣고는 사람을 시켜 왕씨 집에 가서 사윗감을 찾게 하였다. 왕씨 집안의 형제들이 치씨 집안에서 사윗감을 고르기 위해 왔다는 말을 듣고는 모두 단정하게 차려입고서 기다리고 있었는데, 오직 왕희지만은 배를 드러내고 동쪽의 평상〔東床〕 위에 드러누운 채 신색(神色)을 조금도 바꾸지 않았다. 사윗감을 고르기 위해 왔던 사람이 돌아가서 치감에게 그 말을 전하자, 치감이 "그 사람이 바로 나의 사윗감이다." 하고는 딸을 시집보냈다. 《晉書 卷80 王羲之列傳》

기묘춘첩

己卯春帖

성명한 시대를 만나 뜻이 얼마나 유장한가　　明時遭遇意何長
경세제민하니 이록 다투는 자리 전혀 아니네　　經濟殊非利祿場
전석에서 아뢰는 말은 모두 공맹의 가르침이요　　前席有言皆孔孟
작은 등불 아래 책을 펴니 요순의 일이로다　　小燈開卷是虞唐
풍파를 상관 않으니 빈 배에 그림자 어리고　　風波不管虛舟影
운한을 항시 우러르매 소매에 빛이 가득하네　　雲漢恒瞻滿袖光
정원의 나무와 꽃이 온통 우로에 젖어　　庭木園花渾雨露
봄날 가는 곳마다 그윽한 향기 거느리네　　春來隨處領芬芳

내가 어제(御製)를 편차(編次)하고 있을 적에[128] 불시에 사대(賜對)하셨는데, 거의 거르는 날이 없었으므로 시편 안에서 언급하였다.

128 내가……적에 : 번암이 당시에 《어제속자성편(御製續自省篇)》의 편차(編次)를 담당했다. 이 책은 1749년(영조25)에 간행되었던 《어제자성편》의 속편(續編)으로, 영조가 유교 경전과 역사서에서 수신(修身)과 위정(爲政)에 교훈이 될 만한 내용을 주제로 자신의 견해를 기록한 것이다. 기묘년인 1759년에 간행되었다.

어제 창승월광[129]에 응제하다

御題蒼蠅月光應製

호피(虎皮)를 하사하셨다.

쇠 향로에 향불 꺼지고 기와에 서리 내리자	香歇金爐瓦有霜
후비가 서둘러 정돈하곤 침상을 내리게 했는데	翟褕催整下匡床
쉬파리는 교묘히 새벽닭 소리를 혼동하게 하고	蒼蠅巧自迷晨喔
옥토끼는 어찌하여 서광을 헷갈리게 하는고	玉兔如何亂曙光
비록 사사로운 자리에서도 오히려 경계하여	雖在宴私猶警戒
문득 비슷한 것을 만나 바로 허둥대었더니	乍逢疑似便章皇
궁녀가 웃으며 비단 주렴 걷으며 말하기를	宮娥笑捲緗簾道
궁전 모서리 은하가 한밤중도 못 되었습니다	殿角銀河夜未央

129 창승월광(蒼蠅月光) : 《시경》 〈계명(雞鳴)〉에 "닭이 이미 울었는지라, 조정에 이미 신하들이 가득하리라 하였더니, 닭이 운 것이 아니라, 쉬파리 소리였도다. 동방이 이미 훤히 밝았는지라, 조정에 신하들이 모였다고 하였더니, 동방이 훤히 밝은 것이 아니라, 달이 떠서 빛남이로다.〔雞既鳴矣, 朝既盈矣. 匪雞則鳴, 蒼蠅之聲. 東方明矣, 朝既昌矣. 匪東方則明, 月出之光.〕"라고 한 데서 온 말이다. 이 시는 어진 후비(后妃)가 임금을 자신의 처소에서 모시고 있으면서 날이 새려고 할 때 임금에게 빨리 나아가 조회를 보라고 채근하는 상황을 읊은 것이다.

긴 밤
遙夜

긴 밤 우는 샘물 소리 이 집 동쪽에 울리고	遙夜鳴泉響屋東
주렴 너머 별들은 비 갠 풍경과 어우러지네	一簾星斗霽華通
서첨이며 약봉지에 흐르는 세월이 느꺼워	書籤藥裹流年感
빈방 귀뚜라미 울음 속에 파묻혀 있네	人在虛堂蛩語中

삼척 수령으로 나가는 홍군평[130] 명한 을 보내며
送洪君平 名漢 出宰三陟

장안에 눈 내린 뒤 떠나는 수레 전송하니　長安雪後送行輈
세모라 이별의 시름이 십주[131]에 가득하네　歲暮離愁滿十洲
이 이별이 나에게 수족 잃은 심정 들게 하지만　此別使吾如失手
임금님께선 그대에게 오두[132] 잠시 허락하셨네　君恩許爾暫遨頭
벼랑 따라 푸른 대 자란 누대의 그림자는 청정하고　緣崖碧篠樓陰淨
바다 접한 붉은 봉우리 아래 고을 형세는 그윽하리라　障海丹岑郡勢幽
적선[133]이 음풍농월하던 곳을 내게 묻는다면　試問謫仙吟弄處
지금도 구름과 달을 그대 위해 남겨 두었다 하리　至今雲月爲君留

130 홍군평(洪君平) : 홍명한(洪名漢, 1724~1774)으로, 군평은 그의 자이다. 본관은 풍산(豐山), 대사헌 홍경보(洪景輔)의 아들이다. 1754년(영조30) 문과에 합격하였다. 수찬(修撰), 교리(校理), 삼척 부사, 강원도 관찰사, 형조 판서 등을 역임하였다. 홍명한이 삼척 부사로 제수된 것은 1758년 11월인데, 이 시는 그 이듬해 봄 부임하러 떠날 때 지은 것이다.

131 십주(十洲) : 본래 신선이 산다는 대해(大海) 가운데의 명산(名山) 열 곳을 가리키는데, 여기서는 홍명한을 전별하는 물가를 가리키는 듯하다.

132 오두(遨頭) : 《성도기(成都記)》에 "매년 봄에 성도의 태수(太守)가 두자미(杜子美)의 초당(草堂)인 창랑정(滄浪亭)에 나아가 잔치를 열었다. 이때 사녀(士女)들이 목상(木牀)에 앉아 관람하였는데, 이를 오상(遨牀)이라 하였고 태수는 놀이의 우두머리라는 뜻에서 오두라고 하였다."라고 한 데서 온 말로 고을의 수령을 뜻한다.

133 적선(謫仙) : 유배 온 신선이라는 뜻으로, 번암이 자신을 빗대어 한 말이다. 번암이 1751년(영조27) 7월부터 그 이듬해 8월까지 삼척에서 유배 생활을 하였기 때문에 이렇게 말한 것이다.

즉사 경진년(1760, 영조36)

卽事 庚辰

깔린 운무 자욱하고 엉킨 구름 비꼈는데　低煙黯黯亂雲斜
빗줄기는 먼 나무 아래 인가를 배회하네　雨態徘徊遠樹家
솔 계수는 가을 앞두고 대자리에 찬 기운 뿜고　松桂欲秋凉灑簟
연못이 발한 빛은 어둠 속 모래밭에 아롱거리네　陂塘送色暝搖沙
한가한 몸엔 밭 갈고 물고기 잡는 즐거움이 제격이거니　身閒自分耕漁樂
재주 없는 사람에겐 본디 보물의 화려함이 부끄러운 법　才薄元慚黼黻華
시 짓기 마친 뒤에 동자가 돌아간 저녁　詩罷小童歸去晩
백문[134] 버들에는 온통 갈까마귀가 깃들었네　白門楊柳盡棲鴉

134　백문(白門) : 본래 서남방의 별칭으로, 도성의 서문이나 남문을 뜻하는 말로 쓰인다. 이백(李白)의 시 〈양반아(楊叛兒)〉에 "어느 곳이 사람들 맘 가장 끄는가, 까마귀가 우는 백문 버들이라네.〔何許最關人? 烏啼白門柳.〕"라고 하였다.

준천가[135]

濬川歌

하늘에 은하수가 있어	天有銀河水
구만리 아득히 문채 환히 빛나며 돌고	文采昭回九萬里
땅에는 청위수[136]가 있어	地有淸渭水
장안을 꿰뚫고서 쉼 없이 흘러가네	貫穿長安流不已
웅장한 산천으로 둘러싸인 한양은	漢陽包絡大山川
좌우로 종묘와 사직을 모신 만년의 터전	左祖右社萬年址
뭇 물줄기가 서북쪽에서 발원하여	衆水發源西北隅
한 폭 흰 비단을 깐 듯 왕성 안을 흐르도다	一道鋪練王城裏
다섯 칸 쇠사슬 문이 동쪽을 틀어막고서[137]	五間鐵鎖東其東

135 준천가(濬川歌) : 1760년(영조36) 영조가 지금의 청계천(淸溪川)에 대규모의 준설(浚渫)을 벌인 일을 두고 지은 시이다. 2월 18일부터 4월 15일까지 공사를 진행하면서 영조가 여러 차례 몸소 공사 현장에 나가 시찰하였다. 공사가 완료된 뒤에는 그 시말(始末)을 기록하여 《준천사실(濬川事實)》이라는 책으로 남겼다. 《만기요람(萬機要覽)》에는 다음과 같이 기록하였다. "영종 경진년(1760)에 특별히 준천사(濬川司)를 설치하고 제신(諸臣)에게 명하여 그 일을 감독하게 하며 두 번이나 친히 임하시어 역부를 노문(勞問)하시니, 무릇 57일간에 방민(坊民) 15만 명과 고정(雇丁) 5만여 명을 쓰고 돈 3만 5000여 민(緡)과 쌀 2300여 곡(斛)을 들이고서야 준공하였으며 드디어 자내(字內) 각 영문(營門)에 나누어 주어서 좌우 돌둑[石堤]과 여러 돌다리를 개축하고, 무너진 데가 있으면 각 해당 영(營)에서 수선할 것을 분장(分掌)하도록 정식을 만들었다." 《국역 만기요람 재용편 5 준천, 한국고전번역원, 1971》

136 청위수(淸渭水) : 옛날의 장안(長安) 즉 중국 서안(西安) 곁을 흐르는 위하(渭河)를 가리킨다. 물이 맑은 데서 유래한 이름이다.

수량의 많고 적음에 따라 수문을 여닫도다	開閉惟視衰盛水
국초에 나라를 다스리는 데 크게 힘을 쏟아	國初陶匀大費力
열두 무지개다리를 맑은 하늘로 일으켰네	虹橋十二晴空起
수도를 정한 이래로 사백 년 동안	邇來定鼎四百載
무너진 모래 휩쓸려 내리길 멈추지 않아	崩沙塌下無時止
장마 한 번 지난 뒤엔 한층 더 막혀	一經潦過增一閼
물고랑이 이따금씩 평지처럼 되었네	厥坎往往平地似
때로 육칠월에는 도성의 변화가조차	有時莊嶽六七月
지상으로 물이 차서 무릎까지 잠겼다네	地上水高深沒膝
조정의 논의도 분분하여 제각각이었지만	廟議紛紛苦不齊
성상의 신속한 결단에 실수가 없으셨네	聖斷揮霍無遺失
부고의 돈과 비단을 무수히 쓰고	府庫金帛散不計
일만 장정은 쏜살같이 과감히 달려갔네	萬夫勇趨如箭疾
연장 들고 기세등등 바로 바닥 다다르니	畚鍤騰騰直到底
옛 연월 새겨진 표석이 거듭 나왔도다	標刻重出舊年月
모래 옮겨 쌓은 언덕 높이가 일만 길이요	移沙作阜高萬丈
큰 수레와 작은 배가 서로서로 부대끼네	大車小舟相磨戛
임금님께선 순시하며 피곤한 줄 모르시고	鸞輿臨視不知疲
옛 물길 흐르는 물은 어찌 그리 순탄한가	水順舊軌何秩秩
양편의 십 리 물가 곧기가 시위 같고	兩岸十里如弦直

137 다섯……틀어막고서 : 흥인문(興仁門) 남쪽에 있던 오간수문(五間水門)을 가리킨다. 현재의 동대문에서 을지로 6가로 가는 성벽 아래 청계천 6가에 있었다. 무지개 모양의 수문이 다섯 칸으로 되어 있다고 하여 붙은 명칭이다.

삼영[138]에서 쌓은 돌은 흠결이 전혀 없네	三營築石無虧缺
맑은 물결 일렁이매 버들엔 그늘지고	澄波演漾蔭楊柳
너른 기운 청명하여 성궐을 비추누나	灝氣虛明照城闕
어찌 백성들만 빠져 죽길 면하였겠나	豈徒邦人免墊溺
응당 땅의 기운도 잘 소통되었으리라	惟應地氣善疎洩
하우는 하천을 뚫고 우리 임금께선 준설하시니	夏禹鑿之我后濬
사업은 규모가 달라도 공적은 똑같도다	事有大小功則一
성대한 세상의 정사를 짐작할 만하여라	聖世爲政可反三
도처마다 소통되고 잘 흘러가기도 하네	隨處疎通兼導達
아름다워라 넘실대는 물결 끊이지 아니하듯	美哉洋洋若不斷
반석 위의 종묘사직이 편안하고 화평하리로다	磐泰宗祊寧且謐

138 삼영(三營) : 조선 후기의 오군영(五軍營) 가운데 훈련도감(訓鍊都監), 금위영(禁衛營), 어영청(御營廳) 세 군문(軍門)을 말한다. 1760년(영조36) 이후로 삼영에서 도성 안 하천의 준설과 석축(石築)을 나누어 담당하였다. 훈련도감은 송기교(松杞橋)부터 장통교(長通橋)까지, 금위영은 장통교부터 태평교(太平橋)까지, 어영청은 태평교부터 영도교(永都橋)까지 담당하였다. 《국역 만기요람 재용편 5 준천, 한국고전번역원, 1971》

신량

新涼

가을 앞둔 은하수 비가 성곽을 씻기니　　秋近銀河雨洗城
작은 정원 오동잎이 벌써 살며시 우네　　小庭梧葉已微鳴
이경 밤의 기분은 술에서 깬 듯한데　　二更人氣如醒酒
베개 기대니 초가을 기운이 일만 가호에 이네　　倚枕新涼萬戶生

유거
幽居

약봉으로 에워싸인 형세	周遭藥峯勢
오묘한 이곳에 언덕을 이루었네	端妙此爲皐
문 닫아거니 남들은 병 난 줄 알고	閉戶人疑病
벼슬 없으니 나는 비로소 높아지네	無官我始高
소나무 그늘 청량함이 온 집에 가득하고	松陰淸滿屋
연하 기운 촉촉함이 도포에 이는데	霞氣潤生袍
운해에 아스라이 나는 기러기는	雲海冥飛鴈
시절이 이르니 하나하나 기운차네	時來一一豪

비 오는 밤에 감회를 읊다
雨夜詠懷

산비가 새벽에 울며 내리더니 山雨鳴殘夜
솔 바위에 쓸쓸히 가을이 왔네 颯然松石秋
한 해 저무는데 강호는 멀어지고 江湖違歲晚
시절 근심 속에 백발이 자라나네 鬢髮上時憂
적적한 등불은 휘장에 기대었고 寂寂燈依幔
그윽한 구름은 누대에 가득하네 幽幽雲滿樓
건너실 다리도 걱정스러워라 橋梁亦可念
소사[139]에 흐르는 물이 깊지나 않을는지 深淺素沙流

당시 온천(溫泉)에 행행(行幸)하셨던 소조(小朝)[140]께서 돌아가려고 하셨으므로 이렇게 말한 것이다.

139 소사(素沙) : 경기도 직산(稷山)의 소사평(素沙坪)이다. 어가(御駕)가 온양(溫陽) 온천에 행행할 때 지나던 곳으로 이곳에 다리가 있다. 현재 경기도 평택시 소사동이다.

140 소조(小朝) : 동궁(東宮)이 청정(聽政)하게 되면 당저(當宁)는 대조(大朝)라 하고 동궁은 소조라 하였다. 당시 장헌세자(莊獻世子, 1735~1762)가 1749년(영조25)부터 대리청정(代理聽政)을 하고 있었으므로, 영조를 대조, 장헌세자를 소조로 구분하였다. 《明義錄諺解》

장연 부사로 나가는 정 아간[141] 항령 을 전송하다

送鄭亞諫 恒齡 宰長淵

솔문에 담담히 석양 비칠 제 松門淡夕照
국화 사이에서 잠깐 졸았네 小睡菊花間
별안간 전하는 친구 왔단 소리 忽報故人至
신선 고을이라 한가롭다 하누나 自言仙府閒
구름 낀 백사장은 먼 바다에 환하고 雲沙明遠海
바람 찬 돛단배는 장산곶에 기댔으리 風船倚長山
그냥 떠나가서 돌아보지 말게나 但去莫回首
총마 타고 가는 길은 쉽지 않으니[142] 乘驄行路艱

141 정 아간(鄭亞諫) : 정항령(鄭恒齡, 1710~1770)은 자가 현로(玄老), 본관은 하동(河東)이다. 농포(農圃) 정상기(鄭尙驥)의 아들이다. 1743년(영조19) 문과에 합격하였다. 함평 현감(咸平縣監), 정언(正言), 집의(執義), 사간(司諫), 장연 부사(長淵府使) 등의 관직을 역임하였다. 지리학에 밝아 《동국대지도(東國大地圖)》를 제작하였다. 《河東鄭氏文成公派譜, 河東鄭氏文成公派宗中, 2007》

142 총마(驄馬)……않으니 : 총마는 대간(臺諫) 관직에 있는 사람이 타는 말로, 후한(後漢) 때 환전(桓典)이 시어사(侍御史)에 제수되어 국정을 농단하던 환관(宦官)들을 조금도 꺼리지 않고 탄핵하였는데, 항상 총마를 타고 다녔으므로 경사(京師) 사람들이 모두 "총마를 탄 어사는 피해 가라."라고 한 고사가 있다. 《後漢書 卷37 桓典列傳》

어가를 배종하여 북한산성에 오르다
陪駕登北漢城

노닐고 즐김을 법도로 삼고[143]	遊豫以爲度
태평성대에도 위급함을 잊지 않도다	昇平不忘危
산에는 동정의 음악[144] 울려 퍼지고	山鳴洞庭樂
하늘엔 우림[145]의 깃발 높이 솟았네	天接羽林旗
성곽은 삼추의 경색이거니	城郭三秋色
바위 계곡은 만세의 터전이로다	巖谿萬世基
구름 좇아 산성 형세를 유람하시며	緣雲覽體勢
봉새 수레 더디 몰게 하시도다	鸞駕許遲遲

143 노닐고……삼고 : 《맹자》 〈양혜왕 하(梁惠王下)〉에 "윗사람이 봄에는 밭갈이가 잘 되었는지 살펴보고서 부족한 것이 있으면 보충해 주고, 가을에는 수확이 잘 되었는지 살펴보고서 부족한 것이 있으면 도와준다. 그래서 하나라 속담에도 '우리 임금님이 나들이하지 않으면 우리가 어떻게 쉬며, 우리 임금님이 즐기지 않으면 우리가 어떻게 도움을 받으리오. 한 번 노닐고 한 번 즐기는 것이 제후들의 법도가 된다.'라는 말이 있는 것이다.〔春省耕而補不足, 秋省斂而助不給. 夏諺曰: "吾王不遊, 吾何以休? 吾王不豫, 吾何以助? 一遊一豫爲諸侯度."〕"라는 말이 나온다.

144 동정(洞庭)의 음악 : 《장자(莊子)》 〈지락(至樂)〉에, 황제(黃帝)가 동정의 들판에서 함지(咸池)라는 음악을 연주하자, 새가 듣고는 높이 날아올라 가고 짐승들도 모두 달아났다는 고사가 실려 있다

145 우림(羽林) : 우림군(羽林軍) 즉 근위병(近衛兵)을 말한다.

새벽에 읊다

曉吟

가을 성에 이는 종소리 아득히 침상을 울리니　鍾起秋城遙殷床
세상의 뭇 움직임이 이미 온통 바빠졌도다　世間群動已全忙
기약한 듯 아낙네는 울타리 너머로 불을 주고받고　如期餅媼籬通火
이끗 좇는 강 아이는 말 타고 서리 강을 건너누나　重利江童馬度霜
꿈에서 깨자 그윽한 향기 국화가 가까운데　夢罷幽香黃菊近
추운 날 이별의 뜻은 금계에 유장하여라　天寒別意錦溪長
이불 속에서 묵묵히 서창 공부 헤아려 보매　衾中暗理書窓業
예전에 외던 시문을 반이나 잊어버렸네　舊誦詩文半欲忘

단양의 선장으로 돌아가는 오경삼[146] 대익 을 전송하고서 밤에 앉아 감회를 적다

送吳景參 大益 歸丹陽仙莊 夜坐書懷

황혼에 홀로 앉아 귀뚜라미 소리 듣노라니	黃昏獨坐聽寒蛩
처량한 가을 이별의 정이 만 겹으로 쌓이누나	秋思離情一萬重
시든 버들 아래 문 닫고서 먼 곳을 꿈꾸리니	衰柳閉門生遠夢
흰 구름 그 어디에서 신선 자취 찾을 겐가	白雲何處覓仙蹤
앞으로 도화 흐르는 물길을 닫지 말 것이며[147]	前期莫鎖桃花水
후의 베풀어 태화봉[148]을 나누어 주시게나	厚意能分太華峯
지금 나의 과분한 계책이 참으로 우습구려	堪笑如今吾計侈
요순 세상의 교분을 맺고 교송[149]을 또 기약하다니	勛華結契復喬松

146 오경삼(吳景參) : 오대익(吳大益, 1729～?)으로, 경삼은 그의 자이다. 호는 운암(雲巖), 본관은 동복(同福)이다. 오필운(吳弼運)의 아들이고, 약산 오광운의 조카이며, 번암의 처남이다. 1774년(영조50) 문과에 합격하였다. 수찬, 대사간, 정주 목사(定州牧使), 호조 참판 등을 역임하였다. 《同福吳氏重鐫族譜, 1793》《承政院日記》 오대익의 집은 서울인데, 당시 단양(丹陽)의 전장(田莊)에 머물렀던 것으로 추정된다.

147 도화(桃花)……것이며 : 오대익이 은거한 곳을 무릉도원에 비유한 말이다.

148 태화봉(太華峯) : 중국의 오악(五岳) 중 서악(西岳)에 해당하는 봉우리이다. 그 산의 중봉(中峯)을 연화봉(蓮花峯)이라고 하는데, 그 위에 못이 있어 천엽(千葉)의 연꽃이 핀다는 전설이 있다. 여기서는 오대익이 사는 곳을 선경(仙境)에 비유한 말이다. 한유(韓愈)의 시 〈고의(古意)〉에 “태화봉 꼭대기의 옥정에서 자라는 연은, 꽃이 피면 열 길이요 뿌리는 배와 같다네.〔太華峯頭玉井蓮, 開花十丈藕如船.〕”라고 하였다.

149 교송(喬松) : 교(喬)는 주(周)나라 태자 왕자교(王子喬)이고 송(松)은 적송자(赤松子)로, 신선술(神仙術)을 익혀 불로장수한 인물들이다.

연경에 사신 가는 서 시랑[150] 명신 을 전송하다
送徐侍郎 命臣 使燕

날아오르는 비황처럼 마음껏 치달렸고[151]	騰踏飛黃滿意馳
긴 옷자락 느긋한 걸음 누가 공만 하였나	長裾緩步似公誰
문 닫고 그윽한 꿈 꾸며 명리에 초연터니	閉門幽夢名場冷
임금 앞 쇠한 모습에 성상께서 의아하셨네	前席衰容聖主疑
느릅나무 변방 길에서 석양을 바라보리며	楡塞路長看落日
초화 시절 다가오면 돌아올 때를 물으리라[152]	椒花節近問歸期
이별 정자에서 담소가 평소와 다름이 없어	離亭笑語如平昔
만 리 길 떠나야 할 처지임을 믿을 수 없네	不信方臨萬里歧

150 서 시랑(徐侍郎) : 서명신(徐命臣, 1701~1771)은 자가 원직(元直), 호는 원와(袁窩), 본관은 대구(大丘)이다. 1733년(영조9) 문과에 합격하였다. 대사간, 대사성, 이조 참의, 충청도 관찰사, 형조 판서 등의 관직을 역임하였다.

151 날아오르는……치달렸고 : 승승장구하던 벼슬살이를 비유한 말이다. 비황(飛黃)은 전설에 나오는 신마(神馬)의 이름이다.

152 초화(椒花)……물으리라 : 새해가 되면 임무를 마치고 귀국할 준비를 할 것이라는 말이다. 초화는 산초나무 꽃으로, 이것으로 술을 빚어 신년 초하루에 가장(家長)에게 헌수(獻壽)하던 풍속에서 전하여 신년(新年)을 뜻한다.

서장관으로 연경에 사신 가는 학사 조계온[153] 숙 을 전송하다
送趙學士季昷 璛 書狀赴燕

대악은 푸르르고 북두성은 환하거니	岱岳蒼蒼北斗明
혁혁한 한양 구가의 명성이 드높아라	漢陽燀爀舊家聲
백 년이라 사신들이 노룡새를 지났는데[154]	百年冠蓋盧龍塞
천고의 윤리는 백마성에 있었도다[155]	千古倫綱白馬城
춘추대의가 그대의 가업이라 할 만하니	可說春秋爲世業
피폐를 그대 편에 보내기 마땅치 않거늘	不堪皮幣送君行
쓸쓸한 약봉 아래 나는 상봉의 뜻[156]을 지녀	蕭條藥下桑蓬志

153 조계온(趙季昷) : 조숙(趙璛, 1727~?)으로, 계온은 그의 자이다. 본관은 한양(漢陽)이다. 생부는 조수홍(趙守弘), 양부는 조수의(趙守誼)이다. 용주(龍洲) 조경(趙絅)의 후손이다. 1746년(영조22)에 문과에 합격하였다. 시강원 필선(侍講院弼善), 승지, 대사간 등의 관직을 역임하였다. 《文科榜目》《英祖實錄》

154 백 년이라……지났는데 : 병자호란의 치욕을 당한 이후 백여 년 동안 청나라를 섬기기 위해 파견한 사신들의 왕래가 계속되었다는 말이다. 노룡새(盧龍塞)는 조선에서 북경으로 가는 도중에 있던 요새이다. 현재 중국 하북성(河北省) 천서현(遷西縣)과 관성현(寬城縣) 사이에 있는 희봉구(喜峯口)에 해당한다.

155 천고(千古)의……있었도다 : 백마성(白馬城)은 평안북도 피현군 백마산 고지에 있는 산성(山城)으로, 북으로는 의주(義州), 남으로는 용천(龍川)과 피현 일대의 사방을 굽어볼 수 있어 군사적 요충지이다. 1633년(인조11)에 임경업(林慶業)이 이 성에 웅거하면서 성을 수축하고 방비를 튼튼히 하여 병자호란 때 청나라 군대와 싸웠다. 이후 효종 초년에 척화신(斥和臣)을 처벌하라는 청나라의 요구로 인해 이경석(李景奭)과 조경(趙絅) 등을 이곳에 안치하였다. 조숙이 조경이 후손이므로 이렇게 말한 것이다.

156 상봉(桑蓬)의 뜻 : 천하 사방에 펼칠 장한 뜻을 말한다. 옛날 남자아이가 태어나

중원으로 사신 가는 그대를 외려 부러워하네　　猶羨中原使者軿

두 번째 其二

은하수에서 해마다 중국 사신 돌아오건만　　銀浦年年漢使歸
중원의 소식 가운데 좋은 소식 드물어라　　中原消息少光輝
죽 늘어선 별관[157]은 하수 가에 이어지고　　魚鱗別館沿河遍
선우[158]는 사냥 나가 궁궐에 드물게 있네　　羽獵單于在內稀
약소국의 계책이 능히 이것을 생각하는가　　弱國綢繆能慮此
오랑캐의 기세가 이미 완전히 달라졌다네　　穹廬氣勢已全非
사행길에 변방 상황을 잘 살펴 아뢰시게　　君行細察邊機奏
임금께선 와신상담 밤에도 옷 아니 벗으시네　　薪膽宮宵未解衣

면 세상에 큰 뜻을 펴도록 상목(桑木)으로 활을 만들고 봉초(蓬草)로 화살을 삼아 천지 사방에 쏘았다고 한다. 《禮記 內則》

157 별관(別館) : 황제가 출행했을 때에 머무는 행궁(行宮)을 가리킨다.

158 선우(單于) : 본래 한나라 때 흉노(匈奴)의 군장(君長)을 부르던 말인데, 여기서는 청나라 황제를 가리킨다.

지은이 **채제공(蔡濟恭)**

1720년(숙종46)~1799년(정조23). 조선 후기의 문신으로, 본관은 평강(平康), 자는 백규(伯規), 호는 번암(樊巖)·번옹(樊翁)이며, 시호는 문숙(文肅)이다. 1743년 문과 정시에 병과로 급제하여 승문원권지부정자에 임명되면서 관직 생활을 시작하였다. 1748년 11월 영조의 특명으로 시행한 한림소시(翰林召試)에서 수석을 차지하여 예문관의 사관이 되었고, 이후 대사간, 한성 판윤, 병조 판서, 예조 판서, 호조 판서 등을 역임하였다. 1780년 역적 홍국영과의 친분, 사도세자에 대한 신원 주장으로 공격을 받자 사직하고, 명덕산(明德山)과 노량(鷺梁) 등지에서 은거하였다. 1788년 우의정이 되었으며 2년 후 좌의정으로 승진하면서 3년간 혼자 정승을 맡아 국정을 운영하였다. 영조가 사도세자의 죽음을 후회하여 기록한 〈금등(金縢)〉을 정조와 함께 보관할 유일한 신하로 채택될 만큼 두 국왕의 깊은 신임을 받았으며, 정조의 탕평책을 추진한 핵심적인 인물이었다. 사후인 1801년 황사영백서사건(黃嗣永帛書事件)으로 관작이 추탈되었다가 1823년 영남만인소로 신원되었다. 문장은 소차(疏箚)에 능했고, 시풍은 위로는 이민구(李敏求)·허목(許穆), 아래로는 정약용(丁若鏞)으로 이어진다고 한다. 문집으로 《번암집》이 있다.

옮긴이 **양기정(梁基正)**

1969년 부산에서 태어났다. 고려대학교 한문학과를 졸업하고 성균관대학교에서 문헌정보학으로 석사 학위를 받았다. 민족문화추진회 국역연수원을 졸업하였다. 한국고전번역원에 재직 중이다. 《한국문집총간》 기획과 편찬, 《승정원일기》, 《명재유고》, 《성호전집》 번역에 참여하였다. 교주서로 《남명집교주》가 있고, 저서로 《생각, 세 번》, 《景, 자연을 노래하다》, 《情, 사람을 노래하다》(이상 공저) 등이 있다.

번암집 3

채제공 지음 | 양기정 옮김

2017년 9월 30일 초판 1쇄 발행

발행인 신승운 | 발행처 한국고전번역원
등록 2008. 3. 12. 제300-2008-22호
주소 (03000) 서울시 종로구 비봉길 1
전화 02-6263-0464 | 팩스 02-6339-0724 | 홈페이지 www.itkc.or.kr

연구총괄 이기찬 | 연구기획 이신경
자문 임정기

책임편집 한문희 | 편집진행 박정열
편집교정 서세영 송숙희 | 조판 김지현 | 제작 김형석
디자인 씨디자인 | 인쇄 ㈜완산정판

값 20,000원
ISBN 978-89-284-0429-2 94810
978-89-284-0427-8 (세트)
*이 책은 2017년도 교육부 고전번역사업비로 출간한 것임.